Die zunehmende Bedeutung
regionaler Integrationsgemeinschaften

Europäische Hochschulschriften

Publications Universitaires Européennes
European University Studies

Reihe V
Volks- und Betriebswirtschaft

Série V Series V
Sciences économiques, gestion d'entreprise
Economics and Management

Bd./Vol. 2378

PETER LANG
Frankfurt am Main · Berlin · Bern · New York · Paris · Wien

Martín Donges

Die zunehmende Bedeutung regionaler Integrationsgemeinschaften

Eine allokationstheoretische und politökonomische Untersuchung

PETER LANG
Europäischer Verlag der Wissenschaften

Die Deutsche Bibliothek - CIP-Einheitsaufnahme

Donges, Martín:

Die zunehmende Bedeutung regionaler Integrationsgemeinschaften : eine allokationstheoretische und politökonomische Untersuchung / Martín Donges. - Frankfurt am Main ; Berlin ; Bern ; New York ; Paris ; Wien : Lang, 1998
(Europäische Hochschulschriften : Reihe 5, Volks- und Betriebswirtschaft ; Bd. 2378)
Zugl.: Würzburg, Univ., Diss., 1998
ISBN 3-631-33550-4

D 20
ISSN 0531-7339
ISBN 3-631-33550-4

Vorwort

Diese Arbeit entstand während meiner Assistentenzeit am Lehrstuhl für Volkswirtschaftslehre, Wirtschaftsordnung und Sozialpolitik an der Bayerischen Julius-Maximilians-Universität Würzburg. Ich möchte mich an dieser Stelle bei allen bedanken, die am Gelingen dieser Arbeit Anteil hatten. Falls ich den einen oder anderen vergessen haben sollte, möge er mir dies bitte nachsehen.

Zunächst gilt meinem Doktorvater Herrn Professor Dr. Norbert Berthold Dank. Er hat mir im Rahmen des Forschungsprojektes „Europäische regionale Integration – Antriebskraft oder Hemmschuh für eine liberale Weltwirtschaftsordnung" die Promotion ermöglicht. Der Lehrstuhl bot mir die wissenschaftliche Plattform für meine Arbeit. Bei Herrn Professor Dr. Werner Noll möchte ich mich bedanken, daß er sich als Zweitgutachter der Dissertation zur Verfügung gestellt hat.

Meine Kollegen Cornelia Schmid, Dr. Rainer Fehn, Jörg Hilpert und Eric Thode haben mir in vielen fruchtbaren Diskussionen wertvolle Anregungen gegeben und sich der Qual des Korrekturlesens hingegeben. Die gröbsten Fehler konnten so vermieden werden. Ohne den zusätzlichen „informationstechnischen Beistand" von Eric Thode wäre die Arbeit wohl nie fertig geworden. Unsere studentischen Hilfskräfte Stefan Mai und Angelika Thress haben durch ihre unermüdliche Literaturrecherche und Kopierarbeiten wertvolle und insbesondere zeitsparende Unterstützung gewährt. Das gleiche gilt für Frau Karin Schmidt, die mir viele verwaltungstechnische und bürokratische Hemmnisse aus dem Weg geräumt hat.

Mein größter Dank geht an meinen Eltern, die mir das Studium ermöglicht und mich während meiner Promotionszeit stets ermuntert haben, sowie besonders an meine Freundin Silke, die sämtliche Launen, Depressionen und sonstige menschliche Kurzschlüsse während einer Promotion ertragen mußte.

Martín Donges

INHALTSVERZEICHNIS

Abkürzungsverzeichnis

AFTA	ASEAN Free Trade Area
ANCERTA	Australia New Zealand Closer Economic Relations Trade Agreement
APEC	Asia-Pacific Economic Cooperation forum
ASEAN	Association of Southeast Nations
c.i.f.	cost, insurance, freight
CUFTA	Canada-United States Free Trade Agreement
EFTA	European Free Trade Area
EG	Europäische Gemeinschaft
EU	Europäische Union
f.o.b.	free on board
FTAA	Free Trade Area of the Americas
GATS	General Agreement on Trade in Service
GATT	General Agreement on Tariffs and Trade
GSP	General System of Preferences
ITO	International Trade Organization
Mercosur	Mercado Común del Sur
NAFTA	North American Free Trade Agreement
OECD	Organisation for Economic Co-Operation and Development
TAFTA	Transatlantic Free Trade Area
TRIMs	Trade Related Investment Measures
TRIPs	Trade Related Intellectual Properties
UNCTAD	United Nations Conference on Trade and Development
WTO	World Trade Organization

Abbildungsverzeichnis

Tabellenverzeichnis

Regionale Integrationsgemeinschaften: Eine Einführung

1. Formen der Integration

Nach den ökonomischen Wirren der großen Weltwirtschaftskrise und dem zweiten Weltkrieg wurde 1947 der GATT-Vertrag (General Agreement on Tariffs and Trade) unterzeichnet. Eine multilaterale Integration sollte die wiederholte Segmentierung der Weltwirtschaft vermeiden und letztlich Freihandel ermöglichen. Das GATT-Vertragswerk hat zweifelsohne einen bedeutenden Beitrag geleistet, um die Handelsschranken in der Nachkriegszeit abzubauen und die weltweite Arbeitsteilung zu vertiefen. Der Multilateralismus wurde mit Abschluß der Uruguay-Runde in Form der WTO (World Trade Organization) institutionalisiert. Doch die multilaterale Integration war nie frei von Friktionen und bekommt regelmäßig regionale Konkurrenz. Immer wieder überfluten Regionalismuswellen die Welthandelsordnung. In den sechziger Jahren waren es insbesondere Entwicklungsländer, die zu der ersten großen Regionalisierungsbewegung der Nachkriegszeit beitrugen. Doch die meisten Abkommen zerbrachen so schnell, wie sie entstanden waren. Im letzten Jahrzehnt nehmen die Neugründungen und Vertiefungen von Abkommen wieder deutlich zu, und diesmal scheint die Entwicklung von langfristiger Natur zu sein (vgl. Bhagwati, 1993, 28 f.). Immerhin waren 1996 fast alle WTO-Staaten auch Mitglied eines regionalen handelspolitischen Arrangements. Wichtige Ausnahmen sind hier nur Japan, Südkorea und Hongkong (vgl. WTO, 1996, S. 38). Ein Grund für die zweigleisige Integrationsstrategie vieler Länder liegt in den zunehmenden Zweifeln, ob nach der langen und zähen Uruguayrunde multilaterale Verhandlungen noch zweckmäßig sind, die weltweiten Handels- und Investitionshemmnisse abzubauen. Verschiedene Kritikpunkte werden regelmäßig genannt:

1. Je größer die Anzahl der teilnehmenden Länder im GATT/WTO-System wird, desto schwieriger und zeitintensiver werden die Verhandlungen. Dabei stehen zwei Probleme kollektiver Entscheidungen im Vordergrund: Erstens besteht die Gefahr des sogenannten „foot-dragging". Vertragspartner blockieren so lange die Verhandlungen, bis sie ihre Positionen auf möglicherweise ganz anderen Gebieten durchgesetzt haben. Zweitens bestimmt das am wenigsten liberalisierungswillige Land das Ausmaß an multilateraler Zollsenkung. Dies wird als Konvoi-Problem bzw. Problem des kleinsten gemeinsamen Nenners bezeichnet.
2. Die unbedingte Meistbegünstigungsklausel erweitert den Geltungsraum jeder einseitig gewährten Reduzierung von Handelshemmnissen eines Landes sofort auf alle Vertragspartner. Dies verleitet Mitgliedsstaaten zu einem Schwarzfahrerverhalten. Während sie in liberalisierten Märkten eindringen, bleiben ihre Märkte geschlossen.
3. Regeln sind auf multilateraler, globaler Ebene schwer zu kontrollieren, und Sanktionen können kaum durchgesetzt werden. Insbesondere die „neuen" Handelsfragen, wie etwa Investitionsmaßnahmen oder der Schutz des geistigen Eigentums, werden unzureichend abgedeckt.

Daher stellt sich die Frage, ob nicht der Weg der regionalen Integration dem Weg der multilateralen Integration überlegen ist, um langfristig den Marktzutritt zu erleichtern und dem Ziel Freihandel näher zu kommen. Regionalen handelspolitischen Arrangements werden gegenüber dem Multilateralismus weitreichende Vorteile zugesprochen:

1. Integrationsräume führen zu einer schnelleren Reallokation der Ressourcen und damit zu einer besseren Spezialisierung gemäß der komparativen Vorteile. Weitere Gewinne sind möglich durch die Ausnutzung statischer steigender Skalenerträge.
2. Zusätzlich zu den statischen Gewinnen fallen durch die regionale Liberalisierung und den größeren Markt dynamische an. Hier sind eine höhere Produktivität, höhere Investitionen, auch in Form von Direktinvestitionen, und eine erhöhte Wettbewerbsfähigkeit zu nennen.
3. Drittstaaten werden von regionalen Handelsabkommen kaum berührt, da sich meist nur geographische Nachbarn zusammenschließen, die bereits intensive bilaterale Handelsbeziehungen unterhalten.
4. Regionale Integrationsgemeinschaften können die Verhandlungsmacht der einzelnen Mitgliedsländer bei multilateralen Gesprächen erhöhen.
5. Kleinere Länder erhoffen sich angesichts der zunehmenden Regionalisierung auch großer Wirtschaftsländer durch den Anschluß an bestehende regionale handelspolitische Arrangements einen besseren und insbesondere sichereren Marktzutritt.
6. Schließlich können regionale Integrationszonen politische Ziele verwirklichen, wie z.B. die Vermeidung künftiger Kriege, aber auch die Sicherung eines wirtschaftlichen Systemwechsels wie etwa bei den Transformationsländern.

Ob diese Vorteile tatsächlich existieren, wird im Verlauf dieser Arbeit diskutiert. Zunächst darf aber nicht übersehen werden, daß sich hinter dem Ausdruck „regionale Integration" ein Oberbegriff für eine Vielzahl von Integrationsarten verbirgt. Daher ist zunächst eine Klärung verschiedener Begriffe notwendig.

1.1 Theoretische Abgrenzungen

Integration als ökonomischer Prozeß bezeichnet zum einen den Abbau von zwischenstaatlichen Handelshemmnissen für Güter und Dienstleistungen, zum anderen die Reduzierung von Mobilitätsbarrieren für Produktionsfaktoren. Als Zustand betrachtet, liegt eine Situation vor, in der diese Hemmnisse beseitigt sind (vgl. Hine, 1994, S. 234). Handelshemmnisse lassen sich unterscheiden in institutionelle und natürliche Barrieren. Institutionelle Hemmnisse stellen dabei politisch induzierte Barrieren wie Zölle oder nichttarifäre Handelshemmnisse dar. Natürliche Barrieren resultieren aus Transport- und Informationskosten.

Regionale Integrationsräume können aus dem Marktprozeß heraus entstehen oder politisch gegründet werden (vgl. OECD, 1995, S. 25 ff.). Der erste Fall beschreibt den asiatisch-pazifischen Raum. Diese Region beheimatet am wenigsten institutionelle Integrationszonen. Gerade die neuen dynamischen Industrienationen wie Hongkong, Singapur, Südkorea und Taiwan sind nicht durch formale

Abkommen miteinander verbunden. Dies gilt genauso für Japan und für die Volksrepublik China. Trotzdem haben der intraregionale Handel sowie die Direktinvestitionen in den letzten Jahren deutlich zugenommen (vgl. Lloyd, 1996, S. 29 ff.). Dies läßt sich als eine de-facto-Regionalisierung bezeichnen. Lorenz (1992, S. 84) bezeichnet diese marktgeleitete Art der Integration als Regionalisierung im Gegensatz zum politisch induzierten Regionalismus. In dieser Arbeit wird, um Verwechslungen zu vermeiden, diese Abgrenzung nicht vorgenommen. Zusätzlich ist in den neuen Industrienationen Ostasiens eine Wirtschaftsstruktur entstanden, die als subregionale Wirtschaftszone bezeichnet werden kann (vgl. Pomfret, 1996a). Diese Wirtschaftsräume sind grenzüberschreitend, umfassen dabei allerdings nicht unbedingt alle Länder als Ganzes.

In dieses Arbeit stehen politisch eingeleitete Handelsabkommen, d.h. die de-jure-Regionalisierung, im Vordergrund. Diese zeichnen sich durch eine konstitutive Diskriminierung von Nichtmitgliedern aus. Während das multilaterale GATT/WTO-System von der Meistbegünstigungsklausel (Artikel I GATT) ausgeht, wird diese durch regionale Handelsabkommen außer Kraft gesetzt. Bei der Regionalisierung sind verschiedene Aspekte relevant (vgl. Lloyd, 1996, S. 26): Erstens variiert die Anzahl der Mitglieder. Zweitens spielt das Ausmaß der betroffenen Gütergruppen eine Rolle. In allen regionalen Abkommen finden sich Ausnahmebereiche und Schlupflöcher, die zum Teil mit langen Übergangszeiten oder dem Argument sogenannter „sensibler Bereiche" versucht werden zu rechtfertigen (vgl. Hoekman/Leidy, 1993). Drittens variiert der Umfang, in dem handelspolitische Instrumente - meist nichttarifäre - in das Abkommen aufgenommen werden.

Die verschiedenen Ausprägungen können miteinander kombiniert werden. Das Ausmaß der intraregionalen Integration kann dabei ausgehend von einer losen Gemeinschaft immer weiter zunehmen. Dabei bietet sich folgende Typologie der de-jure Integrationen an (vgl. Siebert, 1982, S. 666 f.):

a) Präferenzraum: Die Mitgliedsländer eines Präferenzraumes reduzieren einseitig oder gegenseitig für bestimmte Güter und Dienstleistungen die Handelshemmnisse. Alle großen Wirtschaftsräume wie z.B. die EU im Rahmen der Lomé-Konvention oder die USA im Rahmen ihrer „General System of Preferences (GSP)" gewähren Entwicklungsländern bevorzugten Zugang zu ihren Märkten.

b) Freihandelszone: In dieser nächsten Stufe bauen die Mitgliedsstaaten innerhalb ihres Raumes die Binnenzölle vollständig ab. Freihandelszonen stellen mithin eine Extremform von Präferenzräumen dar. In der Außenhandelspolitik gegenüber Nichtmitgliedern bleiben die einzelnen Staaten weiterhin autonom, da kein gemeinsamer Außenschutz existiert. Meist werden Ursprungsregeln eingeführt, um nur die innerhalb des Integrationsraumes produzierten Güter von handelsbeschränkenden Maßnahmen zu befreien.

c) Zollunion: Statt Ursprungsregeln einzuführen, kann die Integration in Form einer Zollunion vertieft werden. Hierbei wird die Außenhandelspolitik gegenüber

Drittstaaten harmonisiert, ein gemeinsamer Außenzoll eingeführt. Die Zolleinnahmen werden über einen festzulegenden Schlüssel verteilt. Eine supranationale Instanz ist möglich, aber nicht notwendig.

d) Gemeinsamer Markt: Wurden bisher nur Güter und Dienstleistungen betrachtet, schließt diese Form der Integration auch die Produktionsfaktoren Arbeit und Kapital mit ein. Institutionelle Mobilitätshemmnisse, von kulturellen Aspekten abgesehen, werden beseitigt.

e) Wirtschafts- und Währungsunion: Hier wird die Grenze zur politischen Union überschritten. Galt es bisher, sukzessive die Güter- und Faktormärkte zu öffnen, wird nun eine Harmonisierung der allgemeinen Wirtschaftspolitik angestrebt. Durch die Einführung einer gemeinsamen Währung kann letztlich das Ziel einer politischen Union anvisiert werden.

Tabelle 0.1 zeigt schematisch, wie die einzelnen Integrationsstufen aufeinander aufbauen:

	intraregionaler Freihandel	gemeinsame Handelspolitik	freie Faktormobilität	gemeinsame Geld- und Fiskalpolitik
Präferenzraum	teilweise	nein	nein	nein
Freihandelszone	ja	nein	nein	nein
Zollunion	ja	ja	nein	nein
Gemeinsamer Markt	ja	ja	ja	nein
Wirtschafts- und Währungsunion	ja	ja	ja	ja

Tab. 0.1: Formen der Integration
Quelle: El-Agraa , 1997b, S. 2

In der Realität lassen sich regionale handelspolitische Arrangements nicht immer eindeutig zuordnen. Vielmehr sind die Übergänge fließend.[1] Für alle Integrationsformen gilt, daß die regionalen Handelspartner zu geringeren Kosten miteinander handeln können als mit der restlichen Welt. Im folgenden werden aus der Vielzahl existierender Integrationsgemeinschaften die wichtigsten kurz skizziert.

1.2 Eine Bestandsaufnahme

Seit den achtziger Jahren nimmt die Anzahl der regionalen Integrationsräume deutlich zu. Von 1948-1990 wurden unter dem Artikel XXIV GATT siebzig Abkommen notifiziert, wenn auch eine große Anzahl von Abkommen nur über eine geringe Lebensdauer verfügten. Verglichen damit waren es allein zwischen 1991

[1] Einen Überblick über die Vielfalt regionaler handelspolitischer Arrangements bieten z.B. kommentiert de la Torre/Kelly (1992) und tabellarisch WTO (1996, S. 40 ff.).

und 1993 siebenundzwanzig Abkommen (vgl. WTO, 1995, Anhang A). Bemerkenswert ist die Anzahl der sogenannten Abkommen der zweiten Generation. Häufig wurden bestehende Abkommen durch neue ersetzt. Dies gilt für die EU genauso wie für das Abkommen zwischen Australien und Neuseeland (ANZCER) (vgl. Lloyd, 1996, S. 26 f.). Trotz dieser Vielzahl an Abkommen ist anzumerken, daß nur vier Abkommen, und zwar zwischen relativ unbedeutenden Ländern, einstimmig als GATT-konform akzeptiert wurden.[2] Tabelle 0.2 zeigt, daß regionale handelspolitische Arrangements mittlerweile eine der wichtigsten Institutionen des Welthandelssystems darstellen. Über sechzig vH des Welthandels werden innerhalb von bestehenden und geplanten Integrationszonen abgewickelt.

EU	Euromed	NAFTA	Mercosur	FTAA[3]	AFTA[4]	Australien-Neuseeland	APEC	Summe
22,8	2,3	7,9	0,3	2,6	1,3	0,1	23,7	61,0

Tab. 0.2: Anteil regionaler Handelsabkommen am Welthandel 1994
Quelle: Bergsten, 1997, 546

Dabei ist abzuwarten, ob sich die APEC tatsächlich zu einer Freihandelszone weiterentwickeln wird. Tabelle 0.3 gibt die ökonomische Bedeutung der im folgenden skizzierten Integrationsgemeinschaften wieder.

	EU	NAFTA	Mercosur	ANZCERTA	APEC	WTO
BIP in Mrd. $	7132	7665	861	375	14469	23.682
Bevölkerung in Mio.	370	382	201	21	2146	3558
Mitgliedsstaaten	15	3	4	2	18	121

Tab. 0.3: BIP, Bevölkerung und Größe
ausgewählter Integrationsgemeinschaften und der WTO 1994
Quelle: Frankel, 1997, S. 247

a) Europäische Union (EU): Die EU[5] stellt aufgrund ihrer langen Existenz die bedeutendste Integrationsgemeinschaft dar.[6] Gegründet wurde sie 1957 mit den Römischen Verträgen. 1973 wurde eine Freihandelszone mit der 1960 gegründeten EFTA (European Free Trade Association) gebildet, die 1992 in den Europäischen Wirtschaftsraum überging und alle Zölle untereinander abschaffte.

---

2 Es handelt sich um die südafrikanisch-rhodesische Zollunion (1948), das Nicaragua-El Salvador Freihandelsabkommen (1951), die Erweiterung des Zentralamerikanischen Marktes um Nicaragua (1958) und um den Karibischen Gemeinsamen Markt (1973) (vgl. Borrmann u.a., 1995, S. 205, Fn. 10).

3 Free Trade Area of the Americas

4 Asean Free Trade Area

5 Im Verlauf dieser Arbeit werden die Europäischen Union (EU) und die Europäische Gemeinschaft (EG) synonym verwendet.

6 Die Ausführungen beziehen sich weitgehend auf OECD (1995, Kap. III.A).

Die Europaverträge mit einigen osteuropäischen Staaten sehen ebenfalls den Abbau aller tarifären Hemmnisse vor. „Sensible" Bereiche wie etwa die Landwirtschaft sowie Teile der Textil-, Stahl- und Kohleindustrie wurden ausgenommen (vgl. Ri. Baldwin, 1994, S. 126 f.). Mit über sechzig afrikanischen, karibischen und pazifischen (AKP-)Staaten wurde 1975 das Lomé-Abkommen abgeschlossen. Die Meistbegünstigung ist bei der europäischen Handelspolitik nicht die Regel, sondern die Ausnahme (vgl. Tabelle 0.4). Demnach diskriminiert die EU nicht nur zwischen Mitgliedern und Nichtmitgliedern, sondern diskriminiert die einzelnen Drittstaaten auch untereinander. Daher wird die Struktur der Handelspolitik auch als Präferenzenpyramide beschrieben (vgl. Pomfret, 1996, S. 15).

Handelsregime	Bezeichnung	Betroffene Länder
Gemeinsamer Markt	Europäischer Wirtschaftsraum	Island, Liechtenstein, Norwegen
Zollunion		Türkei
Freihandelszone		Schweiz, Israel, Zypern, Malta
	Europa-Abkommen	Bulgarien, Estland, Lettland, Litauen, Polen, Rumänien, Slowakei, Slowenien, Tschechien, Ungarn
Präferenzraum		Ägypten, Algerien, Jordanien, Libanon, Marokko, Syrien, Tunesien
	Lomé-Abkommen	AKP-Staaten (ohne Südafrika)
	Allgemeines Präferenzsystem	Andere Entwicklungsländer inkl. Südafrika, Albanien, GUS
Meistbegünstigung	GATT/WTO	Australien, Japan, Kanada, Neuseeland, Taiwan, Vereinigte Staaten

Tab. 0.4: Hierarchie der EU-Präferenzen 1996
Quelle: Sapir, 1997a, S. 17

Die EU ist führend im Abbau von nichttarifären Handelshemmnissen wie etwa technische Handelsbarrieren, quantitative Beschränkungen, staatliche Aufträge oder Subventionen. Durch das Binnenmarktprojekt wurden all diese Bereiche mit aufgenommen. Im Gegensatz zur sogenannten „shallow-integration", d.h. dem Abbau direkter Handelsschranken, liegt in Europa eine tiefergehende Integration vor, die auch teilweise Regulierungen mit abgedeckt. Der Abbau von Regulierungen ist insbesondere für den Handel von Dienstleistungen wichtig, um den Marktzutritt zu sichern. Durch den Aufbau supranationaler Instanzen wie der Kommission und dem Europäischen Gerichtshof besteht die Möglichkeit, zwischenstaatliche Abmachungen durchzusetzen. Mit der gegenseitigen Anerkennung von Standards sind die institutionellen Handelshemmnisse stark gesunken. Probleme der Harmonisierung wurden dabei vermieden. Schließlich zeichnet sich die EU mit den Kohäsions- und Strukturfonds durch ein umfassendes intraregionales Transfersystem aus. Zusammenfassend kann festgehalten werden, daß die EU die am weitesten integrierte Staatengemeinschaft darstellt. Die geplante Währungsunion vertieft die Integration noch weiter.

b) North American Free Trade Agreement (NAFTA): Die 1994 in Kraft getretene NAFTA ist eine Freihandelszone zwischen Ländern mit einem erheblichen Entwicklungsunterschied.[7] Auf der einen Seite sind die beiden G-7-Staaten USA und Kanada zu nennen, auf der anderen Seite steht das Schwellenland Mexiko. Für Mexiko und Kanada stellen die Vereinigten Staaten den wichtigsten Handelspartner dar. So gehen über achtzig vH aller kanadischen Exporte in die USA. Auf der Importseite beträgt der Wert immerhin noch sechzig vH. Die NAFTA sieht den Abbau aller tarifären Hemmnisse in einem Zeitraum von zehn bis fünfzehn Jahren vor. Dabei variiert der Zeitraum je nach Sektor. Im Bereich der nichttarifären Handelshemmnisse, wie z.B. Quoten, wurde in erster Linie die Transparenz erhöht. Ziel ist es, die nichttarifären Hemmnisse in Zolläquivalente zu überführen. Die NAFTA hat im Gegensatz zu ihrer Vorgängerin, der CUFTA[8], bei Regulierungen eine Negativliste, demnach gelten zunächst keine Regulierungen, die nicht ausdrücklich aufgenommen werden. Doch sind die Ausnahmen so zahlreich, daß nicht von einer umfassenden Abdeckung gesprochen werden kann (vgl. OECD, 1995, S. 41). Die NAFTA sieht wie GATT/WTO „Inländerbehandlung" vor. D.h. nationale Regulierungen bleiben weiter möglich, doch darf nicht zwischen Inländern und Ausländern diskriminiert werden (vgl. OECD, 1995, 46).

Die Gründung der NAFTA hat einige institutionelle Änderungen nach sich gezogen. In Mexiko wurde eine Kommission eingerichtet, um die administrative Umsetzung zu überwachen. Zusätzlich wurden über zwei Dutzend Komitees und Arbeitsgruppen gebildet. Bedeutend ist die Einführung eines paritätischen Streitschlichtungspanels. Dabei werden auch Investitionsangelegenheiten mit einbezogen. Die NAFTA weist eine Aufnahmeklausel auf, welche nicht regional beschränkt ist. Allerdings ist kein Mechanismus festgeschrieben. Aufnahmen werden ad hoc und diskretionär entschieden.

Interessant ist zu beschreiben, was innerhalb der NAFTA nicht liberalisiert wurde (vgl. Ri. Baldwin, 1997, S. 7 f.). Zunächst wurden bestehende Regulierungen des Dienstleistungssektors nicht aufgehoben, sondern festgeschrieben („grandfathering"). Faktorbewegungen werden nicht durch das Abkommen abgedeckt. Anti-Dumping-, Ausgleichsmaßnahmen und andere Instrumente der „contingent protection" werden nicht aufgehoben. Die Standards werden nicht gegenseitig anerkannt. Es gibt keine gemeinsame Aufsicht über die Subventions- und Wettbewerbspolitik. Hier liegt demnach keine ähnlich tiefe Integration vor wie bei der EU.

Eine wichtige Bedeutung erhält die NAFTA aufgrund ihrer Signalwirkung. Viele Ökonomen und Politiker sehen in ihr die Abkehr der USA vom Multilateralismus (vgl. z.B. Bhagwati, 1993, S. 29; Weintraub, 1997, S. 203; kritisch vgl. Ri. Baldwin, 1997, S. 20 ff.).

---

[7] Die Ausführungen beziehen sich weitgehend auf Bora (1996, S. 168 ff.).

[8] Ob die NAFTA eine einfache Erweiterung der CUFTA darstellt, ist strittig. So gibt es innerhalb des NAFTA-Abkommens noch bilaterale Verträge zwischen Mexiko und Kanada (vgl. Bora, 1996, S. 172).

c) Mercado Común del Sur (Mercosur): Mercosur ist eine 1995 in Kraft getretene Zollunion der südamerikanischen Schwellenländer Argentinien, Brasilien, Paraguay und Uruguay. Sie umfaßt die Hälfte der südamerikanischen Bevölkerung und erwirtschaftet knapp sechzig vH des südamerikanischen BIP.[9] Hierbei wird von einer sogenannten Süd-Süd-Integration gesprochen. Das darf nicht darüber hinwegtäuschen, daß zwischen diesen Ländern deutliche Entwicklungsunterschiede bestehen, mit Argentinien am oberen und Paraguay am unteren Ende der Entwicklungsskala. Die Mitgliedsstaaten planen einen externen Zoll von 15 vH. Intern sollen die Zölle und die nichttarifären Handelshemmnisse bis 1997 abgeschafft werden. Ziel ist es, bis 2013 einen Gemeinsamen Markt mit freiem Güter-, Dienstleistungs- und Faktoraustausch zu schaffen. Ein Streitschlichtungsmechanismus ist vorhanden (vgl. OECD, 1995, S. 44). Interessanterweise ist, zumindest bezogen auf die Exporte, nicht die NAFTA, sondern Europa der wichtigste Handelspartner der Mercosur-Länder. So gingen 1993 ungefähr 27 vH der Exporte in Länder der EU und EFTA verglichen mit 20 vH in die NAFTA. Die Importe stammen ungefähr je zu einem Viertel aus dem europäischen Wirtschaftsraum und der NAFTA (vgl. Thorstensen, 1996, S. 110, Tabelle 1).

d) Australia New Zealand Closer Economic Relations Trade Agreement (ANZCERTA): Das „Closer Economic Relations Agreement" zwischen Australien und Neuseeland löste 1983 eine vorher bestehende Freihandelszone ab. Der Gemeinsame Markt ist eine relativ weitreichende Verbindung zwischen zwei ökonomisch und kulturell ähnlichen Ländern (vgl. Pomfret, 1996, S. 54). Dies darf nicht darüber hinwegtäuschen, daß der intraregionale Handel nicht annähernd die Größe der NAFTA oder gar der EU erreicht (vgl. Scollay, 1996, S. 184). Exportiert Neuseeland 18,5 vH seiner gesamten Exporte nach Australien und importiert von dort 21 vH, so liegen die vergleichbaren Werte für Australien bei fünf und 4,5 vH. Im Gegensatz zu ihren weltweiten Exporten besteht der intraregionale Austausch weitgehend aus industriellen Waren und nicht aus Primärerzeugnissen. Dabei sind gerade die industriellen Erzeugnisse durch hohe Zollmauern vor weltweiter Konkurrenz geschützt. In den achtziger Jahren wurden einseitige, nichtdiskriminierende Liberalisierungsschritte unternommen.

Der Handel von Gütern und Dienstleistungen ist bis auf einige Ausnahmen liberalisiert. Die Ausnahmen sind in einer Negativliste zusammengefaßt, d.h. alles, was nicht ausdrücklich aufgeführt wird, ist von Handelsschranken befreit. Dabei sind auch die nichttarifären Handelshemmnisse berücksichtigt (vgl. Scollay, 1996, S. 189). Der bilaterale Handel wird nicht durch die Androhung von Anti-Dumpingmaßnahmen beeinträchtigt. Weiter wird eine gemeinsame Wettbewerbspolitik verfolgt (vgl. OECD, 1995, 41). Im Gegensatz zur NAFTA zeichnet sich daher das ANZCERTA durch eine weitergehende intraregionale Liberalisierung aus.

e) Asia-Pacific Economic Cooperation forum (APEC): Die APEC ist noch kein formelles Abkommen. Sie kann derzeit noch nicht als Freihandelszone ange-

---

[9] Für die folgenden Ausführungen vgl. Bouzas (1997, S. 58 ff.).

sehen werden. Trotzdem muß sie hier angeführt werden, da sie mit den kleinen Tigern, den ASEAN-Staaten und China die am schnellsten wachsenden Volkswirtschaften mit einschließt. Dabei ist China nicht einmal Mitglied der WTO. Zusätzlich stehen mit den USA und Japan die größten Wirtschaftsnationen zur Seite. Erklärtes Ziel der mittlerweile aus achtzehn Ländern bestehenden Gemeinschaft ist der „offene Regionalismus", d.h. im Gegensatz zu den traditionellen Integrationszonen die Nichtdiskriminierung gegenüber Drittstaaten (vgl. OECD, 1995, S. 15). Der Multilateralismus soll gestärkt werden. Gemäß der Boger-Erklärung von 1994 sollen die Industriestaaten bis 2010 und die Entwicklungsländer bis 2020 alle Handels- und Investitionsschranken abbauen. Die Liberalisierungsfortschritte sollen Drittstaaten nicht vorenthalten werden. Dies ist der große Unterschied zu den bisherigen Integrationsgemeinschaften und nährt den Zweifel an der Durchsetzbarkeit dieses Vorhabens (vgl. Albero López/Soler Matutes, 1997, S. 10 f.). Denn gerade die ungenügende Lösung der Schwarzfahrerproblematik wird dem GATT/WTO-System vorgeworfen.

2. Zielsetzung und Gang der Arbeit

Regionale Integrationsgemeinschaften sind ein fester Bestandteil der heutigen Welthandelsordnung. Der Abschluß der Uruguayrunde ändert nichts an der wirtschaftspolitischen Aktualität dieser Abkommen. Zusätzlich zu den bisher angesprochenen Integrationsgemeinschaften sind weitere in naher Zukunft abzusehen. Am deutlichsten wird davon direkt oder indirekt Europa betroffen sein. Erstens stehen nach der Norderweiterung der EU mit Österreich sowie den skandinavischen Ländern Schweden und Finnland eine oder gar mehrere Osterweiterungen vor der Tür. Zweitens mehren sich die Stimmen, auch den afrikanischen Mittelmeerraum an einer Euro-Med-Initiative zu beteiligen. Drittens sehen westlich geprägte Politiker, allen voran der deutsche Außenminister Klaus Kinkel, die USA als einen potentiell zu bevorzugenden Handelspartner. Demnach schließt sich die EU möglicherweise einerseits mit hochentwickelten Industrieländern zusammen. Andererseits werden Entwicklungs- und Schwellenländer integriert. Indirekt wird auch eine pazifische Freihandelszone wie die APEC nicht ohne Einfluß auf die EU bleiben.

Um die bestehenden und die geplanten Integrationsgemeinschaften beurteilen zu können, ist es notwendig, die ökonomischen Auswirkungen auf die Allokation und das Welthandelssystem so umfassend wie möglich zu untersuchen. Ein Teil der Außenhandelstheorie setzt sich seit dem bahnbrechenden Werk von Jakob Viner (1950) mit der Zollunionstheorie auseinander. In der Regel beschäftigen sich jedoch die meisten Publikationen mit spezifischen Einzelfragen. Diese Detailkenntnisse sind wichtig und notwendig. Die Einführung hat aber gezeigt, daß Integrationsgemeinschaften in den unterschiedlichsten Ausprägungen und Kombinationen existieren. Die Gefahr bei vielen Ansätzen demnach ist, daß wirtschaftspolitische Empfehlungen abgeleitet werden, die nur in ganz bestimmten Fällen ihre Berechtigung haben. Zusätzlich werden häufig die politökonomischen Restriktionen vollkommen vernachlässigt.

Die folgende Arbeit versucht, die wichtigsten Ansätze zu ordnen und deren Aussagen kritisch zu hinterfragen. Dabei ist es notwendig, sowohl kleine als auch große Länder einzubeziehen. Nur so ist es möglich, die allgemeinen Gefahren besser abzuschätzen, die sich aus einer zunehmenden diskriminierenden Liberalisierung ergeben können. Erst wenn die potentiellen Gefahren bekannt sind, ist es möglich, auf der GATT/WTO-Ebene institutionelle Vorkehrungen zu treffen, um Schaden für einzelne Länder und für das Welthandelssystem abzuwehren. Dem sogenannten „neuen" Regionalismus wird kein eigenes Kapitel gewidmet, da es sich hier nicht um einen geschlossenen Ansatz handelt, sondern um die vage Zusammenfassung von verschiedenen Aspekten, die über das traditionelle Gewähren von Handelspräferenzen hinausgehen. Hier sind in erster Linie die zunehmende Bedeutung von Dienstleistungen und Direktinvestitionen zu nennen. Die Unterscheidung zwischen „altem" und „neuem" Regionalismus ist eher eine ex post Betrachtung, bei der dem „alten" Regionalismus die negativen und dem „neuen" die positiven Eigenschaften zugesprochen werden (vgl. Tabelle 0.5).

„alter" Regionalismus	**„neuer" Regionalismus**
Importsubstitution	Exportorientierung
politische Allokation der Ressourcen	Marktallokation der Ressourcen
Initiative bei der Regierung	Initiative bei privaten Unternehmen
hauptsächlich Industrieprodukte	alle Güter, Dienstleistungen, Investitionen
Handelshemmnisse an der Grenze	„deeper integration"
Bevorzugung von Entwicklungsländern	gleiche Regeln

Tab. 0.5: „Alter" und „neuer" Regionalismus
Quelle: Lawrence, 1997, S. 19

Ein Großteil der angeführten Aspekte kann aber mit dem traditionellen Instrumentarium analysiert werden. Auf eine künstliche Unterscheidung zwischen „altem" und „neuem" Regionalismus wird hier verzichtet.

Die Arbeit ist neben der Einführung und den Schlußbemerkungen in drei Teile gegliedert und läßt sich durch die Abbildung 0.1 veranschaulichen.

Der erste Teil diskutiert die verschiedenen Allokationswirkungen bei der einmaligen Bildung einer regionalen Integrationsgemeinschaft. Bezogen auf die Abbildung 0.1 handelt es sich hier um die Regionalismuspfade I und II. Ausgehend von einem weltweiten Wohlfahrtsniveau[10] U_0 führt die Einführung einer Integrationsgemeinschaft zu einer Verbesserung oder Verschlechterung der Allokation und damit der Wohlfahrt. Dieser Teil kann als eine statische Untersuchung aufgefaßt werden.

[10] Die Wohlfahrt wird hier als die Summe von Produzenten- und Konsumentenrente verstanden. Die Abhängigkeit des Paretooptimums von der Anfangsverteilung wird nicht weiter verfolgt.

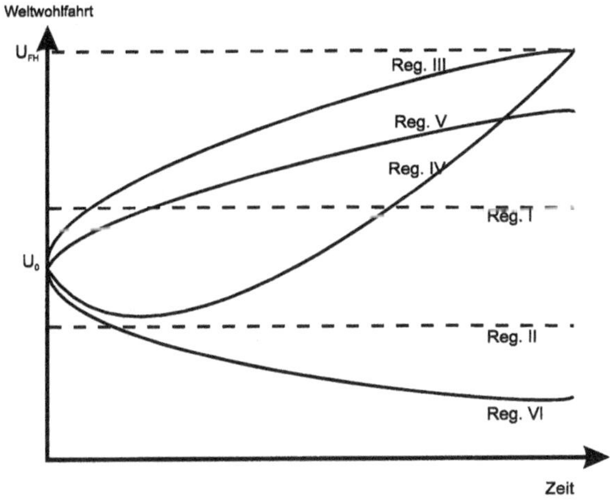

Abb. 0.1: Regionalismuspfade
Quelle: Bhagwati, 1993, S. 32

Der zweite Teil geht der Frage nach, inwieweit regionale Integrationsgemeinschaften über kumulative Prozesse zu Freihandel und damit zum weltweiten Wohlfahrtsmaximum U_{FH} führen können. Dabei wird von der Prämisse ausgegangen, daß Freihandel die Weltwohlfahrt tatsächlich maximiert. Auch wenn die neue Außenhandelstheorie zeigt, daß dies bei der Existenz von Marktunvollkommenheiten nicht immer gelten muß, ist doch unter Außenhandelstheoretikern weitgehend anerkannt, daß Freihandel die bestmögliche Alternative darstellt. Aufbauend auf den in Teil I ermittelten Ergebnissen wird mit Hilfe eines Referenzrahmens in Teil II gezeigt, wie es theoretisch möglich ist, durch eine zunehmende Regionalisierung stetig die Wohlfahrt zu erhöhen und letztlich Freihandel zu erreichen (Pfad III). In den weiteren Kapiteln in Teil II wird überprüft, ob wohlfahrtsmaximierende politische Entscheidungsträger einen Anreiz haben, tatsächlich diesen Weg zu beschreiten oder ob nicht möglicherweise weniger vorteilhafte Ergebnisse zu erwarten sind (Pfade IV-VI).

Teil III dieser Arbeit untersucht, weshalb die Durchsetzung wesentlicher Aspekte des Referenzrahmens unter politökonomischen Gesichtspunkten schwer möglich ist. Dabei wird auch auf die Rolle der multinationalen Unternehmungen eingegangen.

Teil I: Welche Allokationswirkungen entstehen bei der Bildung regionaler Integrationsgemeinschaften?

1. Einleitende Bemerkungen

Der folgende Teil I diskutiert den Einfluß von regionalen handelspolitischen Arrangements auf die weltweite Allokation. Sofern nicht konkret darauf hingewiesen wird, gelten im Gegensatz zur Einführung Zollunionen als Synonym für verschiedene Integrationsarten. Die politischen Entscheidungsträger sind nur an der Maximierung der regionalen Wohlfahrt interessiert. Im zweiten und dritten Kapitel werden konstante oder fallende Skalenerträge angenommen. Hier werden in erster Linie Probleme angesprochen, die bei interindustriellem Handel entstehen. Dies ist wichtig für die Analyse von Integrationsgemeinschaften zwischen kleinen Ländern und zwischen entwickelten und weniger entwickelten Ländern.

Das vierte Kapitel ist der Freihandelszone gewidmet, da sie sich in einigen wichtigen Aspekten von der Zollunion unterscheidet. Die neue Außenhandelstheorie ermöglicht im fünften Kapitel durch die Integration von weiteren Marktunvollkommenheiten auch die Untersuchung von dynamischen Wohlfahrtswirkungen. Hier geht es im wesentlichen um den Einfluß der veränderten Marktgröße. Dabei spielen auch Investitionen und multinationale Unternehmungen eine Rolle. Diese Modelle sind für die Darstellung von intraindustriellem Handel und der Integration von entwickelten Volkswirtschaften notwendig. Im sechsten Kapitel wird die Problematik der überlappenden Integrationsräume thematisiert. Im Zwischenresümee I wird auch ein tabellarischer Überblick der wichtigsten allokativen Effekte gegeben.

Die Untersuchung von regionalen Integrationsgemeinschaften erfordert mindestens drei Länder. Im folgenden wird immer von einem Inland A, einem Partnerland B sowie dem Rest der Welt C ausgegangen. Das aktive Verhalten der restlichen Welt wird nicht weiter untersucht. Sie verhält sich im Modell vollkommen passiv. Der Schwerpunkt liegt auf Handelsbarrieren, die Renten schaffen. Reale Kosten erhöhende Barrieren, wie z.B. Standards oder bürokratische Hemmnisse, werden zunächst nicht betrachtet. Als Handelsbarrieren werden weitgehend Zölle diskutiert. Nichttarifäre Handelshemmnisse werden als Zolläquivalente dargestellt.[11] Teil I bildet eine statische Analyse. Er macht keine Aussage darüber, ob sich die Weltwirtschaft nach der einmaligen Einführung einer regionalen Integrationsgemeinschaft und der erfolgten Reallokation weiterhin dem globalen Freihandel und damit dem Optimum annähert oder nicht. Teil I bezieht sich daher auf die Regionalismuspfade I und II.

---

[11] Für eine frühe umfassende Studie über die Umwandlung von nichttarifären Handelshemmnissen in Zolläquivalente in der Bundesrepublik Deutschland vgl. J. Donges/Fels/Neu (1973). Nicht übersehen werden darf, daß die empirischen Wirkungsanalysen aufgrund der erforderlichen Informationen nicht einfach durchzuführen sind. Für eine ausführliche Diskussion vgl. J. Donges (1981); Langhammer (1993); Markusen u.a. (1995, 16. Kapitel).

2. Kleine Zollunionen

2.1 Standardansatz

Die Kernfrage der Zollunionstheorie läßt sich einfach formulieren: Erhöht eine diskriminierende Liberalisierung, wie sie ein regionales handelspolitisches Arrangements darstellt, die Weltwohlfahrt (Pfad I) oder resultiert das Gegenteil (Pfad II)? Dabei ist die hier betrachtete Wohlfahrt die Summe aus Produzenten- und Konsumentenrente. Der Standardansatz zur Analyse von regionalen Integrationsräumen geht auf das Werk von Viner (1950) und auf die darauf aufbauenden Arbeiten von Meade (1955), Gehrels (1956) und Lipsey (1957) zurück. Das Instrumentarium entspricht dem der traditionellen neoklassischen Außenhandelstheorie. Es liegen konstante Grenzkosten und keine steigenden Skalenerträge vor. Weiter unterliegen alle Güter- und Faktormärkten der vollständigen Konkurrenz, die Faktoren sind vollbeschäftigt, national, aber nicht international vollkommen mobil (vgl. El-Agraa, 1997a, S. 35). Von Zöllen abgesehen existieren keine weiteren technologischen oder politischen Verzerrungen.

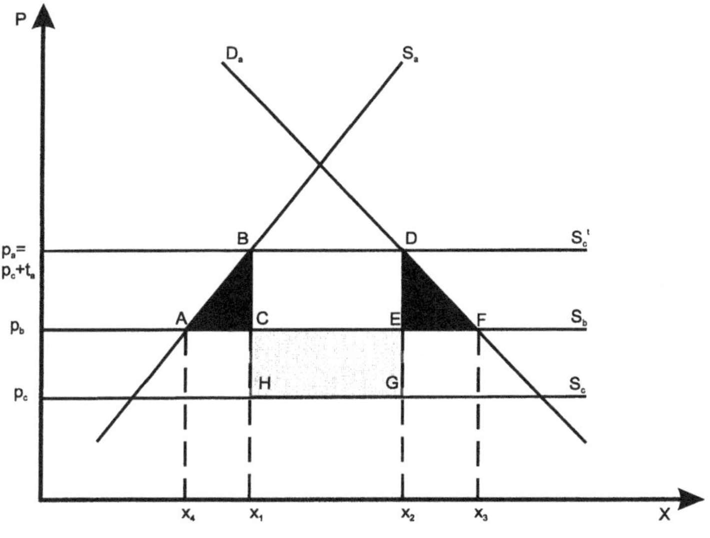

Abb. I.1: Handelsschaffung und Handelsumlenkung bei einem kleinen Land und einer kleinen Zollunion

Betrachtet wird die Situation eines kleinen Landes A (Inland), welches sich mit einem zweiten (relativ) großen Land B (Partnerland) zu einer Zollunion zusammenschließt. Die Zollunion ist verglichen zur restlichen Welt C klein. Je nachdem, welcher Anbieter im inländischen Markt zum Zuge kommt, gibt das Partnerland oder die restliche Welt die Preise für handelbare Güter vor. Mit anderen Worten: Die Importangebotselastizität ist unendlich. Diese Vorgehensweise hat den Vorteil, daß nur die inländischen Wohlfahrtswirkungen analysiert werden müssen. Sowohl das Partnerland als auch die restliche Welt gewinnen nichts durch die Handelsbeziehungen mit dem Inland. Der Preis deckt genau die Grenzkosten zur Belieferung des Marktes (vgl. Hine, 1994, S. 236). Die Wohlfahrtswirkung im Inland ist dann gleichbedeutend mit der Wohlfahrtswirkung innerhalb der Zollunion und in der Welt. Im Laufe der Arbeit werden die zum Teil sehr restriktiven Annahmen gelockert. Doch reicht diese Art der Darstellung zunächst aus, um die grundlegenden Wirkungen zu verstehen.

Untersucht wird im Rahmen der Abbildung I.1 die Ressourcenallokation im Inland nach der Einführung einer Zollunion. Betrachtet wird der inländische Markt für das homogene Gut X. An der Abszisse wird die Menge X abgetragen, an der Ordinate das Preisverhältnis P.[12] Das Gut wird von inländischen und ausländischen Produzenten bereitgestellt. In der Ausgangslage erhebt das Inland einen nichtdiskriminierenden Zoll t_a auf alle importierten Güter. Die inländische Angebotsfunktion wird durch die Kurve S_a wiedergegeben, die Inlandsnachfrage durch D_a. Das (große) Land C produziert im gesamten relevanten Bereich kostengünstiger als das potentielle Partnerland B. Die Angebotskurve der restlichen Welt S_c liegt daher unterhalb der Angebotskurve des Partnerlandes S_b. Bei einem nichtdiskriminierenden Zoll muß daher auch die Angebotskurve von C einschließlich des Zollsatzes S_c^t unterhalb der (nicht eingezeichneten) von B liegen.[13]

Das Inland produziert in der Ausgangslage die Menge x_1 und importiert die Menge x_2-x_1 aus der restlichen Welt. Der inländische Produzenten- und Konsumentenpreis p_a beträgt p_c+t_a. Die Zolleinnahmen in Höhe des Rechtecks BDGH werden als allokationsneutrale Pauschaltransfers den inländischen Konsumenten übertragen. Was folgt aus einem Zusammenschluß zwischen dem Inland und dem Land B zu einer Zollunion? Zur Vereinfachung wird angenommen, daß das gemeinsame externe Zollniveau der Integrationszone dem des Inlandes entspricht. Die „zollbefreite" Angebotskurve des Partnerlandes S_b liegt unterhalb der „Preis+Zoll-Angebotskurve" der restlichen Welt S_c^t. Daher wird das Preisniveau im Inland jetzt vom Partnerland vorgegeben und fällt von p_a=p_c+t_a auf p_b. Die Anbieter aus dem Partnerland verdrängen die alten Anbieter aus dem Rest der Welt vollständig. Die konsumierte Menge im Inland erhöht sich von x_2 auf x_3.

Folgende Wohlfahrtseffekte lassen sich identifizieren: Die im Inland produzierte Menge verringert sich von x_1 auf x_4. Damit werden Kosten in Höhe des Dreiecks ABC eingespart. Hierbei handelt es sich um den klassischen vinerschen Angebotseffekt der Handelsschaffung. Die im Vergleich zum Partnerland ineffiziente inländische Bereitstellung der Menge x_1-x_4 wird jetzt durch effiziente Anbieter aus dem Partnerland übernommen. Daß es sich hierbei um einen Wohlfahrtsgewinn handelt, wird deutlich unter der obigen Annahme, daß im Inland keine weiteren allokativen Verzerrungen vorliegen. Die relativen Preise spiegeln dann die realen Transformationsraten wider. Nach Implementierung der Zollunion muß das Inland für die im Inland bereitgestellte Menge x_1-x_4 nicht mehr

---

[12] Wenn im Verlauf der Arbeit von „Preis" gesprochen wird, ist das Preisverhältnis gemeint.

[13] Ein hochgestelltes t bedeutet im folgenden immer, daß die Exporte eines Landes mit einem Zoll belastet werden.

auf Ressourcen in Höhe von ABx_1x_4 verzichten, sondern nur noch auf ACx_1x_4. Die eingesparten Ressourcen ABC können für die Produktion anderer Güter eingesetzt werden.

Zusätzlich wird auch durch den von p_a auf p_b gefallenen Konsumentenpreis Handel geschaffen. Aufgrund des niedrigeren Preises erhöht sich die insgesamt im Inland konsumierte Menge auf x_3. Dadurch entsteht eine zusätzliche Konsumentenrente in Höhe des Dreiecks DFE, was als nachfrageseitige Handelsschaffung verstanden werden kann.[14] Insgesamt läßt sich der handelsschaffende Effekt als die Summe aus dem Angebotseffekt ABC und dem Nachfrageeffekt DFE darstellen. Dieser Effekt ist positiv. Die Wohlfahrtsgewinne aus der Handelsschaffung resultieren in diesem Modell aus der Steigerung der Importmenge und der Verringerung der ineffizienten inländischen Produktion.

> Handelsschaffung entsteht bei der Bildung einer regionalen Integrationsgemeinschaft aus zwei Gründen: Auf der Angebotsseite wird ein ineffizienter inländischer Anbieter durch einen effizienten Produzenten aus dem Partnerland ersetzt. Auf der Nachfrageseite führt der sinkende Inlandspreis zu weiteren Importen.

Diesem positiven handelsschaffenden Effekt steht ein negativer Wohlfahrtseffekt gegenüber. Die Konsumenten gewinnen scheinbar aufgrund des gefallenen Konsumentenpreises. Die Konsumentenrente, bezogen auf die ursprüngliche Importmenge, erhöht sich um BDEC. Doch hat die Gesellschaft als Ganzes die Importe nicht zu einem Preis p_a, sondern zum niedrigeren Weltmarktpreis p_c bezogen. Die Zölle wurden per Annahme an die Konsumenten weitergegeben. Daher liegt hier nur eine Umwandlung von Transfers in Konsumentenrente vor. Gleichzeitig wird für die ursprüngliche Importmenge x_2-x_1 ein effizienter Anbieter aus dem Rest der Welt durch einen ineffizienten Anbieter aus dem Partnerland verdrängt. Daran ändert auch die Tatsache nichts, daß die Anbieter aus dem Partnerland im relevanten Bereich kostengünstiger produzieren als die inländischen. Die inländischen Konsumenten verlieren dadurch bezogen auf die ursprüngliche Importmenge Transfers in Höhe des Rechteckes BDGH. Insgesamt läßt sich der Verlust aus der Differenz zwischen den wegfallenden Zolltransfers und der höheren Konsumentenrente aufgrund des geringeren Konsumentenpreises ermitteln. Er wird durch das Viereck CEGH abgebildet. Dies ist der ***handelsumlenkende*** Effekt.

> Handelsumlenkung beschreibt die Substitution eines effizienten, aber zollbelasteten Anbieters aus der restlichen Welt durch einen ineffizienten, aber nicht zollbelasteten Anbieter aus dem Integrationsraum.

Handelsumlenkung stellt einen Terms of Trade-Verlust für das liberalisierende Land dar (vgl. Lloyd, 1992, S. 24). Eine Verschlechterung der Terms of Trade

---

[14] Bei der Fläche p_aBAp_b handelt es sich um eine Umverteilung der Rente von Produzenten an Konsumenten.

bedeutet, daß sich das Verhältnis des inländischen Exportgüterpreisniveaus zu den inländischen Importgüterpreisen verschlechtert hat. Formal läßt sich das reale Austauschverhältnis z.B. für Deutschland darstellen als (vgl. Rose/Sauernheimer, 1992, S. 87):

$\frac{P_x^{DM}}{P_m^{\$} w}$. w stellt den nominellen Wechselkurs dar.

Die Verluste aus der Handelsumlenkung beziehen sich im Gegensatz zu den Gewinnen aus der Handelsschaffung auf die ursprünglich importierte Menge. Die Handelsumlenkung verhindert die weltweite Spezialisierung gemäß der komparativen Vorteile. Damit läßt sich bis hier festhalten, daß die Wohlfahrtsverluste für das betrachtete Land aus der Handelsumlenkung mit dem ursprünglichen Importvolumen und die Wohlfahrtsgewinne aus der Handelsschaffung mit der Änderung des Importvolumens zusammenhängen.

An dieser Stelle ist noch anzumerken, daß Viner von festen Güterproportionen ausging und sich somit auf die angebotsseitigen Effekte beschränkte. Meade, Gehrels und Lipsey haben die Analyse auf nachfrageseitige Effekte erweitert. Sinkt der Konsumentenpreis, ist bei normal verlaufenden Nachfragekurven davon auszugehen, daß die relativ teureren (inländischen und zollbelasteten ausländischen) Güter durch die relativ billiger gewordenen Güter aus dem Partnerland substituiert werden. Daher ist es notwendig, die Nachfrageeffekte als Handelsschaffung mit einzubeziehen. Eine zusätzliche Unterscheidung zwischen produktionsbedingter Handelsschaffung und Gewinnen aus wachsender Konsumentenrente durch höhere Importe führt dagegen zu keinem größeren Erklärungsgehalt (vgl. Krauss, 1972, S. 417). In der vorliegenden Arbeit werden unter Handelsschaffung beide Aspekte zusammengefaßt. Damit wird auf die Terminologie von Johnson (1974, S. 620) zurückgegriffen, und „paradoxe" handelsumlenkende, aber wohlfahrtsfördernde Zollunionen werden ausgeschlossen.

Abbildung I.2 überführt die partialanalytische Darstellung in ein allgemeines Viner-Lipsey-Gleichgewichtsmodell (vgl. Bhagwati/Panagariya, 1996, Abb. 11).[15] Dabei wird zunächst der handelsumlenkende Fall beschrieben. An der Abszisse wird das Gut X abgetragen, an der Ordinate das Gut Y. Das Inland hat sich auf die Produktion des Gutes Y spezialisiert und kann zu den durch die Steigung der Gerade Y_0D wiedergegebenen Weltmarktpreisen handeln. Y stellt das Numéraire-Gut dar. Somit läßt sich Y_0 als das verfügbare Einkommen verstehen. Die inländischen Konsumenten richten sich nicht nach den internationalen Terms of Trade, sondern nach dem durch Zölle verzerrten inländischen Preisverhältnis. Dieses wird durch die Steigung der Gerade Y_0N dargestellt. Aufgrund des Zolls auf das Gut X verläuft die inländische Preisgerade steiler als die der Weltmarktpreise. Die Zolleinnahmen werden den Konsumenten allokationsneutral übertragen. Daher verschiebt sich die für die Konsumenten relevante Budgetgerade in nordöstliche Richtung nach Y_2M.[16] Bei einem nichtdiskriminierenden Zoll wird

---

[15] Es ist auch möglich, ein Modell ohne vollständige Spezialisierung zu konstruieren (vgl. El-Agraa, 1997a, S. 44).

[16] Die extreme Verlagerung dient ausschließlich der Veranschaulichung.

der Konsumpunkt C_{GATT} realisiert. Der Import stammt ausschließlich aus dem Rest der Welt. Das Wohlfahrtsniveau wird durch die soziale Indifferenzkurve U_{GATT} angezeigt.

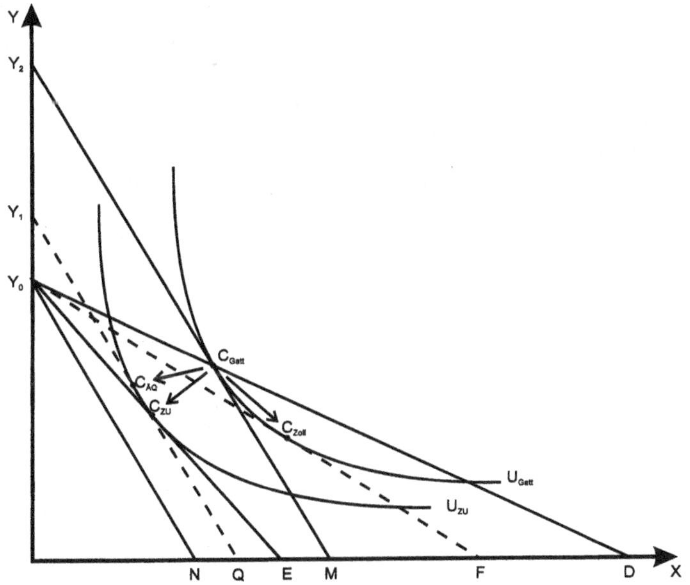

Abb. I.2: Handelsumlenkung in einem allgemeinen Viner-Lipsey-Gleichgewichtsmodell
Quelle: Bhagwati/Panagariya, 1996, S. 11, Abb. 1c

Durch die Einführung einer Zollunion entfallen die Zölle auf die Güter aus dem Partnerland B. Sind dadurch die nicht zollbelasteten Güter aus B billiger als die zollbelasteten Güter aus der restlichen Welt, verdrängen die Importe aus B die aus C. Es kommt zu der oben beschriebenen Handelsumlenkung. Die Konsumentenpreise im Inland fallen. Das Preisverhältnis in der Zollunion wird jetzt durch die Steigung der Gerade Y_0E wiedergegeben. Im Gegensatz zum nichtdiskriminierenden Fall erhält das Inland keine Zolleinnahmen mehr. Daher findet auch keine Verschiebung der Budgetgerade in nordöstliche Richtung statt. Der positive Einkommenseffekt unterbleibt. Positiv dagegen wirkt sich für die inländische Wohlfahrt aus, daß sich das von den Konsumenten realisierte Preisverhältnis dem internationalen annähert. Hier geht es um die Handelsschaffung auf der Nachfrageseite. Als Ergebnis aus Handelsumlenkung (weniger Zolleinnahmen) und Handelsschaffung (effizienteres Preisverhältnis) werden der Konsumpunkt C_{ZU} und die Wohlfahrt U_{ZU} realisiert. Demnach ist hier die Handelsschaffung kleiner als die Handelsumlenkung.

Mit Hilfe der Hicksschen Äquivalenz kann der inländische Wohlfahrtseffekt gezeigt werden (vgl. Bhagwati/Panagariya, 1996, S. 9).[17] Die Äquivalenzvariation gibt an, um wieviel das Einkommen Y_0 erhöht oder gesenkt werden muß, um auch ohne die Bildung einer Zollunion dasselbe Nutzenniveau zu erreichen wie durch die Einführung einer Zollunion. Hier wird demnach das ursprüngliche Preisverhältnis konstant gehalten und das Einkommen variiert. Fällt die Äquivalenzvariation positiv aus, steigt der Nutzen. Ist sie negativ, sinkt der Nutzen. Bezogen auf die Abbildung I.2 sollen die inländischen Konsumenten, ausgehend vom Nutzenniveau U_{GATT}, durch Einkommensänderungen das Nutzenniveau U_{ZU} erreichen. Das ursprüngliche Preisverhältnis und das Einkommen ohne Zollunion werden durch die Gerade Y_2M beschrieben. Das Einkommen der inländischen Konsumenten muß demnach um Y_1-Y_2 angepaßt werden, um bei nichtdiskriminierenden Preisen den Konsumprodukt $C_{ÄQ}$ und damit dasselbe Nutzenniveau U_{ZU} zu realisieren wie bei der Zollunion.[18] Der Beitrag ist in diesem Fall negativ. Die negative Äquivalenzvariation zeigt, daß sich das Inland verschlechtert. Die Handelsumlenkung übersteigt hier die Handelsschaffung.

Dieses Ergebnis muß nicht immer eintreten. Werden die neuen Terms of Trade innerhalb der Zollunion durch die gestrichelte Preisgerade Y_0F dargestellt, ergibt sich der Konsumpunkt C_{ZoII}. Das Inland ist gerade indifferent zwischen diskriminierender und nichtdiskriminierender Liberalisierung. Die Äquivalenzvariation ist genau null. Ab diesem Preisverhältnis ist die Handelsschaffung aufgrund der erhöhten Nachfrage so stark, daß die negativen Effekte aus der Handelsumlenkung überkompensiert werden. Hier wäre eine Zollunion wohlfahrtserhöhend. Je weiter sich demnach die internen Preisverhältnisse den Weltmarktpreisen annähern, desto stärker können die handelsschaffenden Effekte auftreten.

Ob eine Zollunion aus wohlfahrtsökonomischen Überlegungen positiv oder negativ zu bewerten ist, hängt also davon ab, welcher Effekt überwiegt - der handelsschaffende oder der handelsumlenkende. Ist der handelsschaffende Effekt größer als der handelsumlenkende, stellt die Zollunion eine Verbesserung für das Inland gegenüber der Ausgangslage dar. Umgekehrt ist sie wohlfahrtsmindernd. Da sowohl das Inland als auch die Zollunion relativ zur restlichen Welt klein sind, gelten für die Weltwohlfahrt dieselben Wohlfahrtswirkungen. Das vinersche Konzept der Handelsschaffung und der Handelsumlenkung läßt sich auch als Handelsvolumeneffekt darstellen (vgl. Ri. Baldwin/Venables, 1995, S. 1603). Fallen alle Renten durch Handelsbarrieren dem protektionistischen Land zu, erhöht sich für dieses Land die Wohlfahrt durch eine Zollunion, wenn das mit den Zöllen gewichtete Importvolumen ansteigt.

Wann ist eine wohlfahrtserhöhende Zollunion zu erwarten? A priori ist dies nicht zu klären. Letztlich bleibt es eine empirische Frage. Allerdings existieren einige Indikatoren, welche anzeigen, wie wahrscheinlich eine handelsschaffende Zollunion ist. Sie ist um so wahrscheinlicher (vgl. Hine, 1994, S. 243 f.):

---

[17] Zum Konzept der Äquivalenzvariation vgl. Hanusch (1994, S. 36 ff.).

[18] Die gestrichelte Gerade Y_1Q weist dieselbe Steigung und damit dasselbe Preisverhältnis auf wie Y_2M und tangiert die Indifferenzkurve U_{ZU}.

- je höher der inländische Zoll in der Ausgangslage war, denn um so weniger Importe können umgelenkt werden,
- je geringer die Kostenunterschiede zwischen dem Partnerland und der restlichen Welt sind, denn um so geringer ist der handelsumlenkende Effekt bzw. um so größer kann die Änderung des Importvolumens ausfallen und
- je preiselastischer das Angebot und die Nachfrage im Inland sind, denn um so höher sind die handelsschaffenden Effekte.

Diese Indikatoren ergeben sich direkt aus der bisherigen Diskussion. Darüber hinaus werden noch weitere positive Argumente angeführt (vgl. Gunter, 1989, S. 5 f.):
- eine hohe Anzahl an Unionsmitgliedern,
- ein niedriger gemeinsamer Außenzoll,
- deutliche Überschneidungen bei der Protektion von bestimmten Gütern und
- ausgeprägte Kostenunterschiede innerhalb der Union.

Diese Argumente sind weniger einsichtig. Mit einer hohen Anzahl an Mitgliedern muß letztlich die ökonomische Größe der Integrationsgemeinschaft gemeint sein. Umfaßt sie die gesamte Welt, ist der Gewinn am größten. Daß die Wohlfahrtsgewinne allgemein mit der Größe des Integrationsraumes ansteigen, ist so selbstverständlich nicht. Die Diskussion um symmetrische und asymmetrische Erweiterungen in Teil II wird zeigen, daß auch das gegenteilige Ergebnis eintreten kann. Die letzten beiden Punkte stehen nicht im Widerspruch, auch wenn auf den ersten Blick einerseits substitutive und andererseits komplementäre Wirtschaftsstrukturen wohlfahrtserhöhend zu sein scheinen (vgl. Lipsey, 1979, S. 174 f.). Den ersten Fall hat Viner betrachtet: Die Substitution von einem ineffizienten Anbieter durch einen relativ effizienten innerhalb der Zollunion ist dann zu erwarten, wenn die Partnerländer sehr viele gleiche Produkte herstellen. Findet tatsächlich Handelsschaffung statt, sind die resultierenden Gewinne am größten, wenn die Kostenunterschiede groß sind. Daher können beide Aspekte nicht isoliert voneinander betrachtet werden (vgl. P. Wonnacott/Lutz, 1989, S. 70). Entscheidend ist die Kostenstruktur der Mitgliedsländer relativ zur restlichen Welt. Liegt die gemeinsame „regionale" Kostenkurve unterhalb der Kostenkurve der Drittstaaten ist Komplementarität wünschenswert.

2.2 Kritik am Standardansatz

Der beschriebene Standardansatz offenbart in einfacher Weise die Ambivalenz einer diskriminierenden Liberalisierung. Indem die regionale Liberalisierung Verzerrungen im intraregionalen Handel beseitigt, führt sie neue Verzerrungen im Verhältnis der verschiedenen Importquellen eines Gutes ein. Mit anderen Worten wird die nichtdiskriminierende Protektion durch eine diskriminierende substituiert. Damit entsteht das typische Ergebnis in einer Welt des Zweitbesten: Die Vermeidung einer Allokationsverzerrung zugunsten einer neuen muß nicht die Wohlfahrt erhöhen. Letztlich gilt es, die Handelsschaffung gegen die Handelsumlenkung abzuwägen. Dies darf allerdings nicht darüber hinwegtäuschen, daß der Standardansatz in ein enges analytisches Korsett geschnürt ist. Viele Fragen bleiben offen.

a) Nichttarifäre Handelshemmnisse: Die traditionelle Zollunionstheorie konzentriert sich auf tarifäre Hemmnisse. Zwar trifft es nicht zu, daß in der heutigen Zeit alle Zölle ihre Bedeutung eingebüßt haben, doch ist unbestritten, daß zumindest zwischen den Industriestaaten die nichttarifären Handelshemmnisse eine immer größere Rolle spielen. Daher sollten sie in die Analyse einbezogen werden. Viele nichttarifäre Handelsschranken wie etwa freiwillige Selbstbeschränkungsabkommen induzieren keine Renten für das Inland. Handelsumlenkung muß sich dann nicht negativ auswirken (vgl. Ri. Baldwin, 1994, S. 33; Markusen u.a., 1995, S. 321). Abbildung I.3 veranschaulicht den Unterschied.

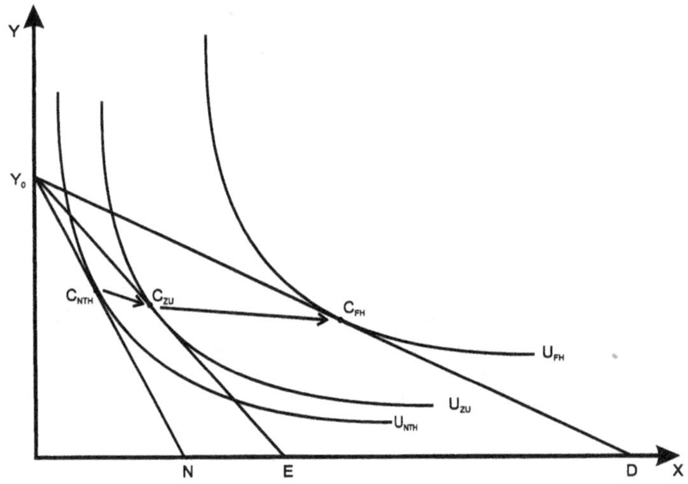

Abb. I.3: Handelskosteneffekt nichttarifärer Handelshemmnisse
Quelle: Bhagwati/Panagariya, 1996, S. 11, Abb. 1c

Das Importangebot läßt sich durch nichttarifäre Handelshemmnisse so beschränken, daß dieselbe Preiswirkung eintritt wie bei einem nichtdiskriminierenden Zoll. Die inländische Budgetgerade wird wieder durch Y_0N dargestellt. Im Gegensatz zum Standardansatz erhält nicht das Inland die Renten aus dieser Protektion, sondern das Ausland. Es erfolgt somit keine Verschiebung der Budgetgerade in nordöstliche Richtung. Für die inländischen Konsumenten bleibt die Budgetgerade Y_0N relevant. Der Konsumpunkt entspricht C_{NTH}, das Wohlfahrtsniveau U_{NTH}. Die Gründung einer Zollunion reduziert die Handelskosten für das Inland verglichen mit der Ausgangssituation. Die Preisgerade Y_0 dreht sich nach Y_0E. In diesem Beispiel wird die höhere Wohlfahrt U_{ZU} erreicht. Dies ist auch dann der Fall, wenn effiziente Anbieter durch ineffiziente verdrängt werden. Inländische Konsumenten verlieren in diesem Fall keine Transfers. Waren alle ursprünglichen Handelsbarrieren von dieser Art, erhöht sich immer die Wohlfahrt des Inlandes, wenn die durchschnittlichen Zolläquivalente der bestehenden nichttarifären Handelsschranken sinken. Hierbei wird vom Handelskosteneffekt gesprochen. Das Ausmaß an Handelsschaffung und Handelsumlenkung spielt dann keine Rolle mehr (vgl. Ri. Baldwin/Venables, 1995, S. 1604).

b) Mangelnde Rationalität: Schwerwiegend ist der Einwand, daß dem traditionellen Modell die ökonomische Rationalität fehlt.[19] Völlig unklar bleibt, wieso überhaupt eine Zollunion eingeführt wird. In der behandelten Welt ist nicht zu verstehen, weshalb ein (kleines) Land, das zu einer regionalen Liberalisierung bereit ist, um positive Wohlfahrtseffekte zu erzielen, nicht einseitig liberalisiert. Dadurch kann es die Vorteile der Handelsschaffung realisieren, ohne die Kosten der Handelsumlenkung in Kauf nehmen zu müssen. Dies gilt auch dann, wenn die Handelsschranken keine Renten für das Inland schaffen. Im Standardmodell kann nachgewiesen werden, daß eine einseitige, nichtdiskriminierende Zollsenkung niemals einer diskriminierenden Senkung unterlegen ist, sondern meist überlegen (vgl. Cooper/Massel, 1965). Im Standardmodell muß der nichtdiskriminierende Zoll nur so weit gesenkt werden, bis der zollbelastete Preis für die Güter aus der restlichen Welt dem Angebotspreis aus dem Partnerland entspricht. Dadurch entstehen handelsschaffende Effekte, aber keine handelsumlenkenden.[20]

Doch selbst der nichtdiskriminierende Zoll läßt sich in diesem Modell schwer begründen. Aus Wohlfahrtsgesichtspunkten ist es für das Inland optimal, den Zoll ganz abzuschaffen. Im allgemeinen Gleichgewichtsmodell (vgl. Abbildung I.3) kann das Inland durch Freihandel das Nutzenniveau U_{FH} realisieren. Ebenso unverständlich ist, wieso ein Partnerland eine Zollunion eingehen soll, wenn es nichts gewinnen kann. Die Begründung für Zollunionen wäre dann in politökonomischen oder nichtökonomischen Sphären zu suchen. Eine solche nichtökonomische Begründung ließe sich in der Vorliebe einer Gesellschaft für einen bestimmten heimischen Industriezweig finden. Handelsumlenkung ist dann nicht als schädlich anzusehen, wenn die beiden Unionsländer ihre jeweilige Produktion in „schützenswerten" Wirtschaftszweigen aufrechterhalten (vgl. El-Agraa, 1997a, S. 39 ff.).

c) Handelsstruktur: Im traditionellen Drei-Länder-Zwei-Güter-Modell schließen sich zwei Länder mit jeweils unterschiedlichen Handelsmustern zusammen. Ein Land weist dabei immer dieselbe Struktur auf wie die restliche Welt. Jedes Land exportiert genau ein Gut und importiert das andere. Intraindustrieller Handel ist ausgeschlossen. Somit sind nur zwei Handelsstrukturen darstellbar. Es ergeben sich für die Mitgliedsstaaten asymmetrische Ergebnisse, denn implizit wird unterstellt, daß ein Mitgliedsland keine Handelsbeziehungen zur restlichen Welt aufweist (vgl. Lang/Stange, 1994, S. 146). Aus dem Standardansatz folgt: Das Land erleidet Verluste, welches vor der Unionsbildung mit dem

---

19 Für eine kritische Diskussion vgl. Krauss (1972).

20 In Abbildung I.1 muß der nichtsdiskriminierende Zoll t_a auf p_b-p_c gesenkt werden. Die handelsschaffenden Effekte lassen sich weiterhin an den Dreiecken ABC und DFE ablesen. BCDE wird direkt als Konsumentenrente ausgewiesen.

Rest der Welt in Handelsbeziehungen stand. Um diese Mängel zu beheben, wurde versucht, durch höher dimensionierte Gütermodelle neue Erkenntnisse zu erlangen (vgl. Pomfret, 1986, S. 450).[21] Die Modelle wurden spezieller und komplizierter, ohne daß immer asymmetrische Ergebnisse vermieden werden konnten. Hervorzuheben sind zwei Modelle, in denen die Substitution von Importgütern eine Rolle spielt .

Erstens untersucht Corden (1976) das Preisverhältnis von verschiedenen Importgütern, die in einem substitutiven Verhältnis zueinander stehen. Ein Zoll bewirkt einen höheren Inlandspreis und damit in der Regel eine relativ zu hohe inländische Produktion der Importgütersubstitutionsindustrie und eine relativ zu geringe Importmenge. Ein Zoll diskriminiert daher zwischen inländischer und ausländischer Produktion. Eine zweite Verzerrung kann entstehen, wenn nicht alle Importgüter mit dem gleichen Zollsatz belastet werden. Dann wird auch innerhalb der ausländischen Anbieter diskriminiert. Eine Zollunion kann demnach theoretisch zwei Allokationsverzerrung reduzieren oder erhöhen: Sie hebt die Diskriminierung zwischen den inländischen Gütern und den Gütern aus dem Partnerland auf. Dabei führt es eine neue Verzerrung zwischen den unterschiedlichen Importquellen ein. Dies ist die bisherige Vorgehensweise. Auch im zweiten Fall werden die Relativpreise der verschiedenen Importgüter und damit die Handelsstruktur beeinflußt (Import-Pattern-Effekt). Doch waren die Relativpreise bereits verzerrt. Die neue Handelsstruktur kann die Wohlfahrt verbessern oder verschlechtern. Wohlfahrtsgewinne sind zu erwarten, wenn in der Ausgangslage extrem uneinheitliche Zölle für die einzelnen Gütergruppen vorlagen, der Konsum des Importbündels also sehr ineffizient war. Gewinne entstehen dann, wenn durch die Substitution verschiedener Importgüter eine verbesserte Allokation entsteht. D.h. es werden keine neue Verzerrung eingeführt, sondern bestehende verringert. Dieser Effekt wird im Laufe der Arbeit noch in verschiedenen Variationen auftreten. Es muß festgehalten werden, daß in einer Welt des Zweitbesten eine neue Verzerrung nicht von vornherein als wohlfahrtsmindernd anzusehen ist.

Zweitens analysieren Ethier und Horn (1984) in einem 12x3-Modell die Güter, welche vor und nach der Zollunionsbildung nur zwischen den Partnerländern gehandelt werden. D.h. die Zollsenkung muß nicht einmal diskriminierend sein, da zunächst der bilaterale Handel betroffen ist. Folgen für die restliche Welt können aber entstehen, wenn die vom Zoll befreiten Güter Substitute oder Komplemente zu den Importgütern aus der restlichen Welt sind.[22] Bei Substituten wird der Handel mit dem Rest der Welt zurückgehen, bei Komplementen dagegen zunehmen (vgl. Ethier/Horn, 1984, S. 209).

Die verschiedenen mehrdimensionalen Modelle haben den Blick auf immer neue Probleme der Zollunionen gerichtet. Zunächst wird deutlich, daß die Anzahl verschiedener relativer Preise sowie die Möglichkeit von komplementären Beziehungen es erschweren, eindeutige Aussagen zu formulieren. Vergleichbar sind

---

21 Einen Überblick über Mehr-Güter-Modelle liefert Lloyd (1982).

22 Hier geht es um den sogenannten Trade-Modification-Effekt. Korrekt handelt es sich hier um einen Effekt, der nur bei einer großen Zollunion bzw. bei differenzierten Gütern auftreten kann. Denn nur da ist die Zollunion in der Lage, die Terms of Trade und damit die Wohlfahrt der restlichen Welt zu beeinflussen.

die Ergebnisse allerdings kaum. Letztlich bestimmen die Modellannahmen die Netto-Wohlfahrtswirkungen (vgl. Lloyd, 1982, S. 61 f.). Bei den höher dimensionierten Modellen entstehen ähnliche Probleme wie bei allgemeinen Gleichgewichtsmodellen. Je mehr mit den Modellen ausgesagt werden soll, desto komplexer und schwerer zu handhaben werden sie. Es verwundert deshalb nicht, daß die mehrdimensionalen Modelle nur einen geringen Einfluß auf die Wirtschaftstheorie und -politik ausgeübt haben (vgl. Pomfret, 1986, S. 450). Dessen ungeachtet legen es die hier angesprochenen Kritikpunkte nah, den analytischen Rahmen auszuweiten. Dabei stehen im weiteren Verlauf der Arbeit zusätzlich drei Kritikpunkte im Mittelpunkt:

- Intern verliert das Inland bei Handelsumlenkung, ohne daß das Partnerland gewinnt (Kap. 2.3),
- die Zollunion hat keine Auswirkungen auf die restliche Welt (Kap. 3) und
- der intraindustrielle Handel sowie die Investitionen werden ausgeklammert (Kap. 5).

2.3 Zollunionen zwischen gleich großen Ländern

Der Standardansatz dokumentiert die wichtigsten Effekte der Zollunion: Handelsschaffung und Handelsumlenkung. Im ersten Fall wird ein ineffizienter Anbieter aus dem Inland durch einen effizienten aus dem Partnerland substituiert. Im zweiten Fall verdrängt ein ineffizienter Anbieter aus dem Partnerland einen effizienten, aber durch Zölle diskriminierten Anbieter aus der restlichen Welt. Wohlfahrtsänderungen fanden nur innerhalb des kleinen Inlandes statt. Um weitere Allokationswirkungen ableiten zu können, muß die Annahme des kleinen Landes gelockert werden. Daher geht dieses Kapitel von zwei ähnlich großen Ländern, aber einer kleinen Zollunion aus. Im Gegensatz zum Standardansatz gibt jetzt nicht ausschließlich das Inland die Wohlfahrtswirkungen für die Welt vor, sondern die kleine Zollunion.

Regionale handelspolitische Abkommen werden häufig zwischen ähnlich großen Ländern geschlossen, die jedoch im Verhältnis zur restlichen Welt klein sind. Dies gilt für Entwicklungs- und Schwellenländer wie bei Mercosur, aber auch für Abkommen zwischen Industrieländern wie z.B. Australien und Neuseeland. Die Betrachtung von zwei ähnlich großen Ländern hilft, neue Erkenntnisse abzuleiten. Diese werden mit Hilfe der Abbildung I.4 diskutiert (vgl. Moore, 1994, S. 66 ff.).

Dabei werden jetzt zwei Länder betrachtet.[23] Das Inland A und das Partnerland B. An den jeweiligen Abszissen ist die Menge X abgetragen, an den Ordinaten das Preisverhältnis P. Die Importangebotskurve des Partnerlandes ist nicht mehr vollkommen elastisch. Um die Darstellung zu vereinfachen, wird angenommen, daß in der Ausgangslage nur das Inland aus der restlichen Welt importiert, während das Partnerland einen prohibitiv hohen Zoll $t_b = p_b - p_c$ setzt. Zusätzlich sind in

[23] Die restliche Welt wird hier nicht weiter analysiert, da sich im Vergleich zum Standardansatz keine neuen Erkenntnisse ergeben.

der Ausgangslage die Konsumenten- und Produzentenpreise $p_a = p_c + t_a$ im Inland höher als im Partnerland (p_b).

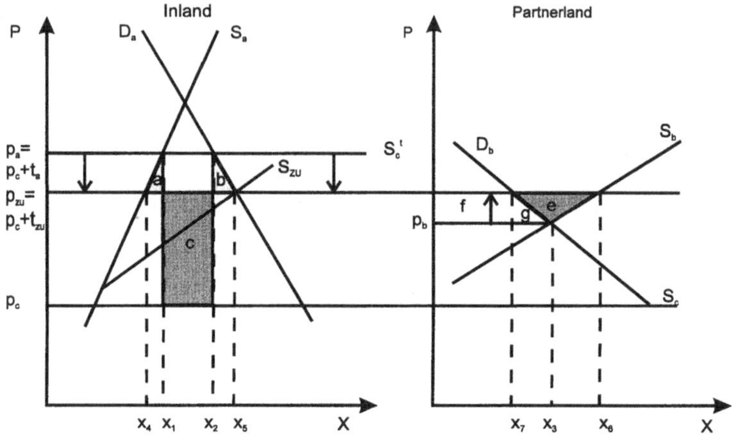

Abb. I.4: Zwei ähnlich große Länder bilden eine kleine Zollunion
Quelle: Moore, 1994, S. 68

Bei der Bildung einer Zollunion muß zunächst ein gemeinsamer Außenzoll eingeführt werden. Häufig wird ein wie auch immer definierter Durchschnitt $t_{zu} = p_{zu} - p_c$ gewählt.[24] Werden innerhalb des Integrationsraumes die Handelshemmnisse abgebaut, gleichen sich die Preise an. Während in dem Land mit dem ursprünglich höheren Zoll, hier das Inland, die Konsumenten- und Produzentenpreise von p_a auf p_{zu} fallen, steigen sie in dem Land mit dem ursprünglich niedrigeren Zoll, hier das Partnerland, von p_b auf p_{zu}. Die Angebotskurve S_{ZU} im Inland setzt sich zusammen aus dem inländischen Angebot und dem zum jeweiligen Inlandspreis zusätzlichen Importangebot des Partnerlandes.[25] Die Wohlfahrtswirkungen im Inland und im Rest der Welt entsprechen dem Standardfall. Die Dreiecke a und b geben die handelsschaffenden Effekte wieder, das Rechteck c den handelsumlenkenden.[26] Während im Standardfall für das Partnerland durch die Einführung einer Zollunion keine Wohlfahrtseffekte entstanden, ändert sich dies hier. Die Konsumenten- und Produzentenpreise im Partnerland erhöhen sich auf p_{zu}. Der Konsum in Partnerland geht von x_3 auf x_7 zurück. Die Produktion dagegen erhöht sich von x_3 auf x_6. Die Menge $x_6 - x_7$ wird in das Inland exportiert. Zunächst findet im Partnerland eine Umverteilung zwischen Konsumenten und Pro-

---

[24] Bei der Bildung der EG 1957 wurde das arithmetische Mittel gewählt. Dieses Verfahren wurde nicht mehr bei Erweiterungen angewandt.

[25] Hierbei handelt es sich um das potentielle Angebot. Unterhalb des Preises p_b werden Anbieter aus dem Partnerland nichts im Inland anbieten, da sie im eigenen Land einen höheren Produzentenpreis erzielen können.

[26] Die Menge $x_5 - x_4$ entspricht der Menge $x_6 - x_7$.

duzenten in Höhe der Flächen f und g statt. Diese Verteilungswirkungen werden hier nicht weiter untersucht, da sie ein rein nationales Problem darstellen. Die Fläche e gibt unabhängig von der internen Verteilungswirkung zwischen Produzenten und Konsumenten den Nettogewinn des Partnerlandes aus der regionalen Liberalisierung wieder. Damit hat das Partnerland einen Anreiz, die Zollunion zu gründen.

Gleichzeitig führt regionale Liberalisierung zu einer Umverteilung zwischen dem Inland und dem Partnerland. Die wegfallenden Zolleinnahmen im Inland wirken wie eine Subvention von den inländischen Konsumenten an das exportierende Partnerland (de la Torre/Kelly, 1992, S. 3). Die Bedeutung und das Ausmaß dieser Umverteilung werden häufig übersehen bzw. als nicht relevant erachtet (vgl. z.B. Summers, 1994). Dabei verliert das Inland in Höhe des handelsumlenkenden Effektes c. Dies ist die direkte Wirkung der diskriminierenden Liberalisierung. Diskriminierende Liberalisierung induziert somit genau die Ergebnisse, die sich aus dem Merkantilismus ableiten (vgl. Panagariya, 1996, S. 486). Das liberalisierende Land - in diesem Fall das Inland - verliert, während das den Marktzutritt erhaltende Land - in diesem Fall das Partnerland - gewinnt.

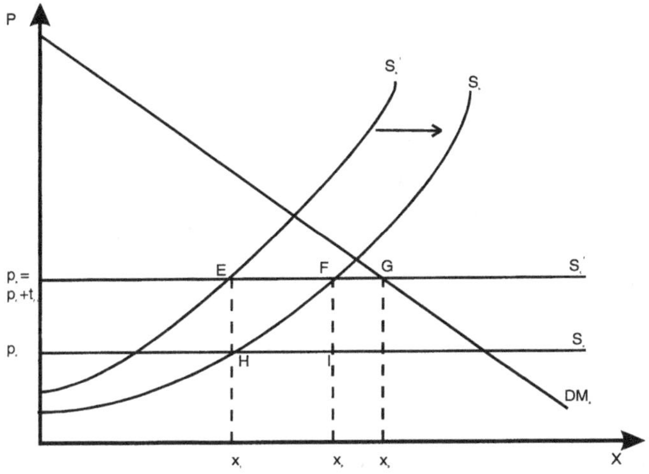

Abb. I.5: Umverteilung innerhalb einer Zollunion
Quelle: Panagariya, 1996, S. 489

Der Merkantilismusbias entsteht im Gegensatz zur häufig gehörten Vorstellung nicht aus der Tatsache, daß das Inland einseitig seine Märkte öffnet, sondern daß es diskriminierend öffnet. Selbst wenn die Zollunion als Ganzes gewinnen sollte, bleibt das intraregionale Verteilungsproblem bestehen. Das Verteilungspotential zwischen den Zollunionsländern wird durch die Abbildung I.5 verdeutlicht.

DM_A bezeichnet die inländische Importnachfrage. Die restlichen Notationen entsprechen der bisherigen Vorgehensweise. In der Ausgangslage importiert das

Inland x_1 zum Inlandspreis $p_a=p_c+t_a$ aus dem künftigen Partnerland und x_3-x_1 aus dem Rest der Welt. Bei der Einführung einer Zollunion wird zunächst angenommen, daß das Zollniveau des Inlandes übernommen wird, d.h. t_a entspricht t_{zu}. Es kommt zu erhöhten Importen aus dem Partnerland und zu geringeren aus der restlichen Welt. Das gesamte Importvolumen x_3 bleibt unverändert.[27] Da weiterhin aus der restlichen Welt importiert wird, ändert sich nichts am Inlandspreis. Das Partnerland gewinnt zunächst EFH aufgrund der erhöhten Exporte. Zusätzlich verbessert es seine Terms of Trade gegenüber dem Inland. Statt zu p_c können die ursprünglichen Exporte x_1 zu p_a abgesetzt werden. Daher entsteht ein zusätzlicher Terms of Trade-Gewinn von p_aEHp_c. Das Inland verliert dagegen p_aFIp_c an Zolleinnahmen. Dabei stellt die Fläche EFIH die Verluste aus der Handelsumlenkung dar. Insgesamt verliert die Zollunion als Ganzes FIH. Auch hier entsteht wieder der Merkantilismusbias der diskriminierenden Liberalisierung. Gleichzeitig wird der Wert der Aussage eingeschränkt, ein ursprünglich hohes Handelsvolumen mit dem potentiellen Partnerland erhöhe die Wahrscheinlichkeit einer handelsschaffenden Zollunion. Dabei wird auch von „natürlichen Handelspartnern" gesprochen (vgl. Summers, 1994, S. 195). Richtig ist, daß weniger Handel umgelenkt werden kann, wenn das Inland schon vorher einen großen Anteil seiner Außentätigkeit mit dem potentiellen Partnerland abwickelt. Das Ausmaß an Handelsumlenkung ist in solchen Integrationsräumen relativ gering und damit auch der Gesamtverlust für die Zollunion FIH. Ein Großteil der Verluste für das Inland resultiert allerdings aus der Terms of Trade-Verschlechterung p_aEHp_c bezogen auf die ursprüngliche Importmenge x_1 gegenüber dem Partnerland. Dieser Umverteilungseffekt ist c.p. um so größer, je höher das ursprüngliche Handelsvolumen ausfällt (vgl. Panagariya, 1996, S. 491 f.).

Die Verteilungsprobleme in einer Zollunion mit ähnlich großen Ländern sind nicht von der Hand zu weisen. Die Handelsströme werden innerhalb einer Zollunion nicht nur einseitig verlaufen. Somit ist zu erwarten, daß in einigen Bereichen das Inland und in anderen das Partnerland gewinnt. Von den handelsschaffenden Effekten abgesehen, gehen die Gewinne, wie z.B. die implizite „Subvention" aufgrund der Handelsumlenkung, immer an bestimmte Gruppen, während verschlechterte Terms of Trade bzw. wegfallende Zolleinnahmen zunächst von der Allgemeinheit getragen werden müssen. Somit entstehen zwei Verteilungsprobleme: Zum ersten innerhalb eines Landes und zum zweiten zwischen den Mitgliedsstaaten der Zollunion. Diese potentiellen Verteilungsprobleme werden c.p. um so geringer, je niedriger der Außenzoll der Zollunion ist. Je niedriger der externe Zoll ausfällt, desto größere handelsschaffende Effekt sind zu erwarten, und um so geringer wird der interne Terms of Trade-Verlust für das Inland sein.

Unabhängig von der Verteilungsfrage gilt auch hier, daß die Zollunion als Ganzes durch Freihandel am meisten gewinnt. Da die Zollunion weiterhin relativ zur restlichen Welt klein ist, führen Zölle nur zu allokativen Verzerrungen und nicht zu Terms of Trade-Gewinne gegenüber dem Rest der Welt. Allerdings kann

---

[27] Daher handelt es sich hier um den Spezialfall einer rein handelsumlenkenden Zollunion. So kann der Merkantilismusbias am deutlichsten gezeigt werden.

sich zumindest ein einzelnes Mitgliedsland durch die Bildung einer Integrationszone gegenüber Freihandel besser stellen.

3. Der Einfluß großer Zollunionen auf die restliche Welt

In der bisherigen Analyse spielte die restliche Welt keine nennenswerte Rolle. Alle relevanten Wohlfahrtswirkungen fanden innerhalb der Zollunion statt. Im Standardansatz war das Inland ausschlaggebend für die Gesamtwohlfahrtswirkung, im Fall zweier ähnlich großer Länder die kleine Zollunion als Ganzes. Terms of Trade-Effekte fanden nur innerhalb der Integrationsgemeinschaft statt.

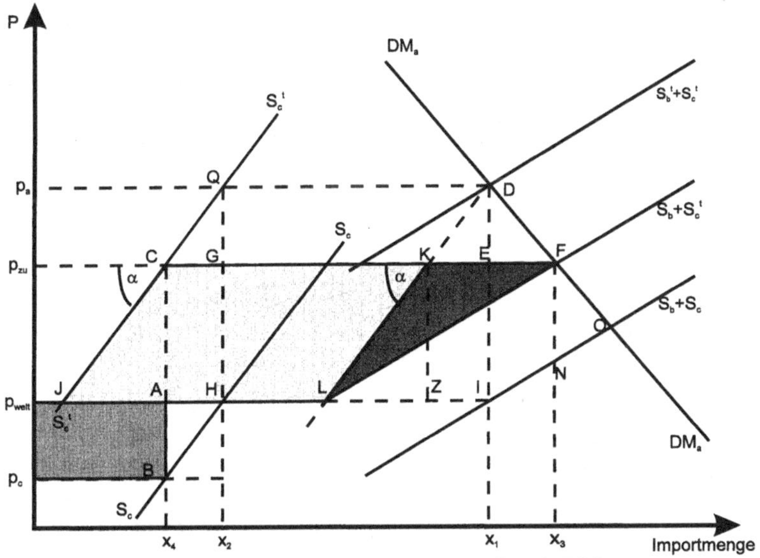

Abb. I.6: Große Zollunion und Terms of Trade-Effekte
Quelle: Pomfret, 1986, S. 45.

Bei einem regionalen handelspolitischen Arrangement wie der NAFTA oder der EU ist ein solches Ergebnis nicht zu erwarten. Vielmehr wird der Zusammenschluß zu einem bedeutenden ökonomischen Block nicht ohne Folgewirkungen für die restliche Welt bleiben. Große Zollunionen haben aufgrund ihrer Marktmacht die Möglichkeit, die weltweiten Terms of Trade zu beeinflussen. Bessere Terms of Trade erhöhen die Einnahmen für eine gegebene Menge an Exporten bzw. reduzieren die Ausgaben für eine bestimmte Importmenge.[28] Anhand der Abbildung I.6 soll gezeigt werden, daß nun intraregionale und interregionale Terms of Trade-Effekte möglich sind (vgl. Pomfret, 1986, S. 453).

[28] An dieser Stelle sollen noch nicht Optimalzölle diskutiert werden. Aufgrund ihrer Bedeutung für den kumulativen Prozeß sind sie erst Gegenstand des Kapitels II.3.1.

An den Achsen sind wieder das Preisverhältnis und die Importmenge abgetragen. Das aggregierte Importangebot S_b+S_c setzt sich zusammen aus den Importen aus dem potentiellen Partnerland S_b und den Importen der restlichen Welt S_c. Die nicht eingezeichnete Angebotskurve S_b des potentiellen Partnerlandes ergibt sich als Residuum aus der aggregierten Importangebotskurve S_b+S_c und der Angebotskurve der restlichen Welt S_c. DM_a stellt die inländische Importnachfrage dar. Bei einem nichtdiskriminierenden Zoll sehen sich die inländischen Konsumenten der aggregierten zollbelasteten Angebotskurve $S_b^t+S_c^t$ gegenüber und importieren die Menge x_1. Das potentielle Partnerland exportiert x_1-x_2, die restliche Welt x_2. Der inländische Konsumentenpreis beträgt $p_a=p_{welt}+t_a$, während die ausländischen Produzenten nach Abzug des Zolls t_a nur noch p_{welt} erhalten.

Nach Einführung einer Zollunion zwischen dem Inland und dem Partnerland unterliegen die Güter aus dem Partnerland keinem inländischen Zoll mehr. In dieser Darstellung wird zunächst wieder der Zoll aus dem Inland übernommen, d.h. $t_a=t_{zu}$. Die relevante Importangebotskurve spiegelt jetzt $S_b+S_c^t$ wider. Die importierte Menge erhöht sich auf x_3. Dabei steigen die Importe aus dem Partnerland auf x_3-x_4, und die übrigen fallen von x_2 auf x_4. Der Konsumentenpreis innerhalb der Zollunion fällt auf p_{zu}. Während der Produzentenpreis für Anbieter aus dem Partnerland auf $p_{zu}=p_c+t_{zu}$ gestiegen ist, fällt er für Anbieter aus der restlichen Welt auf p_c.

a) Wohlfahrtseffekte: Wie im Standardfall stellt zunächst das Dreieck DFE die Handelsschaffung dar. Im Gegensatz zu den bisher diskutierten Fällen, tritt für das Inland noch ein zusätzlicher positiver Wohlfahrtseffekt auf. Das Inland verbessert seine ***interregionalen*** Terms of Trade gegenüber dem Rest der Welt. Die auch nach der Zollunionsbildung noch importierte Menge x_4 wird nicht mehr zum Preis p_{welt}, sondern nur noch zum neuen Weltmarktpreis p_c abgenommen. Dies führt im Inland zu einem Ertrag in Höhe der Fläche $p_{welt}ABp_c$. Die Vorteile aus der Zollunion für das Inland ergeben sich aus der Summe beider Effekte.

Auf der anderen Seite stehen Verluste aus der Handelsumlenkung und aus dem Merkantilismusbias, die sich allerdings anders zusammensetzen als im Standardfall. Erstens wird die Menge x_2-x_4 jetzt vom Partnerland bereitgestellt, was für das Inland einen Mehraufwand von CGHA bedeutet. Dies ist die bekannte Handelsumlenkung. Ein effizienter Anbieter aus der restlichen Welt wird durch einen ineffizienten aus dem Partnerland substituiert. Im Gegensatz zum Standardfall hat zweitens das Inland schon vorher aus dem Partnerland importiert. Die Beseitigung der Handelshemmnisse hat für das Inland eine Verschlechterung der ***intraregionalen*** Terms of Trade zur Folge. Die ursprünglich vom Partnerland importierte Menge x_1-x_2 muß nun zu einem für die Gesellschaft höheren Preis p_{zu} statt p_{welt} bezogen werden. Unter der Berücksichtigung der zusätzlichen Konsumentenrente QDEG ergibt sich daher ein Verlust von GEIH. Ob die Zollunion für das Inland positiv oder negativ ist, bleibt a priori wieder unbestimmt.

Das Partnerland gewinnt in diesem Fall eindeutig. Insgesamt steigt die Produzentenrente um CFLJ. Dies erklärt sich folgendermaßen: Vor Einführung der Zollunion haben die Anbieter aus dem Partnerland den alten Weltmarktpreis p_{welt} erhalten. Nach der Einführung erhalten sie den höheren Zollunionspreis

$p_{zu}=p_c+t_{zu}$. Da sich die Exporte des Partnerlandes S_b aus der Differenz zwischen der aggregierten Angebotskurve $S_b+S_c^t$ und der weiterhin zollbelasteten Angebotskurve der restlichen Welt S_c^t ergeben, muß die Fläche CFLJ die zusätzliche Produzentenrente für die Anbieter aus dem Partnerland darstellen, wenn sich die Ausbringungsmenge und der Produzentenpreis erhöhen. Die Produzentenrente setzt sich zusammen aus den Gewinnen der Intra-Unions-Terms of Trade-Veränderungen CKLJ für die schon in der Ausgangslage exportierten Güter und der Produzentenrente KFL resultierend aus den zusätzlichen Exporten x_2-x_4 und x_3-x_2.[29]

Die restliche Welt ist der eindeutige Verlierer. Daher wird dieser Terms of Trade-Effekt auch als „beggar-my-neighbour-effect" bezeichnet (vgl. Krugman, 1991b, S. 9). Zum ersten verliert sie aufgrund geringerer Exporte die Produzentenrente AHB. Zum zweiten führen die fallenden Terms of Trade als Spiegelbild zum inländischen Gewinn zu einem Verlust von $p_{welt}ABp_c$.

Ob die Zollunion als Ganzes gewinnt, hängt davon ab, ob die anfallenden Gewinne im Partnerland ausreichen, um die möglichen Verluste im Inland zu kompensieren. Demnach bleibt der potentielle Umverteilungskonflikt bestehen. Kann dieser gelöst werden, verbessert sich die Situation der Mitgliedsländer, allerdings zu Lasten der restlichen Welt. Im Gegensatz zu den vorherigen Fällen kann eine Zollunion zu höheren Wohlfahrtsgewinnen führen als Freihandel. Sind die interregionalen Terms of Trade-Gewinne größer als die Verluste aus der allokativen Verzerrung, kann gerade hier ein normativer Beweggrund zur Bildung einer Zollunion abgeleitet werden. Aufgrund der allokativen Verzerrung ist dann aber eine aus regionaler Sicht wohlfahrtserhöhende Zollunion aus globaler Sicht schädlich.

b) Große Zollunionen: Eine latente Bedrohung? Kann eine Zollunion analog zu einem Monopolisten ihre Marktmacht ausnutzen, ist aus globaler Sicht keine paretoeffiziente Allokation zu erwarten (vgl. Chichilnisky, 1997, S. 66). Während im Standardansatz das betrachtete Land nichts gegenüber Freihandel gewinnen konnte und in einer Zollunion zumindest der Integrationsraum als Ganzes nicht, ist es für eine große Zollunion rational, positive Zölle gegenüber der restlichen Welt zu setzen. Obwohl sich möglicherweise die Zollunion verbessert, sinkt aus globaler Sicht die Wohlfahrt. Diese Verschlechterung der Wohlfahrt haben die Nichtmitglieder zu tragen. Sie verlieren auch dann, wenn innerhalb des Integrationsraumes die Handelsschaffung größer ist als die Handelsumlenkung. Damit kann folgendes Ergebnis festgehalten werden:

---

[29] Für die ursprüngliche Importmenge x_1-x_2 erhalten die Anbieter aus dem Partnerland statt p_{welt} den höheren Produzentenpreis p_{zu}. In der Abbildung I.6 gewinnen sie daher GEIH. Dies ist ein Transfer vom Inland zum Partnerland. Die gestrichelte Linie LD ist eine Parallele zur Angebotskurve der restlichen Welt S_c^t. Mithin entspricht das Rechteck CKZA dem Rechteck GEIH, denn die Strecken CG und KE sind gleich lang. Da die Fläche CKLJ ein Parallelogramm darstellt, muß sie dem Rechteck CKZA und damit auch GEIH entsprechen. Somit verbleibt das Dreieck KFL als Produzentenrente aufgrund der zusätzlichen Exporte (x_2-x_4) und (x_3-x_1).

Eine große Zollunion führt schon bei Konstanz des Außenzolls zu einem „beggar-my-neighbour-effect". Erstens werden Exporte der restlichen Welt verdrängt, zweitens sinkt für die Anbieter aus dem Rest der Welt der Produzentenpreis.

Dabei muß folgendes bedacht werden: Durch den Zusammenschluß zweier Länder muß erstens ein im ökonomischen Sinne deutlich größerer Raum entstehen. Dies ist nicht zwangsläufig der Fall. Eine Integrationszone zwischen den USA und Israel oder zwischen den USA und Mexiko wird nicht zu einem erheblich größeren Raum führen als die USA schon ist. Haben die Vereinigten Staaten bereits in der Ausgangslage eine Optimalzollpolitik betrieben, können sie durch die Bildung einer Zollunion nicht gewinnen (vgl. Markusen u.a., 1995, S. 318 f.). Zweitens ist die Annahme von großer Bedeutung, daß sich der Rest der Welt passiv verhält (vgl. Chichilnisky, 1997, S. 67). In Teil II wird diese Restriktion aufgehoben. Die Bildung einer Zollunion, um eine Optimalzollpolitik zu betreiben, muß dann nicht mehr rational sein.

Trotz dieser Einschränkungen bleibt deutlich, daß eine große Zollunion eine latente Bedrohung für Nichtmitglieder darstellt. Dabei hat die graphische Analyse gezeigt, daß die Zollunion nicht einmal ihre externen Handelsschranken erhöhen muß, um Terms of Trade-Effekte zu ermöglichen. Die Nichtmitglieder tragen nur dann keinen Schaden aus der Regionalisierung, wenn der Integrationsraum die externen Zölle hinreichend senkt.[30]

4. Freihandelszonen

Die bisherige Analyse stellt den Grundstein der traditionellen Integrationstheorie dar. Die Grundaussagen sind: Regionale Integrationsgemeinschaften ermöglichen auf der einen Seite positive handelsschaffende Effekte. Auf der anderen Seite führen sie aufgrund der wohlfahrtssenkenden Handelsumlenkung, des Merkantilismusbias und des Terms of Trade-Effektes zu intraregionalen und interregionalen Verteilungsproblemen und weltweiten Allokationsverzerrungen. Diese Ergebnisse gelten der Richtung nach für alle Integrationsarten. Trotzdem müssen einige Besonderheiten der Freihandelszone beachtet werden. Dies ist auch eine praktische Notwendigkeit, da viele Integrationsgemeinschaften Freihandelszonen darstellen (vgl. Sinclair/Vines, 1995, S. 3).

Freihandelszonen zeichnen sich dadurch aus, daß offiziell die Handelspolitik nicht harmonisiert wird. Mitgliedsstaaten einer Freihandelszone können gegenüber Drittstaaten unterschiedliche Zölle erheben. Dies könnte zum Schluß verleiten, daß weder die Konsumentenpreise noch die Produzentenpreise innerhalb der Freihandelszone identisch sein müssen, d.h. Preisunterschiede zwischen zwei Ländern innerhalb einer Freihandelszone die Transportkosten übersteigen könnten. Selbstverständlich ist dies nicht. Preisdifferenzen setzen zwei Annahmen voraus. Weder sind Konsumenten in der Lage, Unterschiede in den Verbraucherpreisen, noch Produzenten Unterschiede in den Produzentenpreisen durch

---

30 Wird der externe Zoll t_{zu} auf p_{zu}-p_{Welt} gesenkt, bleibt das Importvolumen aus der restlichen Welt gleich. Ebenso ändern sich nicht die interregionalen Terms of Trade. Dieser Aspekt wird bei der Formulierung eines Referenzrahmens eine wichtige Rolle spielen.

Arbitrage auszunutzen. Doch die Intention einer Freihandelszone ist ja gerade, daß zumindest die innerhalb der Freihandelszone produzierten Güter ohne Beschränkung gehandelt werden dürfen. Sind innerhalb der Freihandelszone alle Handelsbarrieren abgeschafft, müssen sich, von Transportkosten abgesehen, zumindest die Produzentenpreise angleichen (vgl. Bhagwati/Panagariya, 1996, S. 20).[31] Dies folgt aus den Arbitragemöglichkeiten, die eine Freihandelszone bietet. Es sind drei Aspekte, die hier diskutiert werden sollen, um die Unterschiede zwischen einer Zollunion und einer Freihandelszone zu veranschaulichen. Erstens geht es um die Problematik der *Handelsablenkung*. Zweites entstehen durch eine autonome Zollpolitik *Externalitäten*. Drittens haben *Ursprungsregeln* in einer Freihandelszone eine andere Wirkung als in Zollunionen.

4.1 Handelsablenkung und Wettbewerb um Zolleinnahmen

Die Handelsablenkung wird zunächst am Beispiel einer kleinen Freihandelszone diskutiert. Dabei ist vorher eine Klärung von Begriffen notwendig, da Handelsablenkung in der wissenschaftlichen Literatur nicht einheitlich verwendet wird. Ausgangslage sind unterschiedliche Zölle der Mitgliedsländer einer Freihandelszone gegenüber Drittstaaten. Handelsablenkung kann sich sowohl auf in Drittstaaten produzierte Güter beziehen als auch auf innerhalb des Integrationsraumes produzierte Waren. Im ersten Fall handelt es sich schlicht um Reexporte. Anbieter aus Drittstaaten führen ihre Güter in das Land innerhalb der Freihandelszone mit dem niedrigsten Außenschutz ein. Von dort aus werden die Güter in die Länder mit höheren Zöllen weiterexportiert (vgl. z. B. WTO, 1995, S. 48; Krueger, 1995, S. 25). Dies wird im folgenden als *externe* Handelsablenkung verstanden. Im zweiten Fall nutzen Anbieter aus der Freihandelszone unterschiedliche Produzentenpreise aus. Dies wird auch als *interne* Handelsablenkung oder Produktionsablenkung bezeichnet.

4.1.1 Externe Handelsablenkung

Abbildung I.7 veranschaulicht zunächst die als Reexporte verstandene externe Handelsablenkung. Die Graphik ähnelt der Abbildung I.1, d.h. dem Standardfall. Allerdings lassen sich einige Unterschiede ableiten. Zunächst wird von einer kleinen Freihandelszone ausgegangen, doch muß das Partnerland nicht relativ zum Inland groß sein. Um den einfachsten Fall der externen Handelsablenkung darzulegen, reicht es, wenn in der Ausgangslage der Zoll im Partnerland t_b niedriger ist als der Inlandszoll t_a. Liegen sonst keine weiteren Verzerrungen vor, übersteigen der Konsumenten- und der Produzentenpreis im Inland $p_a=p_c+t_a$ die entsprechenden Preise $p_b=p_c+t_b$ im Partnerland. Werden die intraregionalen Handelsschranken abgebaut, entstehen zunächst wieder die handelsschaffenden Effekte ABC und DFE. Doch müssen die zusätzlichen Importe nicht vom Partner-

[31] Die Konsumentenpreise müssen sich in Freihandelszonen nicht anpassen (vgl. Richardson, 1992, S. 2 f.). Erstens werden in einigen Abkommen Konsumenten im Gegensatz zu Produzenten rechtlich an der Arbitrage gehindert. Zweitens wirkt häufig das Verbot von Reexporten einer Angleichung entgegen (vgl. Kapitel I.4.1).

land stammen. Es ist genauso möglich, daß Anbieter aus der restlichen Welt zunächst in das Partnerland importieren. Dort werden die Zölle entrichtet. Anschließend gelangen die Reexporte zollfrei ins Inland.[32]

Inländische Anbieter können keinen höheren Preis als p_b durchsetzen, da zum neuen Preis p_b beliebig viel importiert werden kann. Ab Punkt A stellt S_c^{FHZ} die relevante Angebotskurve im Inland dar. Daher sinken der inländische Produzenten- und der Konsumentenpreis auf p_b und passen sich dem Niveau des Partnerlandes an.

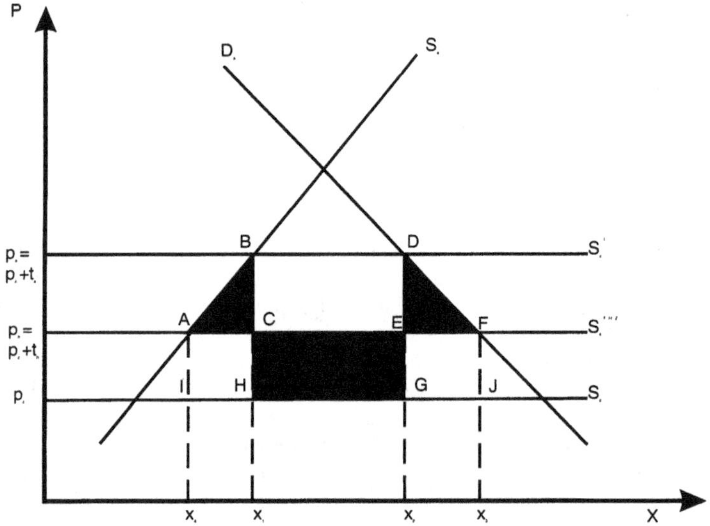

Abb. I.7: Externe Handelsablenkung in einer Freihandelszone

Das Rechteck CEGH stellt jetzt keine Handelsumlenkung dar, sondern Handelsablenkung. Das Inland hat weiterhin einen Terms of Trade-Verlust zu beklagen, obwohl gar kein effizienter Anbieter aus der restlichen Welt verdrängt wird. Vielmehr nehmen die Reexporte x_2-x_1, die ursprünglich aus der restlichen Welt stammen, den Umweg über das Partnerland mit dem geringeren externen Zoll. Dessen ungeachtet bleiben auch innerhalb einer Freihandelszone Merkantilismusbias und Umverteilung bestehen. Das Partnerland gewinnt dadurch, daß es die Zölle auf die gesamte Importmenge des Inlandes erhält, d.h. AFJI. Die externe Handelsablenkung kann demnach folgendermaßen beschrieben werden:

> Externe Handelsablenkung liegt vor, wenn Importe eines effizienten Anbieters aus der restlichen Welt über den Umweg des Mitgliedslan-

[32] Dabei dürfen die Transportkosten nicht die Zolldifferenz übersteigen (vgl. El-Agraa, 1997a, S. 56).

des mit dem niedrigsten externen Zoll als Reexporte in das Mitgliedsland mit dem hohen Außenzoll gelangen.

Insgesamt werden sowohl in der Ausgangslage als auch nach der Bildung der Freihandelszone nur Güter aus der restlichen Welt importiert, da die Anbieter aus dem Partnerland beim herrschenden Preis indifferent sind zwischen Exporten und der Bedienung des eigenen Marktes. Sollten einige Importe aus dem Partnerland stammen, ändert dies nichts am Ergebnis, weil das Partnerland dann einen Teil seiner eigenen Nachfrage durch Importe aus der restlichen Welt befriedigt. Wichtig ist hier festzustellen, daß insgesamt der interregionale Handel zwischen den Mitgliedsstaaten der Freihandelszone und der restlichen Welt im Gegensatz zur Zollunion aufgrund der Reexporte gestiegen ist. Die Freihandelszone wird letztlich ohne politische Verhandlungen zu einer Zollunion, bei der der niedrigste Zoll als Außenzoll zur Geltung kommt (vgl. P. Wonnacott/Lutz, 1989, S. 67 f.). Handelsablenkung ist in diesem Fall, wenn von Umverteilungsproblemen und Transportkosten abstrahiert wird, positiv für die Freihandelszone und für die restliche Welt (vgl. El-Agraa, 1997a, S. 57). Sowohl auf der Produktions- als auch auf der Konsumseite werden innerhalb des Integrationsraumes Effizienzgewinne erzielt. Die zusätzlichen Zolleinnahmen AFJI reichen aus, um die Verluste des Inlandes aus der Handelsablenkung zu kompensieren. Trotzdem wird die aus regionaler und globaler Sicht positive Handelsablenkung aus verschiedenen Gründen - die häufig nichts mit Wohlfahrtsüberlegungen zu tun haben - als unfair angesehen (vgl. Lloyd, 1993, S. 703).

4.1.2 Interne Handelsablenkung

Eine weitgehend praktizierte Möglichkeit, die bisher beschriebene Form von Handelsablenkung zu umgehen, stellen Ursprungsregeln dar. Ursprungsregeln bestimmen, welche Güter innerhalb der Region handelspolitisch bevorzugt behandelt werden (vgl. Hauser/Schanz, 1995, S. 128). Hier wird zunächst angenommen, daß alle Reexporte aus der restlichen Welt durch Ursprungsregeln unterbunden werden. Damit bleiben immer noch Arbitragemöglichkeiten bestehen, und zwar für die Produzenten aus den Mitgliedsländern mit niedrigen Zöllen und Produzentenpreisen. Nach der Einführung einer Freihandelszone müssen sich die Produzentenpreise angleichen. Dies folgt zwingend aus den Arbitragemöglichkeiten der Anbieter aus dem Land mit dem relativ niedrigen Zollsatz. Daraus entsteht eine zweite Spielart der Handelsablenkung, die gelegentlich auch als interne Handelsablenkung bzw. Produktionsablenkung bezeichnet wird (vgl. Richardson, 1992, S. 5).

Hier wird wieder angenommen, daß in der Ausgangslage der Zoll im Inland t_a höher ist als im Partnerland t_b (vgl. Abbildungen I.8 a, b, c). Das Inland produziert die Menge x_1 zum Inlandspreis p_a und importiert x_2-x_1 aus der restlichen Welt. Um die Darstellung zu vereinfachen, unterhalten die Anbieter aus dem Partnerland zunächst keine Handelsbeziehungen mit der restlichen Welt. Sie produzieren x_4 zum Preis p_b für den Heimatsmarkt. Nach der Bildung einer Freihandelszone stehen die Produzenten aus dem Partnerland vor zwei Möglichkeiten. Entweder sie setzen ihre Produktion im eigenen Land ab oder im Inland. Sie werden in das Inland exportieren, wenn dort der Produzentenpreis höher ist als im eigenen Markt. Das gesamte Angebot der Freihandelszone zum jeweiligen Inlandspreis p_a wird wiedergegeben durch die Angebotskurve $S_a+S_b(p_a)$.[33] Der Bedarf der Konsumenten im Partnerland kann immer zu Weltmarktpreisen durch Importe aus dem Rest der Welt befriedigt werden, ohne daß diese sich schlechter stellen.

Drei Fälle sind jetzt denkbar (vgl. Bhagwati/Panagariya, 1996, S. 20 ff.): Erstens reicht die gesamte Produktion der Freihandelszone aus, um die Nachfrage im Inland zum ursprünglichen Preis p_a zu befriedigen (vgl. Abbildung I.8 a). Zweitens übersteigt das Freihandelszonen-Angebot die Nachfrage zu p_a, so daß im Inland der Preis sinkt (vgl. Abbildung I.8 b). Drittens liegt das Angebot zum Preis des Partnerlandes p_b über der Nachfrage im Inland (vgl. Abbildung I.8 c). Diese drei Fälle unterscheiden sich darin, daß der Markt des Partnerlandes sukzessive größer wird.

a) Gesamtangebot der Freihandelszone ist kleiner als die Inlandsnachfrage: Im ersten Fall ist das Gesamtangebot der Freihandelszone $S_a+S_b(p_a)$ bei einem Konsumenten- und Produzentenpreis im Inland von p_a zu gering, um die Nachfrage im Inland zu befriedigen.

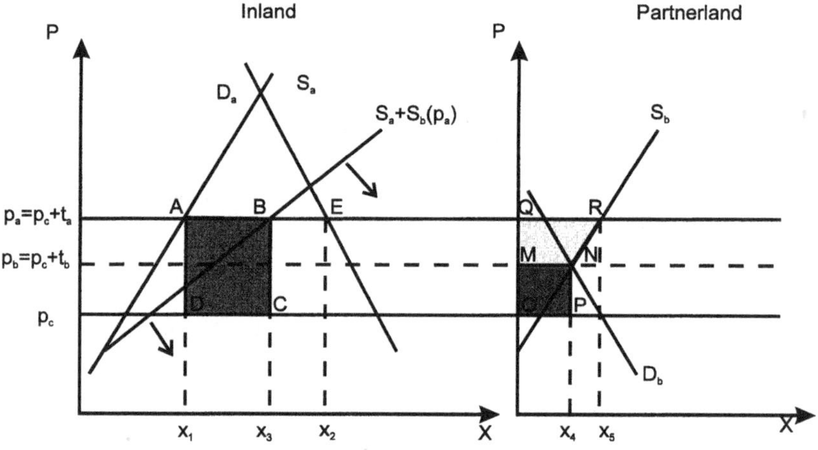

Abb. I.8a: Produktionsablenkung in einer Freihandelszone
Quelle: Bhagwati/Panagariya, 1996, S. 21

Das Inland importiert x_3-x_1 aus dem Partnerland und x_2-x_3 aus dem Rest der Welt. Dadurch verliert es nicht seine gesamten Zolleinnahmen, sondern nur

33 Hier wird wieder das gesamte Angebot abgetragen. Unterhalb des Produzentenpreises p_b wird das Angebot aus dem Partnerland nicht wirksam.

ABCD. Im Punkt E würde das Inland seine gesamten Zolleinnahmen verlieren. Die gemeinsame Angebotskurve würde die inländische Nachfragekurve genau im Punkt E schneiden, und die Importe aus dem Partnerland würden vollständig die Importe aus der restlichen Welt verdrängen. Der Produzentenpreis entspricht nach Bildung der Freihandelszone im gesamten Integrationsraum dem ursprünglichen Produzentenpreis p_a im Inland. Die Anbieter aus dem Partnerland erhöhen ihre produzierte Menge von x_4 auf x_5. Das Partnerland deckt seinen gesamten Inlandskonsum x_4 durch Importe aus der restlichen Welt. Es erzielt dadurch Zolleinnahmen in Höhe des Rechtecks MNPO. Hiermit entsteht ein paradoxer Fall von Handelsumlenkung, denn beide Mitgliedsländer importieren dasselbe Gut, während bisher Handelsumlenkung zwischen einem Importeur und einem Exporteur eines Gutes auftrat (vgl. Richardson, 1992, S. 17). Der Konsumentenpreis im Inland ist genau um die Zolldifferenz t_a-t_b höher als im Partnerland. Der inländische Zoll t_a wirkt somit wie eine Konsumsteuer. Handelsschaffung im Inland findet nicht statt.

Im Gegensatz zur oben besprochenen externen Handelsablenkung verliert die Freihandelszone als Ganzes. Wenn die Produktion des Partnerlandes nicht ausreicht, um die inländische Importnachfrage zum Inlandspreis zu befriedigen, werden bei normal verlaufenden Angebots- und Nachfragekurven die Importe des Partnerlandes aus der restlichen Welt geringer sein als deren ursprüngliche Exporte ins Inland.[34] D.h. hier liegt nicht nur ein Umverteilungsproblem vor, sondern die Freihandelszone verliert insgesamt.

b) Gesamtangebot der Freihandelszone ist zum Inlandspreis gleich der Inlandsnachfrage: Im zweiten Fall entsprechen sich bei einem Produzentenpreis zwischen p_a und p_b das Angebot der Freihandelszone, S_a+$S_b(p_a)$, und die inländische Nachfrage D_a. Daher sinkt der Produzentenpreis im Inland auf p_a^{FHZ}. Das Inland importiert wieder ausschließlich aus dem Partnerland und verliert erneut seine gesamten Zolleinnahmen AECD. Diesen Verlusten stehen jetzt die bekannten Gewinne aus der Handelsschaffung entgegen. Die ineffiziente inländische Produktion wird reduziert, und die Konsumenten passen sich einem Preisverhältnis an, welches sich dem Weltmarktpreisverhältnis annähert.

Ob sich das Inland besser stellt, ist wieder a priori unbestimmt, doch sind auf jeden Fall insgesamt die Gewinne aus der Handelsschaffung geringer und die Verluste aus der Handelsumlenkung (bzw. -ablenkung) größer als im Fall ohne Ursprungsregeln, da dort sich der inländische Produzentenpreis auf p_b reduzierte. Je weiter sich der Schnittpunkt der aggregierten Angebotskurve mit der inländischen Nachfragekurve von E entfernt, d.h. je größer das Partnerland ist, um so geringer werden die Verluste aus der Handelsumlenkung, und desto größer werden die Gewinne aus der Handelsschaffung. Das gleiche gilt für die Freihandels-

---

34 Die Produzenten bieten aufgrund des höheren inländischen Preises p_a eine höhere Menge an als im eigenen Land zum Preis p_b nachgefragt wird. Daher werden im Inland mit x_3-x_1 mehr Güter aus Drittstaaten verdrängt als durch zusätzliche Importe x_4 in das Partnerland wieder eingeführt werden. Die zusätzlichen Zolleinnahmen MNPO sind dann geringer als ABCD. Gleichzeitig reicht die zusätzliche Produzentenrente QRNM nicht aus, um das Inland zu kompensieren.

zone als Ganzes. Je näher der Schnittpunkt der aggregierten Angebotskurve an Z und je weiter er von E weg liegt, um so höher ist die Wahrscheinlichkeit, daß durch die zusätzliche Produzentenrente QRNM und die Zolleinnahmen MNPO des Partnerlandes das intraregionale Umverteilungsproblem theoretisch gelöst werden kann.

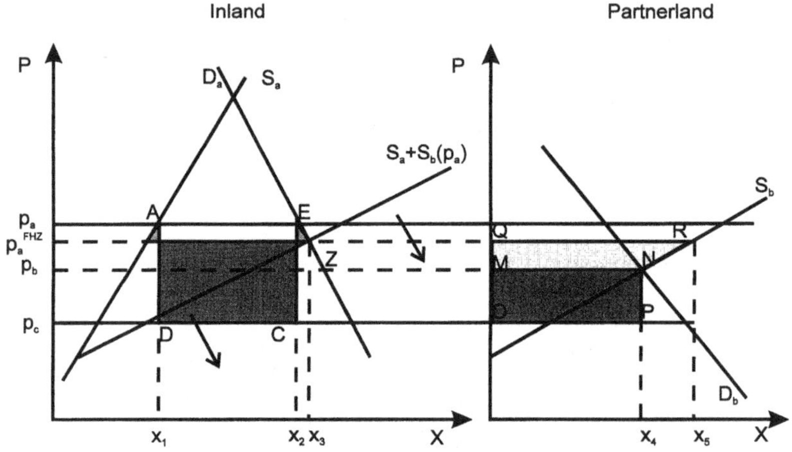

Abb. I.8b: Produktionsablenkung in einer Freihandelszone
Quelle: Bhagwati/Panagariya, 1996, S. 21

c) Gesamtangebot der Freihandelszone ist mindestens so groß wie die inländische Nachfrage: Im dritten Fall ist die „Integrationsproduktion" zum ursprünglichen Produzentenpreis p_b mindestens so groß wie die inländische Nachfrage. In dieser Situation bestimmt der externe Zoll des Partnerlandes t_b den Produzenten- und Konsumentenpreis innerhalb der Freihandelszone. Ab diesem Punkt entsteht dasselbe Ergebnis wie bei der Freihandelszone ohne Ursprungsregeln. Mit dem Unterschied, daß das Inland nicht aus der restlichen Welt importiert, sondern aus dem Partnerland.

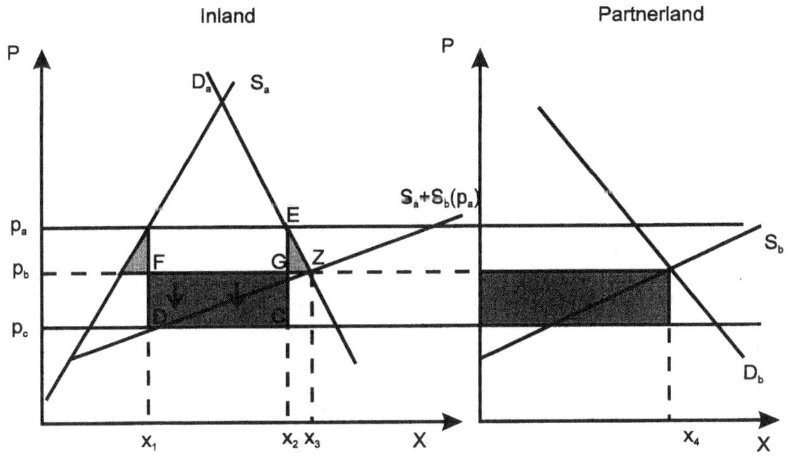

Abb. I.8c: Produktionsablenkung in einer Freihandelszone
Quelle: Bhagwati/Panagariya, 1996, S. 21

Die Umverteilung vom Inland zum Partnerland und die Handelsumlenkung sind eine fallende Funktion vom Zoll des Partnerlandes (vgl. Bhagwati/Panagariya, 1996, S. 21). Je geringer t_b ausfällt, desto geringer sind die inländischen Transfers FGCD an das Partnerland.

Aus der Diskussion dieser drei Fälle kann damit festgehalten werden:

> Interne Handelsablenkung entsteht, wenn Anbieter aus dem Land mit dem niedrigeren Zoll die höheren Produzentenpreise in dem Land mit dem höheren Zoll ausnutzen wollen. Dabei müssen sich die Produzentenpreise angleichen. Es entsteht Handelsumlenkung, obwohl Mitgliedsländer dasselbe Gut importieren.

Aus der hier beschriebenen internen Handelsablenkung bzw. Produktionsablenkung lassen sich mehrere Schlüsse ziehen. Erstens folgt aus der Vermeidung von Handelsablenkung durch Ursprungsregeln immer Handelsumlenkung. Effiziente Anbieter aus der restlichen Welt werden verdrängt. Zweitens kann das negativ betroffene Land Handelsumlenkung und Handelsablenkung vermeiden, indem es seine eigenen externen Zölle auf das niedrigste Niveau innerhalb der Freihandelszone senkt. Wurde dagegen bei einer Zollunion ein durchschnittlicher externer Zoll festgelegt, war Handelsumlenkung kaum zu vermeiden. Drittens stellt die Umverteilung innerhalb einer Freihandelszone ein größeres Problem dar als innerhalb einer Zollunion. Auch die Einführung einer Zollunion führt zu Umverteilungsproblemen. Doch werden die Zolleinnahmen unter der Anwendung eines einmal festgelegten Schlüssels verteilt. In Freihandelszonen erhält das Land mit den niedrigeren Zöllen höhere Einnahmen als das Land mit den höheren Zöllen.

Um diese Zolleinnahmen kann innerhalb der Freihandelszone ein Wettbewerb entstehen.

d) Wettbewerb um Zolleinnahmen: Ohne Harmonisierung der externen Handelspolitik entstehen zwei gegenläufige Effekte. Erstens kann ein Mitgliedsland versuchen, in das Partnerland mit höheren Produzentenpreisen zu exportieren (vgl. Richardson, 1992, S. 17). Es vermeidet dadurch Handelsumlenkung und erhält zusätzlich Zolleinnahmen aus den Importen aus der restlichen Welt. In den Abbildungen I.8 a, b hat das Inland einen Anreiz, den eigenen Zoll marginal unter t_b zu senken.

Zweitens entsteht bei großen Mitgliedsländern ein Externalitätenproblem, wie es aus der Oligopoltheorie bekannt ist (vgl. Richardson, 1992 und 1994). Erhöht das Inland den eigenen Zoll, partizipiert an einer möglichen Terms of Trade-Erhöhung auch das Partnerland. Ohne bindende Absprachen, wie sie etwa eine Zollunion darstellt, sind die teilnehmenden Länder nicht in der Lage, den Optimalzoll zu realisieren (vgl. Lloyd, 1992, S. 28). Das Nashgleichgewicht wird deutlich darunter liegen. Es ist sogar nicht auszuschließen, daß überhaupt kein Nashgleichgewicht in reinen Strategien existiert, da die interne Handelsablenkung zur Zollunterbietung anregt. Damit vernachlässigt eine Regierung nicht nur die externen Effekte aufgrund ihrer Zollpolitik. Sie hat gleichzeitig einen direkten Anreiz, die Zölle weiter zu senken. Dieser Anreiz wird um so größer, je mehr Mitglieder einer Freihandelszone beitreten (vgl. Richardson, 1992, S. 17). Die Tendenz, die externen Zölle zu senken, wird in Anbetracht von Zwischenprodukten noch verstärkt, da sonst ein Land möglicherweise seine komparativen Vorteile bei der Herstellung von Endprodukten verliert (vgl. Lipsey, 1996, S. 33).

Somit spricht zunächst vieles dafür, daß eine Freihandelszone eine geringere Gefahr für Drittstaaten darstellt als eine Zollunion. Es entfällt auch die Notwendigkeit, die externen Zölle durch multilaterale Regeln zu beeinflussen. Bhagwati (1991, S. 77; 1993, S. 36) schlägt vor, nur Zollunionen zuzulassen und das externe Zollniveau jeweils auf den niedrigsten Wert der beteiligten Mitgliedsländer festzuschreiben. In einer Freihandelszone ohne Ursprungsregeln und bindenden Absprachen entsteht dieses Ergebnis von alleine bzw. wird sogar noch übertroffen. Das Herunterkonkurrieren von Zöllen kann sich allerdings in das Gegenteil verwandeln, wenn die weitergehenden Wirkungen von Ursprungsregeln in die Analyse aufgenommen werden.

4.2 Ursprungsregeln

Ursprungsregeln sollen die wahre Herkunft von bestimmten Gütern ermitteln. Dies kann aus zwei Gründen notwendig sein (vgl. Woolcock, 1995, S. 197). Zum einen bestimmen präferentielle Ursprungsregeln, welche Güter (und Dienstleistungen) bei regionalen Handelsabkommen in den Genuß der bevorzugten Behandlung gelangen. Ohne eine Diskriminierung in der Handelspolitik und bei der strikten Befolgung der Meistbegünstigung wäre der Ursprung irrelevant. Zum anderen verfolgen sogenannte autonome Ursprungsregeln das Ziel, die allgemeine Handelspolitik zu unterstützen, z.B. beim Einsatz von Anti-Dumping-

Maßnahmen, aber auch bei der einseitigen Begünstigung von Entwicklungsländern. Im Zusammenhang mit der hier behandelten Fragestellung stehen präferentielle Ursprungsregeln im Mittelpunkt.

Bei globalem Freihandel ergibt sich die einzig ökonomisch sinnvolle Ursprungsregel von alleine. Es wird aus jenen Ländern importiert, die das Gut am günstigsten herstellen (vgl. Hindley, 1990, S. 21). Bei regionalen handelspolitischen Arrangements müssen Ursprungsregeln bestimmen, welche Güter und Dienstleistungen tatsächlich aus zollbefreiten Ländern stammen. Bei Fertigprodukten, die nur mit (immobilem) Kapital und Arbeit hergestellt werden, ist die Identifizierung noch relativ einfach. Größere Probleme entstehen bei der Existenz multinationaler Unternehmungen und bei der zunehmenden Integration der Weltwirtschaft (vgl. WTO, 1995, S. 48; P. Wonnacott, 1996, S. 91). Stammt ein Produkt aus dem Land des Stammsitzes, der Betriebsstätte oder der hauptsächlichen Aktivitäten? Noch komplizierter wird es, wenn Zwischenprodukte oder Rohstoffe importiert werden, die weiter verarbeitet werden sollen. Eines der bekanntesten Beispiele stellen die sogenannten *„Maquiladoras"* im Norden Mexikos dar. Hier werden Zwischenprodukte aus der ganzen Welt importiert, montiert und weiterexportiert (vgl. Holland, 1996, S. 66). Ursprungsregeln sollen ein Maß bieten, wann durch die Verarbeitung ein neues Produkt entstanden ist. In Zollunionen stellen Ursprungsregeln Local-content-Anforderungen dar. Aufgrund des harmonisierten Außenzolls ist Handelsablenkung im oben beschriebenen Sinne nicht möglich, da keine Arbitragemöglichkeiten existieren. Sie unterstützen „nur" die allgemeine Handelspolitik.[35] Aufgrund ihrer Bedeutung ist es verwunderlich, daß Ursprungsregeln in der Außenhandelstheorie kaum diskutiert werden (vgl. Berthold, 1995, S. 79; Lloyd, 1993, S. 699).

a) Formen und Probleme der Ursprungsregeln: Ein weithin akzeptiertes Kriterium, um die Herkunft eines Gutes zu bestimmen, stellt die „substantielle Veränderung" dar. Ein Gut gilt als substantiell verändert, wenn es sich deutlich von den eingeführten Zwischenprodukten unterscheidet. Allerdings wird sich zeigen, daß der allgemeine Konsens wohl eher aus der Ungenauigkeit des Begriffs stammt. Drei verschiedene Verfahren stehen im Vordergrund (vgl. Freytag/Zimmermann, 1996, S. 18 ff.; Woolcock, 1995, S. 199 ff.):

- Methode des Zollsprungs
- Produktionsverfahrensregel
- Wertschöpfungsregel

Beim ersten Verfahren, der Methode des Zollsprungs, werden alle Güter in einem harmonisierten System klassifiziert, das bis zu acht Ebenen aufweist. Wird durch die Verarbeitung in einem Mitgliedsland das Vorprodukt aus dem Rest der Welt in eine neue Klassifizierungsstufe transformiert, kann dieses Gut innerhalb des Integrationsraumes zollfrei gehandelt werden. Diese Regel findet sich in amerikanischen Handelsabkommen wie der CUFTA und der NAFTA. Auf den ersten

---

[35] Für protektionistische Fallbeispiele in Europa vgl. Nowicki (1997, S. 363 ff.).

Blick scheint dieses Verfahren aufgrund des Automatismus die Transparenz zu erhöhen und diskretionäre Eingriffsmöglichkeiten zu verhindern. Bei einer genauen Überprüfung treten jedoch deutliche Schwächen auf. Das Zollsprungverfahren müßte immer an die technischen Entwicklungen angepaßt werden. Die Notwendigkeit der Flexibilität erhöht wieder die diskretionären Eingriffsmöglichkeiten. Zusätzlich gibt es keinen Maßstab, auf welcher Ebene die substantielle Transformation stattfinden soll. Dabei zeigt sich in der Realität, daß für unterschiedliche Gütergruppen verschiedene Ebenen festgelegt werden.

Bei der Produktionsverfahrensregel wird zweitens die Ursprungsregel nur erfüllt, wenn spezielle Produktionstechniken angewandt werden, die im voraus bestimmt werden. Diese Regel wird insbesondere von den USA für den Schutz der eigenen Textilbranche angewandt. Auch bei dieser Regel erfordert die technologische Entwicklung eine kontinuierliche Anpassung. Die größte Schwäche diese Ansatzes liegt darin, daß es kein objektives Maß gibt, welche Technologie *der* Regel zugrunde gelegt werden soll. Je aufwendiger das geforderte Produktionsverfahren ausfällt, desto restriktiver wirkt die Ursprungsregel.

Schließlich ist drittens die Wertschöpfungsregel zu nennen. Die Verarbeitung von Vorprodukten innerhalb des Integrationsraumes muß in diesem Fall eine bestimmte Wertschöpfung erreichen. Diese Regel findet sich in den meisten regionalen handelspolitischen Arrangements. Dabei liegt der Wertschöpfungsanteil meist zwischen vierzig und sechzig vH. Häufig unterstützt sie die Methode des Zollsprungs. Die Wertschöpfungsregel kann empfindlich von Wechselkursschwankungen beeinträchtigt werden. Ebenso wirkt sie hemmend auf den Produktivitätsfortschritt, wenn dadurch der regionale Wertschöpfungsanteil gesenkt und somit die Ursprungsregel nicht mehr erfüllt wird.

In der Praxis werden Kombinationen dieser drei Verfahren benutzt (vgl. Woolcock, 1995, S. 202). Dabei gesellen sich zu den einzelnen Schwächen dieser Regeln noch einige allgemeine Probleme: Zunächst steigen bei allen Verfahren mit zunehmenden grenzüberschreitenden Produktionsschritten die administrativen Kosten. Diese Kosten können ein solches Maß annehmen, daß Unternehmungen statt der angeblichen Begünstigung lieber den höheren Meistbegünstigungszoll entrichten. Dies ist weder bei amerikanischen noch bei europäischen Unternehmungen ein Ausnahmefall. Die administrativen Kosten, um die Erfüllung der Ursprungsregel nachzuweisen, wurden innerhalb der EFTA auf 3-5 vH des f.o.b.-Preises[36] geschätzt (vgl. Krueger, 1995, S. 26). Weiter ist allen Varianten gemein, daß die Schwellenwerte, wann ein Produkt zollfrei gehandelt werden darf, vollkommen willkürlich sind (vgl. Lloyd, 1993, S. 703). Je höher ein Schwellenwert angesetzt ist, desto protektionistischer wirkt die Regel. Dies gilt auch für die Produktionsverfahrensregel. Desweiteren sind alle Regeln mehr oder weniger undurchsichtig. So bestimmt z.B. ein Gericht, ob eine Veränderung substantiell war oder nicht. Je nach Einstellung des Richters kann das Urteil unterschiedlich ausfallen. Zusammenfassend gilt:

---

36 f.o.b. (free on board) gibt den Wert eines Exportgutes bis zur eigenen Landesgrenze an. c.i.f. (cost, insurance, freight) gibt dagegen den Wert eine Gutes bis zur Grenze des importierenden Landes an.

Ursprungsregeln vermeiden in der Theorie externe Handelsablenkung und führen statt dessen zu Handelsumlenkung. In der Praxis erhöhen sie zusätzlich die unternehmerische Unsicherheit und damit die administrativen Kosten.

Ursprungsregeln müssen demnach als ein protektionistisches Instrument angesehen werden. Dabei zeigt sich auch, daß die Einführung einer interventionistischen Maßnahme wie der Bildung einer diskriminierenden Integrationsgemeinschaft weitere verzerrende Aktivitäten nach sich zieht. Nicht beachtet wurde lange, daß Ursprungsregeln auch die effektive Rate der Protektion erhöhen.

b) Erhöhung der effektiven Rate der Protektion: In einer Freihandelszone ohne Ursprungsregeln bewirkt die Handelsablenkung, daß sich die jeweiligen externen Zölle auf das niedrigste Niveau zubewegen. Durch Ursprungsregeln ist das Gegenteil möglich, insbesondere wenn Zwischenprodukte in die Analyse miteinbezogen werden. Zunächst liegt es im Wesen der hier diskutierten Ursprungsregeln, daß die Anbieter von Zwischenprodukten innerhalb des Integrationsraumes geschützt werden. Ihre Vor- und Zwischenprodukte müssen bezogen werden, wenn ein bestimmter Wertschöpfungsanteil erfüllt werden soll (vgl. Moser, 1997, S. 229). Die Wertschöpfung eines Industriezweiges spielt demnach eine wichtige Rolle. Daher liegt es auch nah, Ursprungsregeln mit der Theorie der effektiven Protektion zu diskutieren. Hier profitieren auch die Anbieter von Endprodukten.

	USA		EU (12)		Japan		Kanada	
	1989	1993	1988	1993	1988	1993	1988	1993
Produktionsstufe:								
0 Rohstoffe	3,2	3,3	6,0	6,0	3,8	3,8	3,4	3,3
1 Agrar, Forstwirtschaft, Fischerei	3,8	4,1	8,5	8,3	5,1	5,1	3,6	3,5
2 Bergbau	1,0	1,0	0,8	0,8	0,5	0,3	2,7	2,8
3a verarbeitendes Gewerbe	2,3	2,3	5,2	5,4	3,4	3,4	2,5	2,4
3b gewerbliche Halbwaren	7,0	7,0	7,3	7,3	6,6	6,8	9,9	9,4
3c Fertigerzeugnisse	6,3	6,6	7,8	8,1	7,8	7,8	9,8	9,6

Tab. I.1 Zolleskalation in vH[37]
Quelle: OECD, 1996, S. 44

In den meisten Industriestaaten werden inländische Anbieter stärker geschützt, als es der nominelle Zollsatz ausdrückt. Dies gilt insbesondere bei arbeitsintensiven Gütern. In der Regel nehmen die nominellen Zölle mit der Nähe zum Endprodukt zu. D.h. der Nominalzoll auf ein Zwischen- oder Vorprodukt ist niedriger

[37] Grundlage sind die durchschnittlichen Meistbegünstigungszölle.

als auf einem Endprodukt (vgl. Tabelle I.1). Aus dieser sogenannten Zolleskalation folgt, daß die effektive Rate der Protektion höher ausfällt als die nominelle. Während der nominelle Zollsatz bestimmt, um wieviel ein inländisches Gut teurer sein darf ein ausländisches, zeigt die effektive Protektion an, um wieviel die inländischen Produktionskosten die ausländischen übersteigen dürfen (vgl. J. Donges, 1975, S. 233).[38]

Durch Ursprungsregeln kann die effektive Rate der Protektion eines Mitgliedslandes auf ein anderes übertragen werden. Ein Beispiel soll die Problematik verdeutlichen (vgl. Krueger, 1993). Das Inland A und das Partnerland B bilden eine Freihandelszone. Das Inland A hatte vor der Einführung des Abkommens keine Handelsbarrieren gegenüber der restlichen Welt C. Es kann Stoffe (S) aus der restlichen Welt zum Weltmarktpreis P_C^S (hier auf 1 normiert) oder aus dem Partnerland zum höheren Preis $P_B^S = 1 + t_B^S$ importieren. t_B^S entspricht dem Zollsatz des Partnerlandes auf Textilien aus dem Rest der Welt. Die Weltmarktpreise des Zwischenproduktes Textil und des Endproduktes Kleidung (K) werden auf eins normiert. Die Mitgliedsländer einigen sich auf eine Wertschöpfungsregel von r vH. Der Gewinn einer inländischen Unternehmung läßt sich darstellen als:

$$\pi_A = P_B^K - P_B^S fy - P_C^S (1-f) y . \qquad \text{(I.1)}$$

Dabei ist π_A der Gewinn aus den Exporten des Inlandes in das Partnerland. P_B^K ist der im Partnerland erzielbare Produzentenpreis. Dieser entspricht dem Weltmarktpreis 1, wenn die inländische Unternehmung den Mindestanteil an der Wertschöpfung von r nicht erfüllt, bzw. $1+t_B^k$, wenn der Regel entsprochen wird. t_B^k ist der Zoll des Partnerlandes auf Kleidung. f (<1) entspricht dem tatsächlichen Anteil an Textilien aus dem Partnerland und y (<1) dem Inputkoeffizient von Textilien am Endprodukt Kleidung. Der erzielbare Preis für Kleidung ist im Partnerland aufgrund des Zolles höher als in der restlichen Welt. Dafür sind die Vorprodukte teurer. Inländer werden einen beliebigen Anteil f an benötigten Textilien im Partnerland kaufen, wenn gilt:

$$P_B^K - P_B^S fy - P_C^S (1-f) y > 1 - P_C^S y = 1 - P_C^S fy - P_C^S (1-f) y . \qquad \text{(I.2)}$$

Damit werden zwei Gewinnmöglichkeiten verglichen: Auf der einen Seite steht der Gewinn, den die inländische Unternehmung erzielt, wenn der Anteil f im Partnerland zu einem höheren Preis gekauft wird und die Produzenten einen höheren Preis für das Endprodukt erzielen. Auf der anderen Seite steht der Gewinn, wenn alle Vorprodukte aus dem günstigeren Rest der Welt bezogen werden, aber dafür die Produzenten nur den Weltmarktpreis für Kleidung erhalten. Setzt man die jeweiligen Preise im Partnerland bzw. auf dem Weltmarkt P_B^K, P_B^S, P_C^S ein, folgt:

$$1 + t_B^K - (1 + t_B^S) fy - (1-f) y > 1 - fy - (1-f) y . \qquad \text{(I.3)}$$

---

[38] Für eine ausführliche Darstellung vgl. J. Donges (1975) und Markusen u.a. (1995, S. 260 f.).

Wird auf beiden Seiten (1-f)y addiert, die Ungleichung umgeformt sowie durch die Wertschöpfung zu Weltmarktpreisen dividiert, ergibt sich:

$$\frac{t_B^K - t_B^S fy}{1-y} > 0 . \qquad (I.4)$$

Diese Ungleichung ähnelt sehr der Bedingung für eine positive effektive Rate der Protektion. Bei einem positiven Effektivzoll bewirkt die Einführung von Zöllen auf End- und Zwischenprodukte eine Erhöhung der Wertschöpfung. Bei nur einem Zwischenprodukt läßt sich der Effektivzoll darstellen als (vgl. J. Donges, 1975, S. 236):

$$T = \frac{t_B^K - t_B^S y}{1-y} . \qquad (I.5)$$

Der Unterschied von (I.4) zu (I.5) liegt im Anteil der Vorprodukte f aus dem Partnerland. Da dieser Anteil nur zwischen null und eins liegen kann, muß der Zähler in (I.4) mindestens so groß sein wie in (I.5). Die Einhaltung der Regel ist eine steigende Funktion des Zolles t_B^k des Partnerlandes auf Endprodukte und eine fallende der Zölle t_B^S auf Zwischenprodukte.[39] Das Inland wird die Ursprungsregel einhalten, wenn es erwarten kann, daß die höheren Kosten für Vorprodukte hinreichend kompensiert werden durch den höheren Preis für das Endprodukt im Partnerland. D.h. nichts anderes, als daß die inländischen Produzenten um so eher die Ursprungsregel erfüllen werden, je höher die effektive Rate der Protektion im Partnerland ist (vgl. Krueger, 1993, S. 16).

Hier wird wieder deutlich, daß die Vermeidung von Handelsablenkung zu Handelsumlenkung führt. Durch die Ursprungsregel wird ein effizienter Anbieter von Zwischenprodukten aus der restlichen Welt substituiert durch einen ineffizienten Anbieter aus der Integrationsgemeinschaft. Dabei resultiert diese Handelsumlenkung aus einem anderen Kalkül als im traditionellen Fall. Im Standardansatz vergleichen Importeure die Preise der Güter aus der restlichen Welt einschließlich Zoll mit den Preisen der zollbefreiten Güter aus dem Partnerland. Für die Importeure ist es individuell billiger, die Güter aus dem Integrationsraumes zu beziehen, auch wenn dies für die Volkswirtschaft teurer ist. Im besprochenen Fall beziehen die Importeure bewußt Güter von der teureren Quelle, um den Ursprungsanteil zu erfüllen. Denn nur so sind sie nach Verarbeitung der Vorprodukte in der Lage, den ebenfalls höheren Produzentenpreis im Partnerland für das Endprodukt zu erzielen. Aufgrund dieser Wirkungen von Ursprungsregeln, muß es nicht zu dem für Drittstaaten vorteilhaften Herunterkonkurrieren von Zöllen zwischen den Mitgliedern einer Freihandelszone kommen. Vielmehr kann ein Land seine Protektion in das andere Land exportieren, auch wenn das andere Land vorher gar keine externen Zölle erhoben hat. Daß es sich hier nicht um einen rein theoretischen Fall handelt, zeigen die Auseinandersetzungen zwischen

[39] Dies wird deutlich, wenn Gleichung I.3 nach t_B^K und nach t_B^S abgeleitet wird.

den USA und Mexiko im Zuge der NAFTA-Verhandlungen. Dort waren es die USA, die insbesondere im Textilbereich auf restriktive Ursprungsregeln drängten, um ihre Produzenten zu schützen (vgl. Krueger, 1993).

c) Zielungenauigkeit von Ursprungsregeln: Die derzeit angewandten Ursprungsregeln sind aus allokativer Sicht nicht nur ineffizient. Häufig wird übersehen, daß sie auch nicht effektiv sind. Ziel von regionalen Integrationsgemeinschaften und daraus abgeleitet von Ursprungsregeln ist es, nur regionale Wertschöpfung bevorzugt zu behandeln (vgl. Lloyd, 1993, S. 709 f.). Die in der Praxis angewandten und hier diskutierten Ursprungsregeln wirken zielungenau. Entweder ein Produkt erfüllt die Kriterien, dann gilt das gesamte Gut unabhängig vom externen Wertschöpfungsanteil als ein regionales, oder die Kriterien werden nicht erfüllt, dann wird das Gut nicht bevorzugt behandelt, auch wenn regionale Wertschöpfung enthalten ist. Traditionelle Ursprungsregeln werden also nur zufällig die Wertschöpfungsanteile richtig zuordnen. Eine Möglichkeit, dieses Manko zu vermeiden, ist die Substitution von Ursprungsregeln durch Wertschöpfungszölle (vgl. Lloyd, 1993). Dabei wird nur die externe Wertschöpfung mit Zöllen belastet, die regionale bleibt dagegen frei. Die Zollbemessungsgrundlage kann mittels der Zollsprungmethode bestimmt werden. Die externe Wertschöpfung wird dann gemäß der Klassifizierungsstufe im harmonisierten Zollsystem belastet. Ein Wertschöpfungszoll hat gegenüber den traditionellen Ursprungsregeln mehrere Vorteile. Zunächst ist er relativ transparent und verringert somit die Gefahr von Willkür und Unsicherheit. Zweitens werden die externe und die interne Wertschöpfung jeweils einheitlich behandelt. Drittens offenbart eine solche Regelung besser den protektionistischen Charakter von Ursprungsregeln. Sind die komplizierten Regelungen erst einmal in einfache Zölle überführt worden, können multilaterale Gesprächsrunden diese im Zeitablauf senken.

5. Zollunionen und die neue Außenhandelstheorie

Die bisherige Analyse hat einige wichtige Ergebnisse erbracht. Die Einführung einer Integrationsgemeinschaft ermöglicht handelsschaffende und handelsumlenkende Effekte. Eine große Zollunion berührt über Terms of Trade-Änderungen direkt die Wohlfahrt von Drittstaaten. Bei Freihandelszonen bewirkt die Handelsablenkung eine Angleichung der externen Zölle auf das niedrigste Niveau, solange Ursprungsregeln nicht dagegen stehen. Der Versuch, Handelsablenkung zu vermeiden, hat Handelsumlenkung zur Folge. Schließlich führt diskriminierende Liberalisierung zu intraregionalen Umverteilungsproblemen.

Bisher wurden innerhalb der Integrationsgemeinschaft vollkommene Wettbewerbsmärkte vorausgesetzt. Einzig im Verhältnis zwischen zwei Ländern wurde eine Marktunvollkommenheit eingeführt, wenn ein Handelspartner seine Marktmacht ausnutzen konnte. Die bisherigen Ergebnisse lassen sich gut auf Nord-Süd-Integrationen anwenden, d.h. auf Zusammenschlüsse zwischen hochindustrialisierten Staaten und weniger entwickelten Ländern. Die Handelsbeziehungen zwischen diesen Ländern sind stark von interindustriellen Handel aufgrund von komparativen Vorteilen geprägt. Beispiele hierfür sind zum einen die Süderweiterungen (inklusive Irland) der EU und zum anderen die NAFTA.

Innerhalb der NAFTA dominiert immer noch der Handel aufgrund komparativer Vorteile (vgl. Chichilnisky, 1997, S. 74). Auch Süd-Süd-Integrationen, wie etwa Mercosur, können mit dem vorgestellten Instrumentarium analysiert werden. Gerade diese waren in der Vergangenheit von Handelsumlenkung und großen Umverteilungskonflikten betroffen (vgl. Berthold, 1995, S. 69 f.).

Eine umfassende Analyse von regionalen Handelsblöcken muß auch der Tatsache Rechnung tragen, daß bei sogenannten Nord-Nord-Integrationen, d.h. der Integration hochentwickelter Volkswirtschaften, und bei der Beziehung zwischen hochentwickelten Handelsblöcken der intraindustrielle Handel dominiert. Solch eine Integrationsgemeinschaft stellt z.B. der Kern der EU dar (vgl. Krugman/Obstfeld, 1997, S. 139 ff.). Um dieser Handelsstruktur gerecht zu werden, muß das analytische Instrumentarium auf die neue Außenhandelstheorie ausgeweitet werden.[40] Der Einbezug von Marktunvollkommenheiten ermöglicht auf der einen Seite, weitere Gewinne aus Handelsbeziehungen zu identifizieren. Auf der anderen Seite ist aus rein theoretischer Sicht Freihandel für ein Land nicht mehr unbedingt die beste Strategie. Länder können durch die Aufnahme von Handelsbeziehungen verlieren. Trotz dieser theoretischen Umkehrung der traditionellen Aussagen über die positive Wirkung von Freihandel, führte etwa der Einsatz der strategischen Industrie- und Handelspolitik in der Vergangenheit regelmäßig nicht zu einer Verbesserung, sondern zu einer Verschlechterung der Wohlfahrt (vgl. Berthold, 1994). Daher bleibt Freihandel, wenn theoretisch nicht unbedingt die first-best-Lösung, so doch zumindest die am erfolgversprechenste. Bezogen auf regionale Integrationsgemeinschaften ist zu beklagen, daß keine einheitliche, geschlossene Theorie bezüglich unvollkommenem Wettbewerb und regionalen handelspolitischen Arrangements existiert (vgl. Baldwin/Venables, 1995, S. 1606). Vielmehr werden stets nur einzelne Teilaspekte beleuchtet. Bevor diese dargelegt werden, wird eine Mahntafel aufgestellt. Auch wenn die Handelsumlenkung und die Umverteilungsprobleme im folgenden unerwähnt bleiben, heißt dies nicht, daß sie bei Nord-Nord-Integrationen unbedeutend geworden sind. Auch die Aussagen der großen Zollunion bleiben bestehen.

5.1 Steigende Skalenerträge bei homogenen Gütern

Um sich der Problematik der steigenden Skalenerträgen anzunähern, ist es sinnvoll, zunächst weiterhin homogene Güter zu betrachten (vgl. Corden, 1972).[41] Dabei können mit dem bisherigen analytischen Instrumentarium die grundlegenden Aussagen abgeleitet werden (vgl. Bliss, 1994, S. 84). Abbildungen I.9 und I.10 veranschaulichen diese Zusammenhänge. Um die neuen Effekte besser identifizieren zu können, wird davon ausgegangen, daß die restliche Welt im gesamten relevanten Bereich kostengünstiger produziert als ein Anbieter aus dem Integrationsraum und daß die Zollunion relativ zum Rest der Welt klein ist.

Das homogene Gut X wird in der Ausgangslage im Inland mit sinkenden Durchschnittskosten hergestellt. Dies wird durch die langfristige Durchschnitts-

[40] Eine gute Lehrbuchdarstellung bieten Helpman/Krugman (1989).

[41] Für eine übersichtliche Zusammenfassung dieser Ergebnisse vgl. Moore (1994) und Rajan (1996).

kostenkurve LDK_A angezeigt. Das Partnerland importiert das Gut X zunächst aus der restlichen Welt. Es wird nur der inländische Markt betrachtet. Für das Partnerland ergeben sich nach Einführung einer Zollunion die bereits bekannten handelsschaffenden und handelsumlenkenden Effekte, die hier nicht mehr wiederholt werden.

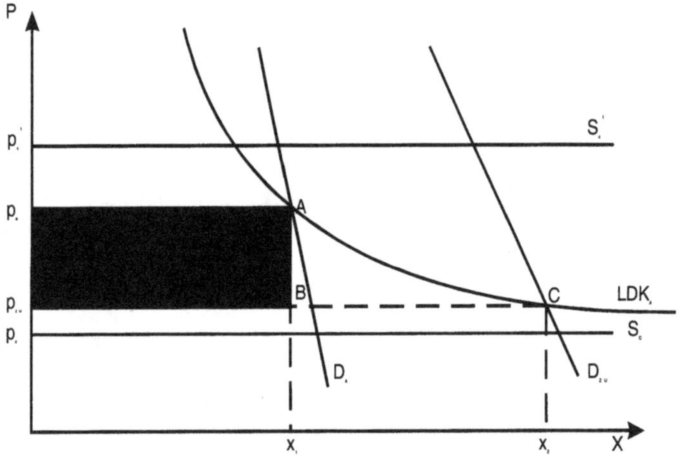

Abb. I.9: Kostenreduzierungseffekt
Quelle: Moore, 1994, S. 83

Vor Gründung der Zollunion erlaubt der Schutzzoll inländische Produktion. Die Menge x_1 wird im Inland zum Durchschnittskostenpreis p_a abgesetzt. Die Einführung einer Zollunion zwischen A und B vergrößert den relevanten Markt. Die inländischen Produzenten sehen sich jetzt nicht mehr der Nachfrage D_a, sondern D_{zu} gegenüber. Übernimmt ein einzelner Anbieter den gesamten Unionsmarkt, erhöht er seine Ausbringungsmenge von x_1 auf x_2. Bei steigenden Skalenerträgen sinken daher die Durchschnittskosten.[42] Sind die Märkte bestreitbar,[43] sinkt im Inland der relative Preis von p_a auf p_{zu}. Die sinkenden Durchschnittskosten führen nicht nur zu einer Verbilligung der zusätzlich produzierten Menge x_2-x_1. Auch die inframarginalen Einheiten, d.h. die bisher schon bereitgestellte Menge x_1, werden kostengünstiger hergestellt. Dieser wohlfahrtsfördernde Effekt wird Kostenreduzierungseffekt genannt und läßt sich an der Fläche p_aABp_{zu} ablesen.

---

42 Hier wird eine L-förmige Durchschnittskurve angenommenen. Eine U-förmige würde die Möglichkeit von sinkenden Skalenerträgen zulassen, die Ergebnisse jedoch nicht verändern (vgl. Rajan, 1996, S. 305 f.).

43 Zur Theorie der bestreitbaren Märkte vgl. Baumol/Panzar/Willig (1982).

Die Markterweiterung aufgrund der Einführung einer Zollunion erlaubt es, bei steigenden Skalenerträgen eine gegebene Menge zu niedrigeren Durchschnittskosten zu produzieren. Dieser Kostenreduzierungseffekt erhöht die regionale Wohlfahrt.

Potentielle Gewinnmöglichkeiten von regionalen Handelsabkommen bei der Existenz von Skalenerträge liegen also auch in der Vergrößerung des Marktes. Dies spielte in der Vergangenheit bei der Bildung von regionalen handelspolitischen Arrangements eine wichtige Rolle. Z.B. war die Ausnutzung von Skalenerträgen für die kanadische Automobilindustrie einer der wichtigsten Gründe, ihre Regierung zu bewegen, mit den USA ein Handelsabkommen abzuschließen. Die Bemühungen wurden 1965 mit dem Autopakt belohnt (vgl. Markusen u.a., 1995, S. 179).[44] Dieser kann als Vorläufer der CUFTA und der NAFTA angesehen werden. Ebenso läßt sich dieses Argument auf die kleineren Länder innerhalb der EU übertragen. Aufgrund der EU haben sie Marktzutritt zu fünfzehn Staaten und 370 Millionen Konsumenten (vgl. LeClair, 1997, S. 30). Doch die Ausnutzung von Skalenerträgen muß nicht zwangsläufig zu positiven Ergebnissen führen, was die Abbildung I.10 demonstriert.

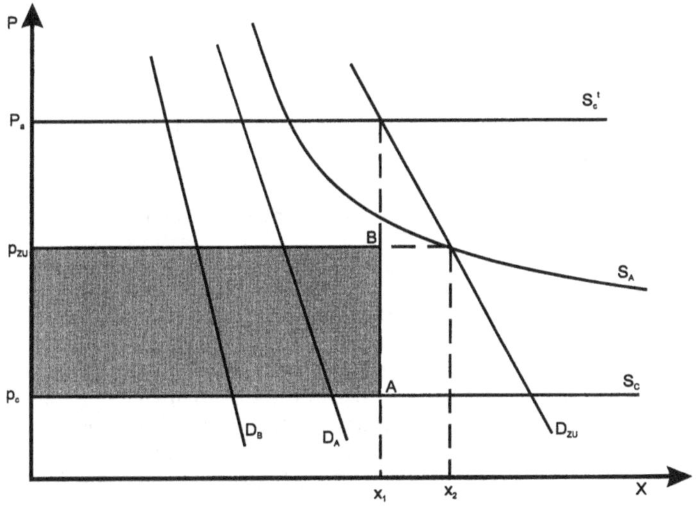

Abb. I.10: Handelsunterdrückungseffekt
Quelle: Moore, 1994, S. 83

Anders als im vorangegangenen Fall sind in der Ausgangssituation sowohl der inländische als auch der Markt im Partnerland zu klein, um überhaupt die Pro-

44 Automobile stellen keine homogenen, sondern differenzierte Güter dar. Hier soll es nur um die Veranschaulichung des Kostenreduzierungseffektes gehen.

duktion des Gutes X aufzunehmen. Beide Länder importieren insgesamt x_1 aus der restlichen Welt. Die Vergrößerung des zollfreien Marktes bei bestehendem Außenschutz gegenüber Drittstaaten ermöglicht es Unionsproduzenten, die Produktion aufzunehmen und die eigenen Märkte, d.h. den A- und B-Markt, zu bedienen. Liegen die Durchschnittskosten dabei oberhalb der Angebotskurve S_c, werden Ressourcen verschwendet.

Für die ursprünglich importierte Menge x_1 werden innerhalb der Zollunion $p_{zu}BAp_c$ mehr an Ressourcen eingesetzt. Dies wird Handelsunterdrückungseffekt genannt. Dieser Effekt ähnelt stark dem der Handelsumlenkung. Der Unterschied wird deutlich, wenn das Inland betrachtet wird. Bei der Handelsumlenkung verdrängt ein bereits produzierender ineffizienter Anbieter aus dem Integrationsraum einen effizienten, aber zollbelasteten Anbieter aus der restlichen Welt. Bei der Handelsunterdrückung dagegen wird die Produktion nach der Gründung der Zollunion erst aufgenommen. Beide Mitgliedsländer waren in der Ausgangslage Importeure. Ein neuer ineffizienter inländischer Anbieter verdrängt jetzt einen effizienten aus der restlichen Welt (vgl. Corden, 1972, S. 469).

Die Analyse von steigenden Skalenerträgen bei homogenen Gütern erlaubt eine realistischere Analyse von Zollunionen und schließt eine Lücke im Standardansatz. Auch hier zeigt sich wiederum, daß wohlfahrtsfördernde Ergebnisse dann zu erwarten sind, wenn Anbieter aus dem Integrationsraum ihre Produktion erhöhen und dadurch ineffiziente Anbieter aus der Zollunion verdrängen. Geht die intraregionale Handelsexpansion dagegen zu Lasten von Anbietern aus Drittstaaten resultieren wohlfahrtsmindernde Ergebnisse. Was die bisherige Darstellung allerdings nicht erklären kann, ist der Einfluß von Zollunionen auf den intraindustriellen Handel. Dies ist insofern unbefriedigend, als z.B. ein Großteil des intraeuropäischen Handels mit ähnlichen Gütern stattfindet (vgl. Venables, 1996, S. 21). Die Diskussion von differenzierten Güter ist notwendig.

5.2 Erhöhung der Wettbewerbsintensität

In der bisherigen Untersuchung standen interindustrieller Handel und komparative Vorteile im Vordergrund. Intraindustrieller Handel dagegen resultiert auf der Angebotsseite aus steigenden Skalenerträgen sowie Inhomogenität der Güter und auf der Nachfrageseite aus Präferenzen nach differenzierten Gütern. Grenzkostenpreise sind nicht zu erwarten (vgl. Klodt, 1994, S. 69 f.). Zum einen wird die Nachfrage für den einzelnen nicht vollkommen elastisch sein. Im Zusammenhang mit der Nachfrage nach differenzierten Güter eröffnet dies Unternehmungen einen gewissen monopolistischen Preissetzungsspielraum. Zum anderen erlauben sinkende Durchschnittskosten in der Regel keine Grenzkostenpreise. Vielmehr wird analog zum Monopolisten zusätzlich zu den Grenzkosten ein Aufschlag (Mark up) erhoben. Der Aufschlag ergibt sich aus dem Kehrwert der Preiselastizität der Nachfrage.[45] Ein positiver Mark up bedeutet nicht, daß die betreffende Unternehmung Gewinne erzielen muß. Er führt zunächst nur zu einem Abweichen der Grenzrate der Substitution von der Grenzrate der Transformation und damit zu einer allokativen Ineffizienz. Trotzdem können in einem monopolisti-

[45] Für eine mathematische Herleitung vgl. Markusen u.a. (1995, S. 160 ff.).

schen oder oligopolistischen Umfeld Unternehmen c.p. eher ihre Marktmacht ausnutzen als in einem Wettbewerbsmarkt.

Das europäische Binnenmarktprojekt wurde unter anderem wegen seiner positiven Wettbewerbswirkungen befürwortet (z.B. Smith/Venables, 1988; Emerson u.a., 1989, S. 131 ff.). Verkrustete Marktstrukturen sollten aufgebrochen werden, Europa wieder gegenüber der weltweiten Konkurrenz wettbewerbsfähiger werden. Bei der Existenz von Skalenerträgen erscheint dies plausibel. Sinkende Durchschnittskosten erlauben nur wenigen Anbietern, frei von Verlusten zu produzieren. Regionale Integration vergrößert den relevanten Markt und „verträgt" mehr Anbieter im Markt. Doch wird die Intensität des Wettbewerbs nicht ausschließlich durch ein reines „Durchzählen" der tatsächlich operierenden Anbieter ermittelt. Gemäß der Theorie der bestreitbaren Märkte genügt bei einem freien Markteintritt und -austritt die potentielle Konkurrenz, um die Monopolmacht, auch eines einzelnen Anbieters, einzuschränken. Dementsprechend muß ein positiver Wettbewerbseffekt nicht bedeuten, daß die Gesamtzahl der innerhalb der Zollunion operierenden Unternehmungen ansteigt.

Positive Wettbewerbseffekte beinhalten zwei Komponenten (vgl. Markusen u.a., 1995, S. 181): Erstens verringert sich der Aufschlag je Ausbringungsmenge. Hierbei gewinnen Konsumenten bei einer gegebenen Ausbringungsmenge an Rente. Zweitens erhöht sich die Ausbringungsmenge. Dies ist bedeutend. Die allokative Ineffizienz monopolistischer und oligopolistischer Märke kommt durch die im Vergleich zu einem Wettbewerbsmarkt zu geringe Produktion zum Ausdruck. Eine Erhöhung der Ausbringungsmenge ist eine hinreichende Bedingung dafür, daß sich durch Handel insgesamt die Wohlfahrt vermehrt (vgl. Markusen u.a., 1995, S. 168). Somit wird gerade die zweite Komponente als der eigentliche positive Wettbewerbseffekt bezeichnet. Erhöht sich die Ausbringungsmenge innerhalb einer Zollunion, obwohl sich die Gesamtzahl der Unternehmungen reduziert hat, liegt trotzdem ein positiver Wettbewerbseffekt vor (vgl. Ri. Baldwin/Forslid/Haaland, 1996, S. 645). Dabei geht auch der schon im vorangegangenen Kapitel beschriebene Kostenreduzierungseffekt mit ein. Der durch die Gründung einer Integrationsgemeinschaft entstehende Wettbewerbseffekt kann auf zwei Arten abgeleitet werden: Erstens durch den Abbau extremer Marktmachtpositionen, zweitens durch das Überwinden der Marktsegmentierung.

In einem oligopolistischen Umfeld können sich Unternehmungen strategisch verhalten. Dabei wird eine Unternehmung ihre Preise gemäß ihrer wahrgenommenen Nachfrageelastizität setzen. Ihre wahrgenommene Elastizität hängt vom entsprechenden Marktanteil ab (vgl. Ri. Baldwin/Forslid/Haaland, 1996, S. 647). Dabei ist es realistisch anzunehmen, daß die Elastizität auf der Unternehmensebene höher ausfällt als die Preiselastizität auf Branchenebene (vgl. Helpman/Krugman, 1989, S. 141). Beispielsweise werden Konsumenten stärker auf die Preisänderung einer einzelnen Automarke reagieren als auf eine allgemeine Preiserhöhung der Automobilbranche. Die von der jeweiligen Unternehmung wahrgenommene Elastizität ist ein mit dem Marktanteil gewichteter Durchschnitt beider Elastizitäten. Je höher der Marktanteil einer Unternehmung ausfällt, desto schwerer fällt die relativ niedrigere Nachfrageelastizität auf Branchenebene ins Gewicht. Daraus folgt, daß eine Unternehmung auf Märkten mit relativ hohen

Marktanteilen höhere Preise verlangt als auf Märkten mit relativ geringen Anteilen.

Ob die regionale Integration und damit der Abbau der intraregionalen Handelshemmnisse die Firmengröße erhöht oder nicht, ist nicht eindeutig. Vor Gründung einer Integrationsgemeinschaft können sich die Produzentenpreise in den verschiedenen Märkten unterscheiden. Nach der Integration müssen sich die Produzentenpreise angleichen. Dies wurde schon bei den Freihandelszonen diskutiert. Auf der einen Seite führt c.p. der verstärkte Wettbewerb innerhalb der Integrationszone bei der Betrachtung des Inlandsmarktes zu geringeren Firmengrößen der inländischen Produzenten. Die Produzenten sind durch den Wegfall der Binnenzölle in ihren Märkten nicht mehr so geschützt, da die Handelskosten von Konkurrenten sinken. Sie verlieren inländische Marktanteile. Auf der anderen Seite erhöhen sie ihre Anteile auf ausländischen Märkten innerhalb der Integrationsgemeinschaft. Ob sich die Firmengröße nun erhöht oder verringert, ist a priori nicht bestimmt, wenn auch vieles für das erste spricht.

Durch die gleichmäßigere Verteilung der Marktanteile werden die extremen Konzentrationen von Marktmachtpositionen abgebaut. Dies reduziert den durchschnittlichen Mark up.[46] In die gleiche Richtung wirkt die Tatsache, daß der relative Anteil am heimischen Markt, in dem vorher der Aufschlag hoch war, sinkt, und der relative Anteil am ausländischen Markt steigt. Die Preiselastizität der Nachfrage nach den Gütern einer bestimmten Unternehmung hat im Ausland einen höheren Einfluß auf den Mark up als im inländischen Markt. Da die Elastizität auf Unternehmungsebene größer ist als auf Branchenebene, wird auf dem ausländischen Markt auch der Aufschlag geringer sein. Wenn bei bestreitbaren Märkten der durchschnittliche Mark up fällt und Unternehmen langfristig keine Verluste realisieren, muß sich die Firmengröße erhöhen. Insgesamt führt der Wettbewerb dann zu einer höheren Ausbringungsmenge und zu geringeren Gewinnen je Unternehmung. Einige Betriebe werden aus dem Markt scheiden müssen. Insgesamt folgt aus diesem Prozeß eine geringere Anzahl an Unternehmungen, geringere Durchschnittskosten und Preise (vgl. Baldwin/Forslid/Haaland, 1996, S. 645). Dabei darf allerdings nicht übersehen werden, daß die Märkte auch wirklich offen bleiben müssen. Ansonsten kann die Wettbewerbsintensität abnehmen.

Positive Wettbewerbseffekte erscheinen auch intuitiv einsichtig, wenn durch die regionale Integration die Segmentierung der Märkte aufgehoben wird (vgl. Moser, 1997, S. 227). Durch die Integration wird den Unternehmungen die Möglichkeit genommen, Preisdiskriminierungen in den verschiedenen Märkten vorzunehmen. Sie können ihre Preispolitik in den einzelnen Märkten nicht mehr unabhängig voneinander verfolgen. Nach der (vollständigen) Integration wird der Anteil jedes Anbieters am gesamten Unionsmarkt kleiner sein als ehedem im

[46] In einem Oligopolmarkt ist der Aufschlag in jedem Markt der gewichtete Durchschnitt der Preiselastizität der Nachfrage auf Unternehmens- und auf Branchenebene. Der Mark up ist dann eine steigende und strikt konvexe Funktion der jeweiligen Marktanteile (Ri. Baldwin/Venables, 1995, S. 1607). Werden die Anteile gleichmäßiger, nähern sich die verschiedenen Aufschläge an. Bei einer konvexen Funktion sinkt somit der durchschnittliche Mark up.

Heimatmarkt. Die Monopolmacht und die Preise sinken.[47] Auch hier muß wieder vorausgesetzt werden, daß die erhöhte Unternehmensgröße bei weniger Konkurrenten nicht ausgenutzt werden darf, um die Wettbewerbsintensität letztlich wieder zu verringern. Daher ist immer der Trade-off zwischen technischer Effizienz und möglicher Marktmacht zu beachten (vgl. Markusen u.a., 1995, S. 184). Zusammenfassend gilt:

> Durch regionale handelspolitische Arrangements können positive Wettbewerbseffekte freigesetzt werden, wenn extreme Marktmachtpositionen abgebaut und die Segmentierung der einzelnen Märkte überwunden werden. Wichtig dabei ist, daß durch die geringere Anzahl von Konkurrenten keine neuen Markteintrittsbarrieren aufgebaut werden.

Empirische Studien deuten darauf hin, daß sich die Anzahl der Unternehmungen reduziert, die Firmengröße erhöht, d.h. die Durchschnittskosten sinken, sowie der durchschnittliche Mark up reduziert wird (vgl. Ri. Baldwin/Venables, 1995, 1610 ff.; Ri. Baldwin/Forslid/Haaland, 1996). Allerdings sind die im Zusammenhang mit dem Binnenmarkt erstellten Studien sowohl über die Kostenreduzierung als auch über die Wettbewerbseffekte mit Vorsicht zu interpretieren (vgl. Bretschger, 1997, S. 29 ff.). Die verschiedenen Ergebnisse sind nicht immer robust und hängen stark von den Annahmen ab.

5.3 Standortentscheidungen

a) Production-shifting: Der Wettbewerbseffekt betrifft in erster Linie die Unternehmungen (und Konsumenten) innerhalb des Integrationsraumes. Das Verhältnis zwischen einer Zollunion und den Nichtmitgliedern wurde bisher weitgehend ausgeblendet. Bei einer großen Integrationsgemeinschaft bzw. bei intraindustriellem Handel ist dies nicht statthaft. Erhöht sich die allokative Effizienz innerhalb der Zollunion, verbessert sich natürlich auch die Wettbewerbsposition auf globaler Ebene. Anbieter aus anderen Regionen kommen unter Druck. Resultiert die erhöhte Wettbewerbsfähigkeit weitgehend aus dem Kostenreduzierungseffekt und nicht aus der Handelsunterdrückung, handelt es sich um einen pekuniären externen Effekt, der einem Wettbewerbsmarkt eigen ist. Etwas anders sieht dies beim Einfluß von Integrationsräumen auf die Ansiedlung von multinationalen Unternehmen aus Drittstaaten im Integrationsraum aus. Es ist nicht auszuschließen, daß regionale handelspolitische Arrangements strategisch eingesetzt werden, um die eigenen Standortbedingungen gegenüber dem Rest der Welt zu

---

[47] Zu einem entgegengesetzten Ergebnis kommen Haaland/Wooton (1992). Keine Preisdiskriminierung mehr vornehmen zu dürfen, schließt auch die Möglichkeit des reziproken Dumping aus. Daher wird es für Unternehmen teurer, ausländische Märkte zu bedienen. Bleiben trotz Liberalisierung des intraregionalen Handels Handelskosten bestehen, können die Preise nach der Integration höher liegen als bei den ehedem segmentierten Märkten. Allerdings stellt dies eher ein kurzfristiges Problem dar.

verbessern. Hier geht es um die Problematik des sogenannten Productionshiftings, das aus dem Home-market-Effekt resultiert.[48]

Hierbei spielt das Zusammenwirken von steigenden Skalenerträgen und Handelskosten eine wichtige Rolle. Handelskosten werden hier folgendermaßen verstanden. Zum einen erfordert der internationale Austausch von Waren Ressourcen. Häufig werden solche Kosten nach Samuelson als sogenannte „Eisbergkosten" modelliert. Ein Teil der Güter „schmilzt" beim Außenhandel. Die produzierte Menge ist somit größer als die konsumierte. Diese Kosten fallen bei allen internationalen Transaktionen an. Zum anderen werden die Handelskosten durch Zölle mitbestimmt. Die Höhe dieser politischen Handelskosten hängt auch vom Handelsregime ab.

Der Home-market-Effekt kann mit einem auf Venables (1987) zurückgehenden Modell der monopolistischen Konkurrenz beschrieben werden. Es gibt drei Länder A, B, C. In jedem Land existieren zwei Sektoren: ein wettbewerblicher Sektor 1 mit konstanten Skalenerträgen, der ein homogenes Gut herstellt, und ein mit steigenden Skalenerträgen produzierender Sektor 2, der differenzierte Güter herstellt. Alle Güter sind handelbar. Arbeit ist der einzige Produktionsfaktor.[49] Das Gut 1 dient als Numéraire und kann ohne Handelskosten getauscht werden. Somit ist der Lohn in allen Ländern gleich und kann auf eins normiert werden. Alle Güter gehen symmetrisch in die Nutzenfunktion ein. Die Substitutionselastizität ist konstant. Die Märkte sind vollkommen bestreitbar, d.h. keine Unternehmung kann dauerhaft Gewinne erzielen. Die Unternehmungen sind symmetrisch. Alle verfügen über dieselbe Technologie, und jede Firma stellt genau ein differenziertes Produkt her. Beim Handel mit diversifizierten Gütern fallen Handelskosten an. Daher ist wiederum für ein Unternehmen c.p. der Anteil am Heimatmarkt größer als am ausländischen, bzw. inländische Konsumenten geben für im Inland hergestellte Güter mehr aus als für im Ausland produzierte (vgl. Junius, 1997, S. 39).

Durch steigende Skalenerträge minimiert die Produktion an einem einzigen Standort die Herstellungskosten. In einer Welt ohne Handelskosten würde bei identischer Technologie in irgend einem der drei Länder produziert werden. Die Distanz zu den Konsumenten spielt dann keine Rolle. Letztlich regiert der historische Zufall. Bei der Existenz von Handelskosten ändert sich das Kalkül. Produziert ein bestimmter Betrieb in A, und will dieser nach B oder C exportieren, fallen Kosten an. Die Nähe zu den Konsumenten reduziert diese Kosten. Die Produzenten müssen zwei gegenläufige Effekte beachten: die Realisierung von Skalenerträgen durch die Produktion an einem Standort und Handelskosten beim Exportieren. Ist z.B. bei einheitlicher Technologie ein Markt größer als der andere, lohnt es sich, im größeren Markt zu produzieren und in den kleineren zu exportieren (vgl. Helpman/Krugman, 1985, S. 206 ff.).

Schließen sich zwei Länder zu einer Zollunion zusammen, fallen für die dort angesiedelten Unternehmungen aufgrund der geringeren Protektion die Handelskosten, da die gegenseitigen Zölle wegfallen. Die Unionsunternehmungen kön-

---

[48] Für eine formale Darstellung vgl. Ri. Baldwin/Venables (1995, S. 1608 ff.).

[49] Der Faktor Kapital wird im nächsten Abschnitt behandelt.

nen ihre Produktion ausdehnen und positive Gewinne erzielen, wenn der Aufschlag zunächst konstant bleibt. Genau umgekehrt sieht die Situation außerhalb der Zollunion aus. Relativ zu den Unionsunternehmungen steigen die Handelskosten. Die Unternehmungen müssen dort ihre Produktion zurückfahren und realisieren somit bei gegebenen Produzentenpreisen Verluste. Bei einem freien Marktein- und -austritt scheiden Unternehmen außerhalb der Zollunion aus dem Markt. Innerhalb der Union siedeln sich Unternehmen an, bis der Gewinn wieder überall null beträgt.

Wie sehen die Wohlfahrtseffekte aus? Nach Bildung der Zollunion werden mehr differenzierte Güter innerhalb der Union produziert. Dies spart Handelskosten, und zwar die zollbedingten. Die Unionskonsumenten verbrauchen mehr von den innerhalb der Union hergestellten Güter,[50] der Preisindex für die Konsumenten fällt, die regionale Wohlfahrt steigt. Bei dieser Wohlfahrtsverbesserung darf nicht vergessen werden, daß im Rest der Welt genau die entgegengesetzte Situation eingetreten ist. Dort steigt der Preisindex für die Konsumenten, und die Wohlfahrt sinkt (vgl. Ri. Baldwin/Venables, 1995). Daher ist auch bei unvollkommenem Wettbewerb eine Art „beggar-My-neighbour-effect" möglich. Sinnvoll ist es, Kapital in die Analyse einzubeziehen. Dies führt zur Problematik der Investitionsschaffung und -umlenkung.

b) Investitionsschaffung und Investitionsumlenkung: Die Produktionsumlenkung führt zu einer erhöhten Nachfrage nach Kapital innerhalb des Integrationsraumes. Dies gilt insbesondere, wenn die Umlenkung der Produktion in relativ kapitalintensiven Branchen stattfindet. Steigt daher die Rendite, wandert Kapital von der restlichen Welt in den Integrationsraum. Bei einem konstanten Kapitalstock erhöht sich der Kapitalbestand in der Zollunion und sinkt in der restlichen Welt. Ist der Faktor Kapital vollkommen mobil, findet eine komplette Investitionsumlenkung statt. Aus globaler Sicht stellen weder die Produktionsumlenkung noch die daraus resultierende Investitionsumlenkung eine Pareto-Verbesserung dar, solange sich nicht die Weltersparnis erhöht. Ri. Baldwin/Forslid/Haaland (1995 und 1996) sehen jede Investition aufgrund eines regionalen handelspolitischen Arrangements als Investitionsschaffung an. Diese Definition ist nicht sehr glücklich, da derselbe Sachverhalt gleichzeitig Investitionsschaffung und Investitionsumlenkung sein kann. Analog zur Handelsschaffung sollte nur von Investitionsschaffung gesprochen werden, wenn weltweit die Investitionen zunehmen. Investitionsschaffung ist zu erwarten, wenn die Ausgestaltung einer Zollunion in dynamischer Sicht Gewinne verspricht.[51]

Die Bedeutung der Investitionsumlenkung ist nicht zu unterschätzen. So zeigen empirische Studien den negativen Einfluß des EU-Binnenmarktprojektes auf die EFTA-Staaten (z.B. Ri. Baldwin/Forslid/Haaland, 1996). Die durch die diskriminierende Liberalisierung verursachte Produktionsumlenkung hat die Kapi-

---

[50] Eine erhöhte Produktvielfalt muß nicht mit Wohlfahrtssteigerungen gleichbedeutend sein, da Produzenten Konsumentenrenten nicht berücksichtigen (vgl. Dixit/Norman, 1994, 4. Kapitel). In dieser Arbeit wird davon ausgegangen, daß Produktvielfalt die Wohlfahrt erhöht.

[51] Für eine ähnlich Argumentation vgl. J. Donges/Freytag/Zimmermann (1997, S. 572 f.).

talnachfrage innerhalb der EU erhöht und in den EFTA-Staaten reduziert. Letztlich hat dies zu Wohlfahrtsgewinnen innerhalb des Integrationsraumes geführt und zu Verlusten außerhalb. Dabei hängt das genaue Ausmaß der Verluste für die restliche Welt auch davon ab, inwieweit Gewinne zurücktransferiert werden können.

Als eine Variante der Investitionsumlenkung kann das Tariff jumping betrachtet werden, d.h. das Umgehen von Handelsschranken durch Direktinvestitionen. Dabei wird implizit von einem Substitutionsverhältnis zwischen Exporten und Direktinvestitionen ausgegangen, wie es insbesondere die ältere Literatur angenommen hat (vgl. Blomström/Kokko, 1997, S. 3 f.). Zwei Arten sind denkbar. Entweder werden bestehende Handelsschranken umgangen oder zukünftige werden antizipiert. Im zweiten Fall wird vom antizipatorischen Tariff jumping gesprochen (vgl. Bloningen/Feenstra, 1996, S. 7 f.). Es kann relevant sein, wenn der Aufbau eines neuen Netzwerkes zeitintensiv ist. Werden nicht rechtzeitig Direktinvestitionen getätigt, ist es möglich, daß Marktanteile verloren gehen, die nur schwer wiedergewonnen werden können. Z.B. hat die Ankündigung des Binnenmarktprojektes in Europa zu hohen Investitionsströmen aus Japan geführt. Die Angst vor einer „Festung Europa" war Ende der achtziger Jahre ein wichtiger Beweggrund für japanische Unternehmungen, um in Europa zu investieren (vgl. UNCTAD, 1996, S. 47). Dies galt vor allem für die Automobilbranche. Ähnliches läßt sich für Investitionen in die USA zeigen (vgl. WTO, 1996, S. 51).

Allerdings geht der größte Teil der neueren Literatur davon aus, daß zumindest ab Anfang der neunziger Jahre Direktinvestitionen in die EU flossen, um die Vorteile aus dem größeren regionalen Markt und den niedrigeren Produktionskosten der südlichen Länder auszunutzen (vgl. UNCTAD, 1996, S. 47; Nunnenkamp, 1996, S. 15; Klodt/Maurer, 1996, S. 17; Blomström/Kokko, 1997, S. 3). Dafür spricht auch, daß bei Tariff jumping mit dem Abbau intraregionaler Handelsbarrieren die intraregionalen Investitionsströme zurückgehen müßten. Dies steht im Widerspruch zu den deutlich angestiegenen intraregionalen Direktinvestitionen in Europa (vgl. Nunnenkamp, 1996, S. 15). Demnach ist zwar das Umgehen von Handelsschranken nicht von der Hand zu weisen, doch stellt es zumindest heute nicht mehr die Hauptursache der Direktinvestitionen in den europäischen Integrationsraum dar.

c) Verteilung der Direktinvestitionen im Raum: Neben dem bisher bekannten Umverteilungsproblem aus dem Merkantilismusbias kann ein zweites intraregionales Umverteilungsproblem aufgrund der Investitionen entstehen. (Regionale) Investitionsschaffung bedeutet nicht zwangsläufig, daß alle Mitgliedsländer im gleichen Maße daran partizipieren. Somit läßt sich die Zollunionstheorie mit der Zentrum-Peripherie-Debatte verbinden.[52] Für mögliche Aussagen muß unterschieden werden, ob der Handel aufgrund komparativer Vorteile oder steigender Skalenerträge entsteht. Bei komparativen Kostenvorteilen werden primär die südlichen Länder gewinnen und Kapital anziehen (vgl. OECD, 1995, S. 83). So

[52] Die Location-Theorie hat insbesondere durch Krugman (1991) stark an Bedeutung gewonnen. Einen Überblick über die „New Economic Geography" bieten Ottaviano/Puga (1997).

konnten Spanien und Portugal durch ihren Beitritt in die EG deutlich von der Investitionsumlenkung profitieren (vgl. Baldwin/Forslid/Haaland, 1996). Dies läßt sich aus den bisherigen Ergebnissen ableiten. Bei arbeitsintensiven Gütern bzw. standardisierten Massenindustriegütern kommen ihnen gegenüber den nördlichen Mitgliedsstaaten die geringeren Arbeitskosten zugute. Anders sieht dies möglicherweise bei differenzierten Gütern aus. Liegen positive externe Effekte auf den vor- und nachgelagerten Märkten vor, wird die Agglomeration begünstigt (vgl. Puga/Venables, 1995, S. 2).[53] Unterregionen[54] im Zentrum bzw. in den sogenannten Kernländern können durch die Einführung einer Zollunion stärker Kapital anziehen als die peripheren Bereiche. Untersuchungen der Vereinigten Staaten haben eine deutliche Zentrum-Peripherie-Struktur ergeben (vgl. Krugman, 1991). Werden die USA als Maßstab für einen weitgehenden Integrationsraum herangezogen, sind auch bei Integrationsgemeinschaften wie der EU weitere Konzentrationsprozesse nicht ausgeschlossen (vgl. Brülhart/Torstensson, 1996).

Die EU ist aber noch lange nicht als ein einheitlicher, nichtsegmentierter Markt anzusehen. Die in vielen Branchen immer noch existierenden Preisunterschiede, die sich nicht durch Transportkosten erklären lassen, belegen dies. Demnach hat die bisherige europäische Integration erst zu einem Abbau, nicht zu einer vollkommenen Beseitigung der politischen Handelsbarrieren geführt. Die Bildung einer Zollunion verringert für alle Mitgliedsländer die Handelskosten relativ zu den Anbietern aus der restlichen Welt. Daher gewinnen alle Unterregionen an relativer Wettbewerbsfähigkeit bei der Produktion von Gütern mit steigenden Skalenerträgen. Dies folgt aus dem oben beschriebenen Production-shifting. Die peripheren Gebiete können ihren relativen Nachteil gegenüber dem Zentrum durch ihre gestiegene Wettbewerbsfähigkeit gegenüber der restlichen Welt kompensieren. Dabei verteilen sich die Unternehmungen über die ganze Union. Der intraindustrielle Handel nimmt zu. Sinken die Handelskosten weiter, z.B. durch die gegenseitige Anerkennung von Standards, lohnt es sich aufgrund des Home market-Effektes immer stärker, im Zentrum zu produzieren und in die peripheren Unterregionen zu exportieren. Die Randregionen spezialisieren sich stärker auf Güter, deren Herstellung relativ geringe Skalenerträge aufweist. Die Konzentration und damit der interindustrielle Handel zwischen dem Zentrum und der Peripherie nehmen zu. Bei einem solchen Ergebnis würden innerhalb einer Zollunion wieder Verteilungsprobleme entstehen. Hier kann zwar nicht mehr von einem Merkantilismusbias gesprochen werden, doch ist nicht auszuschließen, daß die Gewinne aus der regionalen Integration ungleich verteilt werden.

Empirisch wird eine Zentrum-Peripherie-Struktur in der EU nur bedingt bestätigt (vgl. Brülhart/Torstensson, 1996, S. 14 f.). Es hat eine Konzentration der Branchen mit hohen Skalenerträgen in den Kernländern stattgefunden. In den achtziger Jahren hat zwar die Konzentration weiter zugenommen, doch kann kein Bias zugunsten des Zentrums festgestellt werden, im Gegenteil. Die immer noch

[53] Im Gegensatz zu den bisher diskutierten internen Skalenerträgen spielen jetzt auch externe eine Rolle. Bei externen steigenden Skalenerträgen hängen die durchschnittlichen Stückkosten einer Unternehmung von der Ausbringungsmenge einer Branche ab. Im Vordergrund steht dabei das „Know how“ (vgl. Ludwig, 1996, S. 38 f.).

[54] Unterregionen können auch länderübergreifend sein.

existierenden Preisunterschiede sprechen dagegen, dieses Ergebnis mit der schon vollendeten Integration zu erklären. Somit bleiben mehrere Möglichkeiten.

Erstens können immer noch bedeutende Handelskosten bestehen. In diesem Fall wäre erst in der Zukunft mit einer fortschreitenden Konzentration im Zentrum zu rechnen. Zweitens wurden Agglomerationsnachteile bisher vollkommen vernachlässigt. Spätestens bei einer vollkommenen Spezialisierung wird die erhöhte Nachfrage nach Arbeit nur noch bei steigenden Löhnen befriedigt werden können. Eine wichtige Rolle spielt dann die Mobilität der Arbeitnehmer (vgl. Puga, 1997). Bei einer relativ hohen Mobilität reichen dem Arbeitnehmer schon kleine Reallohndifferentiale, um seinen Arbeitsplatz und -ort zu wechseln. Die Agglomeration nimmt zu. Bei einer relativ geringen Mobilität dagegen, wie sie in einem internationalen Umfeld wahrscheinlich ist, bleiben Lohndifferentiale bestehen. Durch den garantierten Marktzutritt bei gleichzeitig deutlich geringeren Arbeitskosten, sind auch die peripheren Länder in der Lage, Marktanteile zurückzuerobern. Der Grund liegt darin, daß bei sinkenden Handelskosten und zunehmenden Agglomerationsnachteilen Unterschiede in den Produktionskosten immer bedeutender werden (vgl. Puga/Venables, 1995, S. 21 f.; Venables, 1996, S. 30). Sind die externen Effekte auf den vor- und nachgelagerten Märkten deutlich ausgeprägt, kann in den peripheren Ländern ein schneller Aufholprozeß einsetzen (vgl. Puga/Venables, 1996).

Was bleibt von der neuen Außenhandelstheorie im Zusammenhang mit regionalen Integrationsräumen festzuhalten? Durch die Betrachtung von Marktunvollkommenheiten ergeben sich neue Gewinnpotentiale von Zollunionen, insbesondere durch den Wettbewerbseffekt. Der Zusammenschluß zu einer regionalen Integrationsgemeinschaft kann helfen, verkrustete Marktstrukturen aufzubrechen. Im Gegensatz zum Standardansatz kann unter der Berücksichtigung von Marktunvollkommenheiten der Weg der regionalen Integration zumindest der einseitigen Liberalisierung überlegen sein. Ob die daraus möglichen Gewinne sich gleichmäßig verteilen werden oder nicht, läßt sich nicht eindeutig klären. Weder die Theorie noch die Empirie kann die eine oder andere Position ausschließen.

Die Analyse von Marktunvollkommenheiten erhöht aber auch das Verlustpotential für die restliche Welt. Bei dem immer mobiler werdenden Realkapital können Nichtmitglieder negativ von Investitionsumlenkung betroffen werden. Daher ist nicht auszuschließen, daß regionale Integrationsgemeinschaften durch umgeleitete Direktinvestitionsströme die Wachstumschancen von Drittstaaten beeinträchtigen. Die theoretische Zweischneidigkeit einer diskriminierenden Liberalisierung wird demnach auch durch die neue Außenhandelstheorie nicht aufgehoben.

6. Überlappende Integrationsgemeinschaften

Um die Analyse der Wohlfahrtseffekte abzuschließen, soll zum Schluß noch eine immer bedeutender werdende Spielart von regionalen Integrationsgemeinschaften diskutiert werden: „Hub and Spoke"-Abkommen (vgl. Abb. I.11). Hierbei handelt es sich um ein Konstrukt überlappender regionaler Abkommen. „Hub" ist das Zentrum dieses Systems, während die „Spokes" die Randregionen verkörpern. Während das Zentrum mit allen „angeschlossenen" Ländern durch Handelsabkommen verbunden ist, gilt dies nicht immer für die Spokes" untereinander (vgl. Blackhurst/Anderson, 1993, S. 424).

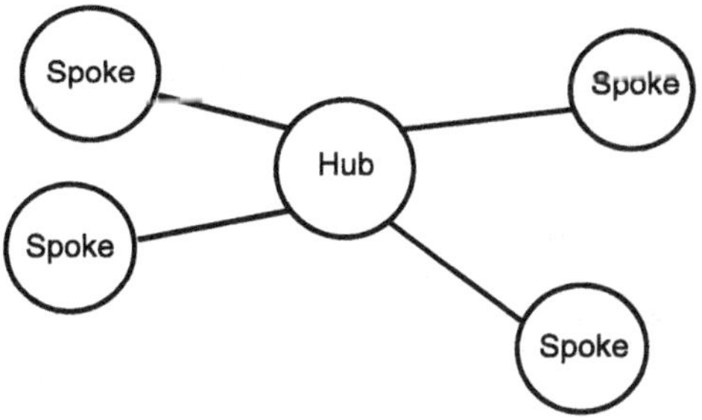

Abb. I.11 Hub and Spoke-System

Solche Systeme sind in der Weltwirtschaft stark verbreitet. Allein die EU hat bis auf die USA, Kanada, Japan, Australien und Neuseeland mit allen Unterzeichnern des GATT-Vertrages handelspolitische Arrangements in verschiedenen Variationen abgeschlossen (vgl. Lloyd, 1996, S. 38). Die Handelsstruktur der EU ist ein Paradebeispiel für ein Hub and Spoke-System (vgl. Tabelle 0.4). Auch die USA haben sich in Amerika, dem asiatisch-pazifischen Raum und Israel ein Geflecht aus Präferenz- und Freihandelsabkommen geschaffen. Hub and Spoke-Systeme verstärken die protektionistischen Effekte diskriminierender Liberalisierung und gehen meist zu Lasten der Randländer. Ein besonderes Merkmal solcher Systeme ist, daß sie häufig nur einen kleinen Bereich von Gütern und Dienstleistungen abdecken (vgl. Snape, 1996, S. 60).

Drei negative Effekte sind für die Spokes zu erwarten. Erstens steigt die Gefahr der Handelsumlenkung weiter an. Das Zentrum hat Zugang zu allen Märkten, die restlichen Länder dagegen nur zum Zentrum. Für die Spokes hängt viel davon ab, ob die verschiedenen bilateralen Abkommen komplementär oder substitutiv zueinander stehen (vgl. Kowalczyk/Wonnacott, 1992, S. 15 ff.). Bei komplementären Abkommen folgt aus einem erhöhten Handel zwischen dem Zentrum und einem Vertragspartner ein höherer Handel mit dem anderen Partner. Substitutive Abkommen stehen in einem negativen Verhältnis zueinander.

Zweitens erhöht dieses System die Anreize zur Investitionsumlenkung (Baldwin, 1994, S. 132 ff.; Puga/Venables, 1995, 17 f.). Die Gründe ergeben sich aus dem bereits diskutierten Production-shifting und der Zentrum-Peripherie-Debatte. Der garantierte Marktzutritt in alle angeschlossene Länder reduziert die Handelskosten für Unternehmungen, die sich im Zentrum ansiedeln. Anbieter aus dem Hub können Konsumenten günstiger bedienen als Anbieter aus den Spokes. Damit erhöhen sie ihre Marktanteile. Krugman (1993a) bezeichnet dies als den sogenannten „Hubeffekt". Ob sich insgesamt die Investitionen ins Zentrum erhöhen, ist nicht eindeutig, da ein Hub and Spoke-System insgesamt weniger Investitionen anziehen wird als eine Freihandelszone. Sicher ist, daß die Spokes verlieren. Dies beeinträchtigt die Aufholchancen von Entwicklungs- und Schwellenländern, welche meistens die peripheren Länder sind. Um erhöhte Handels- und Investitionsumlenkung abzuwehren, können Spokes untereinander Handelsabkommen abschließen. Doch ist ein solches Konstrukt nicht gleichbedeutend mit einer einheitlichen Zollunion bzw. Freihandelszone. Und auch eine nachträglich gebildete Zollunion kann für aufstrebende Länder zu spät kommen, wenn ausgeprägte Skalenerträge und Agglomerationsvorteile vorherrschen. Ein Hub and Spoke-System hätte dann langfristig Schäden für die Schwellenländer verursacht (vgl. R. Wonnacott, 1996, S. 247).

Drittens verschärft sich die Problematik der Ursprungsregeln in Hub and Spoke-Systemen. Zunächst steigen die administrativen Kosten insbesondere bei Spoke-Spoke-Handel weiter an, sofern nicht alle Abkommen dieselben Ursprungsregeln anwenden. Zusätzlich werden Ressourcen durch ineffiziente Handelswege verschwendet, wenn die verschiedenen Spokes den Handel zunächst über das Zentrum lenken (vgl. R. Wonnacott, 1996a, S. 244). Dies wird insbesondere dann deutlich, wenn nicht nur ein System isoliert betrachtet wird, sondern eine Vielzahl von Systemen, die untereinander verbunden sind.

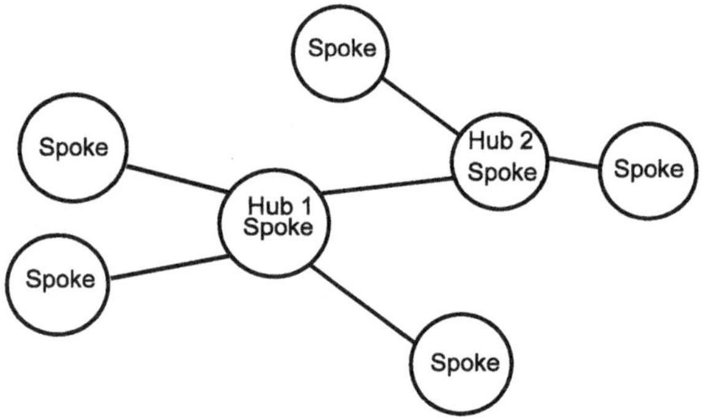

Abb. I.12: Überlappende Hub and Spoke-Systeme

Eine solche Verflechtung wird auch „spaghetti bowl" genannt (vgl. Barfield, 1996, S. 144). Jedes System setzt andere Ursprungsregeln oder Local content-Anforderungen. In Abbildung I.12 ist Hub 1 das Zentrum eines Systems und gleichzeitig ein Spoke für Hub 2. Die Bestimmung der zollfrei zu handelnden Güter und Dienstleistungen wird immer schwieriger. Dadurch wird, wie gesehen, die Gefahr der Handelsumlenkung verschärft. Auch benachteiligen Ursprungsregeln kleinere Mitgliedsländer (vgl. P. Wonnacott, 1996, S. 92). Einer Unternehmung bleibt immer die Möglichkeit offen, zu den Meistbegünstigungszöllen zu exportieren, falls die administrativen Kosten zu hoch sein sollten. Die Größe eines Marktes kann dann eine Rolle spielen für die Standortwahl einer Unternehmung. Es ist vorteilhaft für eine Unternehmung, im größten Markt zu produzieren, dort den größten Teil des Outputs abzusetzen und nur noch einen Teil der Waren zollbelastet zu exportieren. Auch von dieser Seite ist wieder mit Investitionsumlenkung zu rechnen.

Für die peripheren Länder stellt ein Hub and Spoke-System relativ zu einer umfassenden Freihandelszone eine schlechte Variante dar. Die Stellung von Spokes läßt sich vergleichen mit der Stellung von Ländern, die nicht an einer Freihandelszone teilnehmen dürfen (vgl. P. Wonnacott, 1996, S. 90). Wenn die peripheren Länder regionale handelspolitische Arrangements schließen wollen, dann müssen sie vermeiden, eine Art Mitglied zweiter Klasse zu werden. Das Hub and Spoke-System betont die negative Seite der diskriminierenden Liberalisierung. Vorteile, die ein kleines Land durch die Marktöffnung eines großen erlangen kann, werden gemindert. Die häufig von den USA oder der EU gegenüber den neuen Industrienationen bzw. den Schwellenländern erhobene Forderung des „level playing fields" kehrt sich um. Die von den etablierten Industrieländern praktizierte Handelspraxis weist einen klaren Bias zu ihren Gunsten aus. Falls das Zentrum tatsächlich von einer solchen Handelskonstellation gewinnen sollte, was nicht sicher ist, geht dies eindeutig zu Lasten der Spokes (vgl. R. Wonnacott, 1996a, S. 242). Trotzdem muß für das Zentrum ein Hub and Spoke-System einer umfassenden Zollunion nicht überlegen sein (vgl. Kowalczyk/R. Wonnacott, 1992, S. 23 ff.). Das Zentrum kann gegenüber den einzelnen Handelspartnern keine Zölle mehr erheben. Daher muß es die möglichen entgangenen Terms of Trade-Gewinne aufgrund der regionalen Liberalisierung und die geringere Nachfrage aus den Spokes abwägen gegen die Gewinne aus Handels- und Investitionsumlenkung. Unabhängig vom konkreten Ergebnis verdeutlichen Hub and Spoke-Systeme, daß es nicht darum geht, eine Zollunion in das multilaterale Handelssystem zu integrieren, sondern daß möglicherweise regionale Integration langfristig inkompatibel mit der multilateralen Integration sein kann. Dies wird in Teil II vertieft.

7. Zwischenresümee I

Teil I hat die Allokationswirkungen von regionalen Integrationsgemeinschaften diskutiert. Hierbei wurden verschiedene Ansätze basierend auf vollkommener Konkurrenz und auf unvollkommener Konkurrenz unterschieden. Aus dem Standardansatz läßt sich die Grundaussage der Zollunionstheorie ableiten: Diskriminierende Liberalisierung führt zu wohlfahrtserhöhenden handelsschaffenden Effekten und zu wohlfahrtsmindernden handelsumlenkenden Effekten. Zusätzlich folgt aus der regionalen Integration ein Merkantilismusbias. Nimmt das Handelsvolumen der Mitgliedsstaaten schon vor der Bildung eines Integrationsraumes ein bedeutendes Ausmaß an, sind die Umverteilungspotentiale nicht zu unterschätzen. Während eine kleine Zollunion keinen Einfluß auf die Wohlfahrtssituation der restlichen Welt ausübt, ändert sich dies bei großen Integrationsräumen. Eine große Zollunion kann die Terms of Trade beeinflussen. Dabei muß die Zollunion keine Optimalzollpolitik verfolgen. Auch bei konstanten externen Zöllen muß der Rest der Welt Verluste in Kauf nehmen.

Den Freihandelszonen sind bestimmte Effekte eigen, die sie von Zollunionen unterscheiden. In einer Freihandelszone ohne Ursprungsregeln führt die Handelsablenkung zu einer Nivellierung der externen Zölle nach unten. Aufgrund des Wettbewerbs um Zolleinnahmen ist es möglich, daß das externe Zollniveau sogar unter das ursprünglich niedrigste fällt. Dies ist insbesondere für die restliche Welt gegenüber einer Zollunion ein großer Vorteil. Auch mit Ursprungsregeln sind die Arbitragemöglichkeiten nicht ausgeschlossen. Aufgrund von Produktionsablenkung ist es möglich, daß Hochzolländer ihre externen Barrieren senken müssen. Allerdings bleibt das Ausmaß deutlich hinter dem Fall ohne Ursprungsregeln zurück. Zusätzlich sind Ursprungsregeln inhärent protektionistisch. Sie erlauben es, die effektive Protektion von einem Land in ein anderes zu „exportieren". Unter diesem Gesichtspunkt ist eine Freihandelszone einer Zollunion aus globaler Sicht unterlegen, auch wenn sich innerhalb einer Integrationsgemeinschaft einzelne Mitgliedsländer besser stellen können.

Die neue Außenhandelstheorie verläßt den neoklassischen Rahmen der vollkommenen Konkurrenz, und monopolistische sowie oligopolistische Marktstrukturen innerhalb des Integrationsraumes werden zugelassen. Im Gegensatz zu den traditionellen Ansätzen lassen sich durch regionale Integration größere Gewinnpotentiale ausmachen. Regionale Integration kann zu positiven Wettbewerbseffekten führen. Die Vergrößerung des Marktes erlaubt die Ausnutzung steigender Skalenerträge. Dadurch sinken die Kosten für die inframarginalen Einheiten, und die gesamte Ausbringungsmenge vergrößert sich. Zusätzlich profitieren Konsumenten von einer größeren Produktvielfalt. Diese Ansicht scheinen wichtige empirische Studien wie z.B. der Cecchini-Report zu belegen. Diese Schätzungen sind aber mit großer Vorsicht zu betrachten. Die Ergebnisse in den Modellen des unvollständigen Wettbewerbs sind sehr sensitiv gegenüber den Modellannahmen. So stehen die geschätzten Einkommensgewinne zur Vollendung des Binnenmarktes in keinem Verhältnis zu der tatsächlichen Einkommensentwicklung innerhalb der EU.

Aus regionaler Sicht entstehen unter der Berücksichtigung der Investitionsumlenkung Vorteile gegenüber der multilateralen Liberalisierung. Regionale Integrationsgemeinschaften können Kapital aus der restlichen Welt zu sich lenken und dadurch bessere Beschäftigungs- und Wachstumsbedingungen schaffen, wenn auch zum Teil zu Lasten der restlichen Welt. Interne Verteilungsprobleme werden auch innerhalb der neuen Außenhandelstheorie nicht beseitigt. Kernländer können von der Investitionsschaffung und -umlenkung stärker profitieren als periphere Mitglieder. Verstärkt wird dies bei Hub and Spoke-Systemen. Für die „angeschlossenen" Länder ist dies die denkbar schlechteste Form der regionalen Integration.

Alles in allem sind weder die traditionellen Ansätze noch die Modelle der neuen Außenhandelstheorie in der Lage, a priori eindeutige Aussagen über Wohlfahrtsentwicklungen zu geben. Letztlich müssen immer handelsschaffende, handelsumlenkende und Terms of Trade-Effekte gegeneinander abgewogen werden. Bei der Vielzahl an Beiträgen und Effekten ist es sinnvoll, zum Abschluß noch einmal die wichtigsten Effekte kurz tabellarisch darzustellen (vgl. Tabelle I.2).

Die hier beschriebenen komparativ-statischen Ansätze helfen, die direkten Auswirkungen von Integrationszonen zu analysieren. Ohne die Kenntnis dieser Ergebnisse ist eine Diskussion aus multilateraler Sicht über den Sinn von regionalen Integrationsräumen als Liberalisierungsinstrument gar nicht möglich. Wichtig ist es jedoch, Handelsabkommen dynamisch zu betrachten. Daher müssen auch Erweiterungen und Vertiefungen bestehender regionaler Handelsabkommen und die davon ausgehenden Auswirkungen untersucht werden. Ein Blick auf die EU zeigt, daß es sich hier um einen bedeutenden Aspekt handelt, ist die Gemeinschaft doch von sechs auf fünfzehn Mitglieder angewachsen. Ähnlich viele Staaten Mittel- und Osteuropas verharren in der Warteschlange. Es geht also um die Frage, ob regionale Integrationsgemeinschaften langfristig Stolpersteine oder Bausteine für eine liberale Welthandelsordnung darstellen. Dies soll im folgenden Teil II diskutiert werden.

Effekt	**Wohlfahrtswirkung**
Handelsumlenkung	Wohlfahrtsverluste aus Produktions- und Konsumineffizienzen. Eine effiziente externe Bezugsquelle wird durch eine real teurere Bezugsquelle eines Partnerlandes substituiert.
Handelsschaffung	Wohlfahrtsgewinne aus Produktions- und Konsumeffizienzsteigerungen. Eine relativ teure Eigenproduktion wird durch günstigere Güter aus dem Partnerland substituiert. Das inländische Konsumpreisverhältnis nähert sich dem Preisverhältnis auf dem Weltmarkt an.
Handelsvolumen-effekt	Bei einer kleinen Zollunion und konstanten Skalenerträgen erhöht sich die Wohlfahrt, wenn das mit Zöllen gewichtete Importvolumen ansteigt.
Handelskosten-effekt	Werfen Handelsbarrieren keine Renten ab, steigt die Wohlfahrt durch die Senkung der mit den Importen gewichteten Zolläquivalente.
Import Pattern-Effekt	In der Ausgangslage wurden verschiedene substitutive Importquellen mit unterschiedlichen Zöllen belastet. Bei Bildung einer Integrationsgemeinschaft ändern sich die relativen Importpreise. Ineffizienzen beim Konsum von verschiedenen Importgütern können reduziert werden.
Terms of Trade-Effekt	I.d.R. wird bei Handelsumlenkung der Intraunionshandel steigen, der Interunionshandel fallen. Dies führt zu einer Verbesserung der Terms of Trade einer großen Zollunion.
Merkantilismusbias	Aufgrund der diskriminierenden Handelspolitik verliert das Präferenzen gewährende Land und gewinnt das Präferenzen erhaltende Land.
Handelsablenkung	a) Externe Spezieller Effekt einer Freihandelszone. Güter werden zunächst in das Mitgliedsland mit dem geringsten Außenschutz exportiert. Anschließend erfolgt der Weiterexport in das eigentliche Bestimmungsland. b) Interne Werden durch Ursprungsregeln Reexporte unterbunden, bleiben Arbitragemöglichkeiten bei unterschiedlichen Produzentenpreisen. Anbieter aus dem Land mit niedrigen Zöllen setzen ihre Produktion in dem Land mit hohen Zöllen ab.
Handelsunter-drückung	Erweiterung der Handelsumlenkung bei steigenden Skalenerträgen. Die Vergrößerung des Marktes erlaubt es „Unionsproduzenten", die Produktion überhaupt erst aufzunehmen - auch wenn die Güter aus dem Rest der Welt ohne Zollschutz günstiger sind.
Kostenreduzierungs-effekt	Durch die Vergrößerung des Marktes kann bei steigenden Skalenerträgen das bereits hergestellte Produktionsvolumen zu günstigeren Durchschnittskosten produziert werden.
Production-shifting	Eine Zollunion verringert die Kosten der Unionsproduzenten und erhöht die der restlichen. Bei konstanten Produzentenpreisen erhöhen sich die Anzahl an Unternehmungen und die Produktvielfalt innerhalb der Union zu Lasten der Länder außerhalb.
Wettbewerbseffekt	Extreme Marktmachtpositionen werden abgebaut. Der durchschnittliche Aufschlag sinkt, die gesamte Ausbringungsmenge steigt.

Tab. I.2: Wohlfahrtseffekte durch regionale Integrationsgemeinschaften

Teil II: Führen regionale Integrationsgemeinschaften durch kumulative Prozesse zu Freihandel?

1. Das Problem

Der folgende Teil II nimmt sich der Frage an, ob regionale Integrationsgemeinschaften langfristig den Weg ebnen, um eine freie und faire Welthandelsordnung aufzubauen. Dabei bezieht sich Fairneß darauf, daß Dritte durch Präferenzräume keinen Schaden erleiden, der sich nicht aus den Kräften des Wettbewerbs ergibt. Es geht also um die von Bhagwati treffend formulierte Frage: Sind regionale Integrationsgemeinschaften Bausteine oder Stolpersteine einer liberalen Welthandelsordnung (vgl. Bhagwati/Panagariya, 1996a, S. 84)? Zur besseren Illustration dient die „bereinigte" Abbildung II.1 aus der Einführung dieser Arbeit.

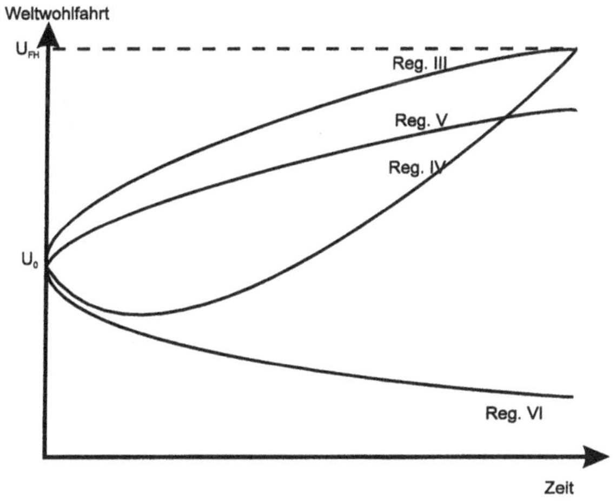

Abb. II.1: Zeitpfade

In einem ersten Schritt wird, aufbauend auf den bisherigen Ergebnissen, ein Referenzrahmen aufgestellt. Unter der Voraussetzung, daß Freihandel zum jetzigen Zeitpunkt nicht möglich ist, soll durch regionale Integration zumindest eine kontinuierliche Verbesserung der Weltwohlfahrt erreicht werden. Dies entspricht dem Regionalismuspfad III. Die anschließenden Kapitel untersuchen, inwieweit die Erfordernisse des Referenzrahmens mit dem Wohlfahrtsmaximierungskalkül der Integrationsgemeinschaften übereinstimmen oder kollidieren. Im dritten Kapitel wird zunächst mit Hilfe symmetrischer Modelle untersucht, ob bei Kollision der Interessen zumindest noch der Regionalismuspfad IV möglich ist. Die folgenden asymmetrischen Erweiterungen behandeln diskutieren die optimale Größe einer Integrationsgemeinschaft und damit die Offenheit. Hier sind die Regionalismuspfade V und VI nicht auszuschließen. Die spieltheoretische Analyse soll im vierten Kapitel helfen, einige Aspekte zu untersuchen, die mit den traditionellen Modellen nicht abgedeckt werden. Dazu zählt auch die Tatsache, daß erstens internationale Verträge nur schwer sanktioniert werden können und daß zweitens Abkommen nicht von heute auf morgen ausgehandelt und vollständig implementiert werden können.

2. Ein Referenzrahmen

Die Diskussion um die allokativen Effekte hat gezeigt, daß regionale Integrationszonen durchaus positive Wohlfahrtseffekte hervorrufen können. Dies gilt in erster Linie für die teilnehmenden Länder. Die restliche Welt profitiert von regionalen Integrationszonen, wenn diese positiven Wohlfahrtseffekte zu Einkommenszuwächsen führen, welche sich auch in einer erhöhten Nachfrage nach Gütern aus dem Rest der Welt niederschlagen. Hierbei wird von externer Handelsschaffung gesprochen (vgl. McCalla, 1992, S. 79). Gleichwohl ist nicht auszuschließen, daß aufgrund der relativen Diskriminierung die restliche Welt per Saldo geschädigt wird. Es sind diese Gefahren, denen von vornherein aus dem Weg gegangen werden muß. Schließen sich Staaten zu einer wohlfahrtsmindernden Zollunion zusammen, ohne negative Externalitäten freizusetzen, werden zumindest keine Dritten geschädigt. In diesem Kapitel stehen rein ökonomische Aspekte im Vordergrund. Auf die Betrachtung von politisch gewollten, aber für die beteiligten Länder ökonomisch sehr schädlichen Integrationsräumen wird daher verzichtet. Dies wird durch die beobachtbare Tatsache gerechtfertigt, daß Integrationsräume, die zu immensen internen wirtschaftlichen Verfehlungen führen, langfristig keine Chance zum Überleben haben (vgl. P. Wonnacott/Lutz, 1989, S. 61; OECD, 1995, S. 25). Insbesondere die während der ersten Regionalismuswelle in den fünfziger und sechziger Jahren zwischen Entwicklungsländern gebildeten Integrationsgemeinschaften legen hierfür Zeugnis ab. Damit bleibt die Maximierung der regionalen Wohlfahrt weiterhin das Hauptanliegen der benevolenten Politiker.

Ein Modell gemäß dem Regionalismuspfad III, welches die regionale Wohlfahrt erhöht, nicht zu Lasten der restlichen Welt geht und ein Motor für weitere weltweite Liberalisierungsschritte darstellt, muß verschiedenen Anforderungen genügen (vgl. Nunnenkamp, 1993, S. 14). Intern gilt es, die Handelsschaffung zu maximieren und die Handelsumlenkung zu minimieren oder, wenn möglich, zu vermeiden. Extern steht im Vordergrund, Terms of Trade-Verluste der restlichen Welt aufgrund der Diskriminierung auszuschalten. Um das Endziel des weltweiten Freihandels nicht aus den Augen zu verlieren, dürfen regionale Integrationsräume keine geschlossenen exklusiven Clubs darstellen. Die Analyse des aktuellen Artikels XXIV GATT zeigt, daß diese Anforderungen in der Praxis nicht gestellt werden.

2.1 Das GATT/WTO-System und der Artikel XXIV

a) Das GATT-Prinzip: Nichtdiskriminierung: Die Weltwirtschaft ist nicht durch Freihandel gekennzeichnet. Daher ist der Vergleich zwischen den Prozessen einer multilateralen, nichtdiskriminierenden und einer regionalen, diskriminierenden Liberalisierung ein Vergleich zwischen zwei Second-best-Welten. Allerdings führt der Prozeß der multilateralen Integration nicht zu den zweideutigen Ergebnissen der regionalen Integration. Das Hauptprinzip des GATT-Vertrages ist die Nichtdiskriminierung (vgl. Hauser/Schanz, 1995, S. 11). Nichtdiskriminierung bezieht sich dabei auf zwei Relationen. In der Regel wird Nichtdiskriminierung mit der unbedingten Meistbegünstigungsklausel gleichgesetzt (Artikel I GATT). Die unbedingte Meistbegünstigungsklausel bewirkt, daß die Gewährung einer Begünstigung an ein Land automatisch allen GATT/WTO-Mitgliedern zugute kommt. Nichtdiskriminierung bedeutet auch, daß ausländische Güter, wenn sie die Handelsschranken übersprungen haben, den inländischen gleichgestellt werden.[55] Dies wird Inländerbehandlung genannt und im Artikel III GATT geregelt. Im Zuge der zunehmenden Bedeutung nichttarifärer Hemmnisse wird dieser zweite Aspekt immer wichtiger. Wenn im folgenden über Diskriminierung bzw. Nichtdiskriminierung diskutiert wird, steht die Meistbegünstigung im Vordergrund.

Bei jeder handelspolitischen Regelung muß der ökonomische Sinn hinterfragt werden, so auch bei der Meistbegünstigung. Obwohl Freihandel unter den meisten Außenhandelstheoretikern als das anzustrebende Ziel gilt, wird in der Realität der Güteraustausch durch eine Vielzahl von Barrieren behindert. Die Meistbegünstigungsklausel könnte helfen, die durch Restriktionen verursachten Verzerrungen der relativen Preise zu minimieren. Dem ist nicht immer so. In einer Welt des Zweitbesten versteht es sich nicht von selbst, daß eine Gleichbehandlung aller Angebotsquellen optimal ist (vgl. Snape, 1993, S. 273 f.). Analog zur Ramsey-Regel der optimalen Besteuerung hängt die optimale Zollpolitik ab von den Angebots- und Nachfrageelastizitäten. Daher liegt der Vorteil der Nichtdiskriminierung an anderer Stelle. Zunächst werden Verhandlungskosten gespart, wenn nicht bilateral über die Höhe von Handelsschranken verhandelt wird. Wichtiger ist es, das Prinzip dynamisch zu verstehen. Ziel einer multilateralen Handelsordnung muß es sein, zu einer offenen und freien Ordnung zu finden. Insofern ist eine Meistbegünstigungsklausel der schnellste Weg, alle Liberalisierungsfortschritte der Gesamtheit zugänglich zu machen (vgl. Hauser/Schanz, 1995, S. 14).

b) Eine Ausnahme: Regionale Integrationsgemeinschaften: Der GATT-Vertrag erlaubt unter bestimmten Bedingungen Abweichungen vom Nichtdiskriminierungsprinzip.[56] Im Zusammenhang mit dieser Arbeit ist der Artikel XXIV GATT von Relevanz. Regionale Integrationsgemeinschaften sind trotz der Verletzung der Meistbegünstigung zulässig, wenn erstens nahezu der gesamte intra-

---

[55] Dienstleistungen und Direktinvestitionen werden nicht durch den GATT-Vertrag abgedeckt. Diese Lücke wird versucht, durch das GATS (General Agreement on Trade in Service), dem TRIMs (Trade Related Investment Measures)- und dem TRIPs (Trade Related Intellectual Property)-Abkommen zu schließen.

[56] Weitere Ausnahmeregelungen gelten z.B. für Entwicklungsländer oder bei Zahlungsbilanzschwierigkeiten (vgl. Hauser/Schanz, 1995, S. 29 ff.).

regionale Handel liberalisiert wird,[57] zweitens das Protektionsniveau nach dem Zusammenschluß in seiner Gesamtheit nicht das vorherige Niveau übersteigt und drittens die Maßnahmen in einer „angemessenen“ Zeit umgesetzt werden (vgl. Hauser/Schanz, 1995, S. 254). Insbesondere die ersten beiden Bedingungen verstehen sich nicht von selbst. Was bedeutet „nahezu der gesamte Handel“? Dies kann qualitativ, d.h. alle Bereiche, oder quantitativ, d.h. das Gesamtvolumen betreffend, verstanden werden. Bei einer qualitativen Interpretation stellt die Agrarwirtschaft häufig einen Streitpunkt in internationalen Verhandlungen dar (vgl. WTO, 1995, S. 13). Dieser Bereich wird meist von der intraregionalen Liberalisierung ausgeschlossen. Doch auch in anderen Wirtschaftsbereichen zeigt sich, daß nicht einmal in der EU, als dem am weitesten integrierten Wirtschaftsraum, der gesamte Handel frei ist. Ansonsten müßte innerhalb der Gemeinschaft, von Transportkosten abgesehen, durchgehend das Gesetz der einheitlichen Preise erfüllt sein (vgl. Lloyd, 1994, S. 25; Lloyd, 1996, S. 44 f.).

Gleichwohl wird in der wissenschaftlichen Literatur angenommen, daß zumindest ursprünglich eine vollständige qualitative und quantitative Liberalisierung gefordert wurde, auch wenn in der Praxis mehr oder wenig offen dagegen verstoßen wird (vgl. Bhagwati, 1993, S. 26). Die Abweichung vom Meistbegünstigungsprinzip wäre nur erlaubt, wenn die Diskriminierung für alle Güter gilt. Die statische Analyse der Wohlfahrtseffekte einer Zollunion zeigt, daß Handelsumlenkung zu erwarten ist, wenn effiziente Anbieter durch ineffiziente ersetzt werden. Die Beachtung des Kriteriums kann mithin zu Wohlfahrtsverlusten führen (vgl. Roessler, 1993, S. 312). Auch stellt sich analog zur Meistbegünstigungsklausel das Problem, daß in einer Welt des Zweitbesten die vollkommene intraregionale Liberalisierung nicht optimal sein muß (vgl. Bhagwati, 1993, S. 25 ff.; Lawrence, 1996, S. 47). Nur wenn die Nachfrage nach Importen aus dem Partnerland unabhängig von der sonstigen Importgüternachfrage ist, führt eine vollständige intraregionale Liberalisierung zu einem Second-best-Optimum (vgl. McMillan, 1993, Endnote 8).[58] Die eigentliche Bedeutung dieser Bestimmung liegt darin, die Latte zur Abweichung von der Nichtdiskriminierung hoch zu hängen, damit Diskriminierung kein tagespolitisches Instrument wird. Wenn Länder vom Multilateralismus abweichen wollen, dann dürfen sie nicht nur einige sektorspezifische Abkommen abschließen, was in den dreißiger Jahren zu einer extrem wohlfahrtsmindernden Segmentierung der Weltwirtschaft führte. Auch muß der Artikel erneut in einem dynamischen Umfeld gesehen werden. Es widerspricht dem Geist des multilateralen GATT-Vertrages, wenn handelspolitische Arrangements erlaubt werden, welche den multilateralen Prozeß der Integration untergraben. Regionale Integrationszonen, die alle intraregionalen Handelsbarrie-

[57] Finger (1993, S. 135 f.) spricht bei der Zulassung von Diskriminierung von einer „Ja, aber-Regel". Demnach ist Diskriminierung nur erlaubt, wenn sie nicht nur marginal, sondern vollständig ist.

[58] Intuitiv wird dies deutlich unter der Annahme, daß es eine innere Lösung für einen Second-best-Zoll gibt. Bei einem deutlichen Zollabbau besteht die Gefahr, diesen Zoll zu unterschreiten und sich von der inneren Lösung fortzubewegen (vgl. Lawrence, 1996, S. 47).

ren abbauen, können dagegen dem globalen Abbau von Handelsbarrieren Vorschub leisten.

Das Kriterium der konstanten externen Protektion soll den handelsverzerrenden Effekten entgegenstehen. Ausreichend ist es nicht. Erstens wurde im Kapitel I.3 gezeigt, daß auch bei einem gleichen absoluten Protektionsniveau Terms of Trade-Verluste für die restliche Welt nicht auszuschließen sind. Die Zölle sind die falsche Bezugsgröße, denn sie beeinflussen die Wohlfahrt nicht direkt, sondern nur indirekt über die Auswirkungen des Handels auf die Konsummöglichkeiten. Zweitens ist der Artikel sehr vage formuliert. Es wird nicht weiter spezifiziert, wie die Protektion gemessen wird und ob die Protektion in jeder einzelnen Gütergruppe nicht ansteigen darf oder nur nicht im Durchschnitt. Dieses Problem wirkt sich in einer Zollunion stärker aus als in einer Freihandelszone, Dies was durch die Abbildungen I.3 und I.6 aus dem vorangegangenen Teil verdeutlicht wird. Während bei der Zollunion der externe Handel gesunken ist, steigt er bei der Freihandelszone aufgrund der Reexporte an. In einer Freihandelszone kann jedes Land - zumindest theoretisch - die externe Handelspolitik unverändert lassen. Je nachdem wie restriktiv Ursprungsregeln formuliert sind, ist es auch möglich, daß das absolute Protektionsniveau infolge der Handelsablenkung sinkt. Bei einer Zollunion werden, wenn nicht alle Zölle auf das niedrigste Niveau angeglichen werden, einige Länder protektionistischer und andere liberaler. Damit werden insgesamt Drittstaaten nicht hinreichend durch den Artikel XXIV GATT geschützt und müssen selbst bei einer GATT-konformen Zollunion Verluste akzeptieren (vgl. Finger, 1993, S. 135).

Mit anderen Worten: Diese Bedingungen greifen aus allokationstheoretischer Sicht eindeutig zu kurz. Die Problematik der Handelsschaffung und der Handelsumlenkung stand bei der Formulierung des Artikels XXIV GATT offensichtlich nicht im Mittelpunkt des Interesses. Nun muß den Begründern des GATT zugute gehalten werden, daß Ende der vierziger Jahre die allokativen Wirkungen von Integrationsgemeinschaften noch nicht hinreichend bekannt waren. Selbst heute führt die Theorie nicht zu eindeutigen Ergebnissen. Will man jedoch regionale Integrationszonen als ein Instrument der globalen Liberalisierung nutzen, sollten zumindest die neuen Erkenntnisse in das GATT-Vertragswerk eingearbeitet werden (vgl. LeClair, 1997, S. 88). Die Zulassungskriterien müssen anders ausgestaltet werden, wenn der Regionalismuspfad III erreicht werden soll. Es gilt, Handelsumlenkung zu vermeiden, die restliche Welt nicht zu schädigen und die dynamischen Vorteile einer kompletten intraregionalen Liberalisierung zu nutzen.

2.2 Anforderungen an einen neuen Artikel XXIV GATT

2.2.1 Das Kemp-Wan-Theorem: Der Ausgangspunkt

Ausgangspunkt ist es, eine Zollunion zu konstruieren, welche dem Paretokriterium genügt.[59] Dies braucht nicht aus benevolenten oder altruistischen Motiven

[59] Die folgenden Ausführungen lehnen sich an M. Donges (1997) an.

heraus resultieren. Wenn Gegenmaßnahmen der restlichen Welt zu erwarten sind, muß eine aggressive Handelspolitik nicht optimal sein (vgl. McCalla, 1992, S. 79). Dies wird in den spieltheoretischen Ansätzen vertieft. Regionale Integrationsgemeinschaften können sowohl Mitgliedsländer als auch Drittstaaten negativ treffen. Zunächst kann ein Land innerhalb einer Zollunion verlieren, wenn es seine Zolleinnahmen aus dem Handel mit Drittstaaten verliert und statt dessen die Güter zu höheren Produzentenpreisen von Partnerländern bezieht. Dies folgt aus der Handelsumlenkung und dem Merkantilismusbias. Der Rest der Welt verliert, wenn Handelsumlenkung zu einer Verschlechterung seiner Terms of Trade führt. Ziel des Kemp-Wan-Theorems ist es, Mitgliedstaaten besser zu stellen, ohne Nichtmitglieder zu schaden.[60] Zwei Bedingungen sind zu beachten: Zum einen muß eine regionale Integrationsgemeinschaft in der Lage sein, die Verlierer innerhalb einer Zollunion zu kompensieren. Zum anderen muß sie mögliche Terms of Trade-Verluste von Drittstaaten ausgleichen.

Die Kemp-Wan-Welt ist ein allgemeines Wettbewerbsgleichgewicht mit den üblichen neoklassischen Annahmen bezüglich der Konsum- und Produktionseigenschaften.[61] In einem ersten Schritt werden gedanklich das externe Handelsvolumen und die weltweiten Terms of Trade „eingefroren". Dabei wird angenommen, daß die restliche Welt vor und nach der Bildung einer Zollunion mit derselben Nettonachfrage und demselben Nettoangebot reagiert (vgl. Richardson, 1995, S. 647).[62] Nach der vollständigen intraregionalen Liberalisierung führt innerhalb der gegründeten Zollunion ein neuer interner Preisvektor zum Ausgleich von Angebot und Nachfrage. Um Drittstaaten nicht schlechter zu stellen als vor der Zollunion, d.h. um Handelsumlenkung zu vermeiden, muß der gemeinsame Zollvektor angepaßt werden.[63] Das externe Handelsvolumen und das Wohlfahrtsniveau der restlichen Welt werden nicht berührt, wenn der neue Zollvektor sich aus der Differenz der alten und neuen internen Preisvektoren ergibt. Dies ist der sogenannte Vanek-Kompensationsvektor (vgl. Richardson, 1995, S. 696). Er bewirkt, daß sich das aggregierte Handelsvolumen zwischen den Mitgliedsländern und dem Rest der Welt vor und nach der Zollunionsbildung nicht unterscheiden. Die zu beachtenden Wohlfahrtswirkungen für die Welt hängen nur noch ab von den Wohlfahrtsänderungen innerhalb der Zollunion. Es entsteht ein ähnliches Ergebnis wie beim abgeleiteten Handelsvolumeneffekt einer kleinen Zollunion. Folgendes Beispiel verdeutlicht dies (vgl. Srinivasan/Whalley/Wooton, 1993, S. 55 f.):

Ausgangslage ist ein Drei-Länder- (A, B, C) und n-Güter-Fall. Die Größe der einzelnen Länder bzw. der Zollunion ist irrelevant. Das Kemp-Wan-Theorem gilt

---

60 Die Grundaussagen lassen sich schon bei Kemp (1964), Vanek (1965) und Ohyama (1972) finden.

61 Für die folgenden Ausführungen vgl. Kemp/Wan (1976, S. 96).

62 Wenn sich die restliche Welt nach der Zollunionsbildung strategisch verhält, ist eine Paretoverbesserung nicht immer möglich (vgl. Richardson, 1995). Eine solche Situation wird hier ausgeschlossen.

63 Daher wird dieses Prinzip auch „tariff-compensating customs-union" genannt (Dixit/Norman, 1994, S. 188).

für alle Zollunionen, d.h. sowohl für kleine als auch große Integrationsräume. Das Inland A und das Partnerland B schließen ein Handelsabkommen. Zur besseren Darstellung wird angenommen, daß die Zölle nur marginal reduziert werden. Die inländische Budgetrestriktion (analog B und C) lautet:

$$e^a(p^a,u^a)=r^a(p^a)+t^a m^a. \tag{II.1}$$

e^a beschreibt die minimalen Ausgaben, die bei einem inländischen Preisvektor p^a das inländische Wohlfahrtsniveau u^a ermöglichen. Dabei ist $p^a=p^w+t^a$, mit p^w als Vektor der Weltmarktpreise und t^a als inländischem Zollvektor. r(.) gibt die beim gegebenen Preisvektor maximal erreichbaren Einnahmen aus der heimischen Produktion wieder. Der letzte Term ($t^a m^a$) stellt die Zolleinnahmen aus den Importen (m^a) aus Land B (m^{ab}) und C (m^{ac}) dar, mit $m^a=m^{ab}+m^{ac}$. Umformungen ergeben:

$$e^a(p^w+t^a,u^a)=r^a(p^w+t^a)+t^a m^a. \tag{II.2}$$

Aus dem totalen Differential und einigen Umformungen folgt:

$$\begin{aligned}&\frac{\partial e^a}{\partial u^a}du^a+\frac{\partial e^a}{\partial(p^w+t^a)}dp^w+\frac{\partial e^a}{\partial(p^w+t^a)}dt^a=\\&\frac{\partial r^a}{\partial(p^w+t^a)}dp^w+\frac{\partial r^a}{\partial(p^w+t^a)}dt^a+t^a dm^a+m^a dt^a.\end{aligned} \tag{II.3}$$

$$\begin{aligned}&\frac{\partial e^a}{\partial u^a}du^a=\left[\frac{\partial r^a}{\partial(p^w+t^a)}-\frac{\partial e^a}{\partial(p^w+t^a)}\right]dp^w+t^a dm^a+\\&\left[\frac{\partial r^a}{\partial(p^w+t^a)}-\frac{\partial e^a}{\partial(p^w+t^a)}\right]dt^a+m^a dt^a.\end{aligned} \tag{II.4}$$

Gleichung (II.4) läßt sich vereinfachen. Erstens führt die Ableitung der Ausgabenfunktion e^a(.) nach dem inländischen Preisvektor gemäß Shephard's Lemma zur inländischen Nachfragefunktion. Zweitens führt die Ableitung der Einnahmefunktion der Unternehmungen r^a(.) nach den Inlandspreisen zur inländische Produktion. Die Differenz zwischen den im Inland produzierten und konsumierten Gütern ergibt die Nettoexporte, die hier als negative Nettoimporte beschrieben werden. Es folgt:

$$\frac{\partial e^a}{\partial u^a}du^a=-m^a dp^w+t^a dm^a-m^a dt^a+m^a dt^a=-m^a dp^w+t^a dm^{ab}+t^a dm^{ac}. \tag{II.5}$$

Gemäß dem Kemp-Wan-Theorem sollen sowohl der ursprüngliche internationale Preisvektor als auch das Handelsvolumen auf dem ursprünglichen Niveau „eingefroren" werden. Damit gilt: $dp^w=dm^{ac}=dm^{bc}=0$. Gleichung (II.5) reduziert sich auf:

$$e_u^a du^a = t^a dm^{ab} . \qquad \text{(II.6)}$$

Für das Partnerland B lassen sich dieselben Schritte wiederholen. Die Änderung der aggregierten Unionswohlfahrt ergibt sich aus der Addition beider Wohlfahrtsänderungen. Es gilt:

$$e_u^a du^a + e_u^b du^b = t^a dm^{ab} + t^b dm^{ba} . \qquad \text{(II.7)}$$

Die Wohlfahrt hängt dann nur ab von der Veränderung des intraregionalen Handelsvolumens. Die Parallele zum Handelsvolumeneffekt einer kleinen Zollunion ist offensichtlich. Bei einer kleinen Zollunion erhöht sich die Wohlfahrt, wenn das mit den Zöllen gewichtete Handelsvolumen tdm ansteigt (vgl. Ri. Baldwin/Venables, 1995, S. 1602 f.). Diese hinreichende Bedingung für eine handelsschaffende Integrationszone wird durch das Kemp-Wan-Theorem verallgemeinert. Die relative Zunahme des Intraunionshandels und die relative Abnahme des Handels mit Drittstaaten ist dann kein Ausdruck einer im Vergleich zum Status quo handelsumlenkenden „Festung", sondern eine hinreichende Bedingung zur Pareto-Erhöhung der Weltwohlfahrt. Der relative Importanteil der restlichen Welt muß zurückgehen. Die Konstanz des Anteils als Bedingung nutzen zu wollen, wäre falsch. Das absolute Handelsvolumen zwischen der Union und dem Rest der Welt und damit die weltweiten Terms of Trade bleiben konstant. Daher können die restliche Welt und die Zollunion zu den „alten" Austauschverhältnissen handeln. Damit kann die restliche Welt weiterhin dasselbe Konsumbündel aus der Zollunion importieren. Die interne Handelsliberalisierung läßt die Terms of Trade innerhalb der Integrationsgemeinschaft nicht unberührt. Wohlfahrtsverluste für einige Mitgliedsstaaten sind nicht auszuschließen. Im Gegenteil: Die Analyse der allokativen Effekte hat gezeigt, daß innerhalb einer Zollunion ein Merkantilismusbias auftritt. Zusätzlich stellen in der Regel weder diskriminierende noch nichtdiskriminierende Liberalisierungen Paretoverbesserungen dar. Das Stolper-Samuelson-Theorem verdeutlicht dies. Die Folge sind potentielle intraregionale Umverteilungskonflikte. Um diese zu vermeiden, ist innerhalb der Zollunion aus normativer Sicht ein allokationsneutrales Transfersystem sinnvoll.

Die Bildung und Erweiterung einer Zollunion führen unter diesen Voraussetzungen zu einer Paretoverbesserung. Gleichzeitig bleibt der Anreiz bestehen, neue Mitglieder aufzunehmen. Der Anreiz, aus dieser Quelle der Wohlfahrtserhöhung zu schöpfen, endet erst, wenn alle Länder in einer umfassenden Zollunion integriert sind. Die Regionalisierung der Welt hat dann über einen kumulativen Prozeß gemäß dem Regionalismuspfad III den Weg zu weltweitem Freihandel gefunden (vgl. McCalla, 1992, S. 79). Sollte eine sofortige weltweite Liberalisierung nicht möglich sein, kann aus allokativer Sicht gegen eine Kemp-Wan-Integration nichts eingewendet werden. Dabei müssen in diesem Modell (mindestens) drei Voraussetzungen erfüllt sein. Erstens werden die internen regionalen Märkte vollkommen liberalisiert. Dies deckt sich annähernd mit dem derzeitigen Artikel XXIV GATT. Zweitens senkt die Zollunion ihre Barrieren gegenüber der restlichen Welt. Diese Forderung geht deutlich über die der GATT/WTO hinaus.

Drittens müssen die Integrationsräume offen gegenüber Drittstaaten sein. Daher liegt es nah, nur vom Prinzip der Nichtdiskriminierung abzuweichen, wenn die Bedingungen für eine solche Kemp-Wan-Integration erfüllt sind. In den folgenden Abschnitten werden Vorschläge für den Referenzrahmen unterbreitet, um den derzeitig unbefriedigenden Artikel XXIV GATT zu ergänzen.

2.2.2 Interne Liberalisierung und Transfersysteme

Bei einer Kemp-Wan-Integration führt die vollständige intraregionale Liberalisierung für die Zollunion als Ganzes zu einer Verbesserung. Dies deckt sich auch mit einigen Ergebnissen des vorangegangenen Teils. Die wichtigsten Gewinnpotentiale der regionalen Liberalisierung liegen in der Handelsschaffung und in den positiven Wettbewerbseffekten. Diese können nur zur Entfaltung kommen, wenn tatsächlich die regionalen Güter- und Faktormärkte geöffnet werden und steigende Skalenerträge vorliegen (vgl. Berthold, 1996, S. 41). Dies schließt nicht aus, daß einige Mitgliedsländer aufgrund des Merkantilismusbias verlieren. Ein allokationsneutrales Transfersystem hilft, solche Verluste zu kompensieren. Notabene: Entwicklungs- oder sozialpolitische Aufgaben hat ein solches System in dieser Betrachtung nicht zu erfüllen. Das Instrument wird überfordert, wenn es zwei verschiedenen Zielen dienen soll. Bei der Ausgestaltung eines Kompensationssystems ist zu beachten, daß intraregionale Transfers reale interregionale Auswirkungen haben können (vgl. Flückiger/Hazari, 1996). Ein Transfer führt in der Regel zu einer Verschlechterung der Terms of Trade des Geberlandes. Dies spiegelt sich in einer Verschlechterung der relativen Preise für nichthandelbare Güter und für Exportgüter wider. Als Folge müßten die Importgütersubstitutionsindustrie expandieren und die anderen Bereiche schrumpfen. Hat die restliche Welt dieselbe Wirtschafts- und Handelsstruktur wie das Geberland, und stellt das Geberland ein ökonomisch großes Land dar, müssen sich auch Nichtmitglieder real anpassen. Ein Transfersystem sollte diese Wirkungen berücksichtigen.

Zudem soll das System flexibel auf Veränderungen reagieren. Erweitert sich eine Zollunion um Neumitglieder, ist eine Umkehrung der ehemaligen Handelsumlenkung möglich (vgl. R. Wonnacott, 1996, S. 63 f.). Wurde z.B. bei der Freihandelszone zwischen den USA und Kanada Handel von Mexiko nach Kanada umgelenkt, hat sich dies teilweise durch die Bildung der NAFTA umgedreht. Eine Kompensation ist nicht mehr erforderlich, ja sogar kontraproduktiv. Eine Gefahr bei Transfers entsteht dann, wenn die Anreize der wirtschaftlichen Akteure beeinflußt werden. Ein allokationsneutrales System soll gerade dies verhindern, doch sind solche Systeme in der Realität schwer durchzusetzen. Die Mitgliedsländer können auf die Notwendigkeit von „lump-sum-Transfers“ sowohl untereinander als auch innerhalb des eigenen Landes verzichten, wenn sie die Kompensation auf das Diamond-Mirrlees-Theorem (vgl. Diamond/Mirrlees, 1971 und 1971a) aufbauend über optimale indirekte Steuern vollziehen (vgl. Bliss, 1994, S. 47 ff.; Dixit/Norman, 1994, Kap. 6.4). Dies führt weiterhin zum Vorteil, daß sich Länder nicht Erweiterungen entgegenstellen, bei denen sie sonst auf Transfers verzichten müßten.

Dieser letzte Punkt ist es, der in einem dynamischen Kontext von großer Bedeutung ist. Transfers haben sich als Subventionen in der Vergangenheit durch eine hartnäckige Resistenz gegenüber wirtschaftlichen Veränderungen ausgezeichnet und damit notwendige strukturelle Anpassungen verhindert (vgl. Berthold/M. Donges, 1996). Transfers helfen häufig nur in einer statischen Betrachtung. Dynamisch sind sie meist eine Belastung. Ein umfassender, kumulativer Integrationsprozeß ist nur möglich, wenn ein Land weder einen dauerhaften Anspruch auf einmal gewährte Transfers besitzt, noch die Möglichkeit hat, einen Anspruch zu erzwingen. Schließen sich Länder mit dem Ziel zusammen, die Integrationszone nur als Zwischenstation zu einem weltweiten Freihandel anzusehen, stellt sich die Frage, inwieweit überhaupt Transfersysteme bzw. ein auch nicht unproblematisches statisches System optimaler indirekter Steuern aufgebaut werden sollen. Eine einmalige Zahlung ist sicherlich vorzuziehen (vgl. Bliss, 1994, S. 60).

2.2.3 Kompensatorische Zollsenkung zum Schutz von Nichtmitgliedern

Wenn das Ziel der regionalen Integration letztlich eine globale Integration sein soll, dürfen Dritte durch den Zusammenschluß anderer Staaten zu einer regionalen Integrationsgemeinschaft nicht geschädigt werden. Diese Aussage darf nicht falsch verstanden werden. Wurde die regionale Liberalisierung genutzt, um die Funktionsfähigkeit von Güter- und Faktormärkten zu erhöhen und damit die internationale Wettbewerbsfähigkeit der regionalen Unternehmungen zu verbessern, steht dem nichts entgegen. Die Mitglieder der Zollunion haben sich dann einfach besser an die neuen Erfordernisse der Globalisierung angepaßt. Die negativen Effekte aus der Ausnutzung der Marktmacht sind es, die abgewehrt werden müssen.[64] Das Kemp-Wan-Theorem läßt vermuten, daß die Handelsbarrieren für die meisten Gütergruppen gesenkt werden müssen, um negative Folgen für die restliche Welt abzuwenden. Der Artikel XXIV GATT dagegen verbietet nur eine nicht weiter definierte Erhöhung des allgemeinen Protektionsniveaus, wobei eher eine absolute als eine relative gemeint ist. Die EG hat dementsprechend bei ihrer Gründung das arithmetische Mittel gebildet. Neumitglieder haben einfach das bestehende System übernommen. Ökonomisch begründen läßt sich ein arithmetisches Mittel nicht (vgl. Bliss, 1994, S. 35). Zumindest in der Theorie gibt es verschiedene Vorschläge, diese „ökonomische Lücke" zu schließen und Schaden für Drittstaaten zu vermeiden.

Eine Möglichkeit besteht darin, den Artikel XXIV GATT durch das Kemp-Wan-Theorem zu operationalisieren. Dies ist der Ansatzpunkt des sogenannten McMillan-Verfahrens (vgl. McMillan, 1993). Terms of Trade-Verluste für

---

64 Dieses Argument kann auch innerhalb der Zollunion angewandt werden. Beim Modell von Smith/Venables (1988) sind deutliche Wohlfahrtswirkungen nur zu erwarten, wenn sich die Anzahl der Anbieter deutlich reduziert. So muß etwa im Automobilsektor die Anzahl von vierzehn auf sechs sinken (vgl. auch Bretschger, 1997, S. 32 f.). Damit tatsächlich die Wettbewerbsintensität erhöht wird, ist es sinnvoll, die Konkurrenz aus der restlichen Welt zu verstärken.

Nichtmitglieder entstehen auch, wenn das absolute Protektionsniveau nicht angehoben wird. Daher liegt es nahe, nicht, wie es derzeit geregelt ist, das absolute Protektionsniveau als Kriterium anzulegen, sondern gemäß dem Kemp-Wan-Theorem das Handelsvolumen zwischen dem Integrationsraum und der restlichen Welt. Dabei mißt McMillan das Handelsvolumen in Form der Importe der Zollunion aus der restlichen Welt (vgl. McMillan, 1993, S. 294). Geht nach der Implementierung einer Zollunion das so definierte Handelsvolumen zurück, müssen die externen Handelsbarrieren reduziert werden. Daraus folgt, daß sich Länder zu einer Zollunion zusammenschließen können, ex post aber ihre externe Handelspolitik anpassen. In einem komparativ statischen Umfeld bereitet die Überwachung des Kriteriums geringe Probleme. Das Handelsvolumen vor der Bildung des Integrationsraumes wird mit dem nach der Bildung verglichen. Ist das Volumen nicht gesunken, kann die Zollunion als GATT-konform bezeichnet werden. In einer realistischen dynamischen Welt geht dies nicht so einfach. Änderung der relativen Preise aufgrund von veränderten Konsumeigenschaften, Wachstum und kurzfristigen makroökonomischen Schwankungen wirken sich auf die Importnachfrage aus. Diese Effekte müssen bei einem Test isoliert werden. Empirische Testverfahren dazu existieren bereits (vgl. McMillan, 1993, S. 302).

Das McMillan-Verfahren ist allerdings mit Problemen behaftet. Ein Problem liegt in seiner ökonomischen Ungenauigkeit. McMillan betrachtet die Änderung der *Exporte* der restlichen Welt, d.h. das Importvolumen der Zollunion, um die Wohlfahrtsänderungen der restlichen Welt zu bestimmen. Es entspricht dem merkantilistischen Denken, die Wohlfahrt der restlichen Welt an deren Exporten festmachen zu wollen. Im Kemp-Wan-Theorem war die restliche Welt nach Bildung der Zollunion in der Lage, weiterhin dieselben *Importe* zu beziehen. Bei McMillan werden die Terms of Trade nicht konstant gehalten. Damit ist nicht garantiert, daß die restliche Welt weiterhin denselben Konsumkorb beziehen kann. Die notwendigen und hinreichenden Bedingungen, damit sich die Wohlfahrt der Drittstaaten nicht ändert, sind dagegen die Konstanz der Terms of Trade und der Importe der restlichen Welt (vgl. Winters, 1997, S. 232). Doch sind in der Empirie bisher keine Tests bezüglich der regionalen Integration, den Importen der restlichen Welt und den Terms of Trade bekannt. Daher muß das Importvolumen der Zollunion als Annäherung, trotz aller Ungenauigkeiten, genügen, bis ein geeignetes Verfahren gefunden wird.

Ein weiteres Problem liegt in der Aggregation des Handelsvolumens. Je nach Aggregationsebene könnte eine Zollunion GATT-konform sein oder nicht. Theoretisch korrekt müßte jede einzelne Gütergruppe überprüft werden. Mit einem vertretbaren Aufwand ist die Bereitstellung und Ausarbeitung des Datenmaterials nicht zu bewerkstelligen. Das andere Extrem wäre, das gesamte Handelsvolumen ex ante und ex post zu vergleichen. Dies ist abzulehnen. Eine derartige vollständige Aggregation verschleiert die Problematik der sogenannten „sensiblen Bereiche", was ja gerade durch die vollständige interne Liberalisierung vermieden werden sollte. Z.B. entstehen bei der EU aufgrund der Gemeinsamen Agrarpolitik eindeutig handelsumlenkende Effekte.[65] Von der Handelsumlenkung in sensiblen Bereichen werden aber die einzelnen Länder der restlichen Welt unterschiedlich getroffen. Wird nur das gesamte Handelsvolumen betrachtet, gilt die EU eher als GATT-konform als bei einer niedrigeren Aggregation. Auch wenn insgesamt das Handelsvolumen konstant bleibt, werden möglicherweise die falschen Drittstaaten die Kompensation erhalten. Um solche Fehlentwicklungen zu vermeiden, sollten zumindest nur einzelne Wirtschaftszweige aggregiert werden. Wo die Grenze gezogen werden soll, ist theoretisch nicht zu bestimmen. Letztlich muß abgewogen werden zwischen der Genauigkeit und den Kosten der Disaggregation. Dabei darf nicht vergessen werden, daß dieses Aggregationsproblem nicht ausschließlich dem McMillan-Verfahren eigen ist (vgl. McMillan, 1993, S. 306). Jedes Verfahren muß festlegen, ob und wie die restliche Welt durch die Bildung oder Erweiterung einer Zollunion negativ betroffen wird. Nach den Römischen Verträgen forderten Drittstaaten von der EG, daß sich die Handelsbarrieren gegenüber keinem einzigen Land erhöhen dürften (vgl. WTO, 1995, S. 14 f.). Die EG dagegen betrachtete erstens die restliche Welt als eine Einheit und zweitens die Senkung von Handelsbarrieren in einer Gütergruppe als Kompensation für die Erhöhung in einer anderen. Derzeit bestimmt jede Zollunion für sich, was Kompensation bedeutet. Das McMillan-Verfahren schafft demgegenüber eine relativ einheitliche, transparente und objektive Regelung.

Ein weiterer Einwand gegenüber dem McMillan-Test könnte sein, daß dieser nur ex-post angewandt werden kann (vgl. Bhagwati, 1993, S. 37; Winters, 1997, S. 232), während bei einem auf Zöllen fußenden Kriterium schon ex ante eine Kontrolle möglich ist. Beim McMillan-Verfahren werden zunächst einmal alle regionalen handelspolitischen Arrangements zugelassen. Das Verfahren ist erst nach einigen Jahren anwendbar. Betrachtet man die gegenwärtige Praxis, stellt dies nicht unbedingt eine Verschlechterung gegenüber dem Status quo dar. Zunächst lebt ein Zollkriterium mit dem Problem, daß die handelspolitische Entwicklung weg von tarifären und hin zu nichttarifären Barrieren führt. Nichttarifäre Handelshemmnisse in Zolläquivalente umzurechnen, ist so einfach nicht (vgl. OECD, 1996). Noch schwieriger ist es, neuere Arten der Protektion, wie etwa Umwelt- und Sozialstandards, zu quantifizieren. Zusätzlich werden auch aufgrund der ungenauen Formulierung des Artikel XXIV GATT derzeit relativ lange Übergangsfristen eingeräumt (vgl. Hoekman/Leidy, 1993), so daß von einer wirklichen Verschlechterung kaum gesprochen werden kann.

Ein deutlicher Vorteil des McMillan-Verfahrens liegt darin, daß Direktinvestitionen nicht das Ergebnis verfälschen. Führt die relative Diskriminierung bei konstanten Zöllen zum beschriebenen Tariff jumping, wird dies bei einem Zollkriterium nicht angezeigt. Durch das Überspringen der Zollmauern wurden Importe durch Direktinvestitionen substituiert. Dadurch reduziert sich das Handelsvolumen. Dies wird durch den McMillan-Test eingefangen. Insgesamt stellt das McMillan-Verfahren trotz einiger theoretischer Mängel und empirischer Proble-

[65] Darstellungen der verschiedenen empirischen Studien finden sich in McCalla (1992, S. 81) sowie in Ri. Baldwin/Venables (1995, S. 1612 f.).

me eine Verbesserung gegenüber den derzeitigen Forderungen des Artikels XXIV GATT dar (vgl. Bhagwati, 1993, S. 37).

Eine weniger aufwendige Methode und damit eine Alternative ist es, bei einer Zollunion jeweils den niedrigsten Zoll eines Partnerlandes zu wählen (vgl. Bhagwati, 1991, S. 77). Bei einer Freihandelszone entsteht automatisch derselbe Effekt, wenn Ursprungsregeln verboten werden. Der Vorteil einer solchen Regelung liegt in ihrer Einfachheit. Ein Nachteil ist sicher, daß ein solches Verfahren theoretisch dem McMillan-Verfahren deutlich unterlegen ist, denn Handelsumlenkung wird dadurch nicht ausgeschlossen. Dies wird auch nicht durch den Einwand entkräftet, die meisten Zölle für Industriegüter wären schon auf einem niedrigen Niveau und zugleich bindend, so daß für Handelsumlenkung kaum noch Platz bestehe. Die Realität sieht anders aus (vgl. Preusse, 1994, S. 154 f.; J. Donges, 1995, S. 209 ff.; Snape, 1996a, S. 383 f.):

	USA		EU (12)		Japan		Kanada	
	1988	1993	1988	1993	1988	1993	1988	1993
Produktionsstufe:								
0 Rohstoffe	6,2	4,7	16,0	12,6	9,0	7,6	5,0	3,3
1 Agrar, Forstwirtschaft, Fischerei	5,5	3,6	17,9	13,2	11,3	7,6	6,0	4,2
2 Bergbau	2,3	2,3	0,0	3,1	3,5	0,4	0,4	0,7
3a verarbeitendes Gewerbe	8,6	6,5	15,8	11,3	11,9	10,7	6,5	2,1
3b gewerbliche Halbwaren	33,5	30,8	34,2	27,9	24,3	23,9	11,9	11,6
3c Fertigerzeugnisse	24,2	21,3	22,4	20,7	5,1	3,5	8,1	7,4

Tab. II.1: Eskalation der nichttarifären Handelshemmnisse in vH
Quelle: OECD, 1996, S. 56

Erstens darf nicht die nominelle Protektion betrachtet werden, sondern die effektive. Tabelle II.1 zeigt, daß auch bei den nichttarifären Handelshemmnissen Eskalation vorliegt. Zweitens wurde die Protektion durch nichttarifäre Handelshemmnisse inklusive Anti-Dumpingbestimmungen und angebliche Schutzmaßnahmen bei weitem nicht in demselben Ausmaß reduziert wie die durch tarifäre Schranken. In diesem Zusammenhang ist auch die Forderung zu verstehen, den Artikel XXIV um Anti-Dumping-Regeln und ähnliche Bestimmungen zu erweitern (vgl. Panagariya, 1997, S. 202). Drittens stellt ungefähr die Hälfte des Welthandels keine Industrieimporte von Industriestaaten dar. Viertens gehören viele der „sensiblen Bereiche" wie z.B. die Landwirtschaft oder die Textilbranche in Form des Multifaserabkommens immer noch zu den am meisten geschützten Wirtschaftszweigen. Gleichzeitig ist fünftens trotz der einseitigen Liberalisierungsschritte das Protektionsniveau der Schwellen- und Entwicklungsländer noch relativ hoch. Schließlich sind sechstens die Dienstleistungen bei weitem noch nicht entsprechenden multilateralen Regeln unterworfen wie der Güterhandel.

Das Dienstleistungsabkommen GATS stellt aufgrund einer Fülle an länder- und sektorspezifischen Ausnahmen noch kein Pendant zum GATT dar. Der Vorteil des GATS liegt eher darin, daß Dienstleistungen überhaupt in die multilateralen Verhandlungen aufgenommen wurden und so in Zukunft die Handelshemmnisse reduziert werden können (vgl. Sorsa, 1997, S. 27). Das erzielte Abkommen ist demnach eher als Anfang, nicht als Ende der multilateralen Integration zu sehen. Insgesamt bleibt damit das Potential an diskriminierender Liberalisierung, auch zwischen Industriestaaten, beachtlich.

Daher müssen auch negativ betroffene Länder kompensiert werden. Ein weiterer Kompensationsmechanismus wurde von Hufbauer und Schott vorgeschlagen (vgl. Nunnenkamp, 1993, S. 15 f.). In einem ersten Schritt werden bei der Einführung einer Integrationsgemeinschaft die interregionalen und intraregionalen Importanteile auf Branchenebene festgestellt. Nimmt bei einer Branche der intraregionale Anteil ab, muß keine Kompensation erfolgen, da hier nicht mit Handelsumlenkung zu rechnen ist. Der intraregionale Handel hat sich hier nicht zu Lasten des interregionalen Handels erhöht. Vielmehr müssen Komplementaritäten zu Gütern aus der restlichen Welt vorliegen.[66] Daher verbleiben nur noch Branchen, in denen der intraregionale Handelsanteil gestiegen ist. In einem zweiten Schritt muß daher geprüft werden, ob der höhere intraregionale Anteil der verbleibenden Branchen aus Handelsschaffung oder Handelsumlenkung besteht, denn nur die letzte erfordert eine Kompensation. Im dritten Schritt erfolgt die Kompensation durch die Reduzierung der externen Zölle in den jeweiligen Branchen, bis der wieder ansteigende interregionale Importanteil die ursprüngliche Handelsumlenkung ausgeglichen hat. Letztlich entsteht das gleiche Ergebnis wie bei McMillan, mit mehr oder weniger denselben Vorzügen und Nachteilen. Welche Variante gewählt wird, spielt nicht die entscheidende Rolle. Wichtig ist, daß eine kompensatorische Zollsenkung vollzogen wird.

2.2.4 Offenheit gegenüber Drittstaaten

Offenheit ist aus langfristiger Sicht möglicherweise noch wichtiger als die Senkung der externen Handelsbarrieren, da sie für die dynamische Entwicklung eine große Rolle spielt (vgl. Preusse, 1994, S. 153; Lawrence, 1996, S. 41). Dabei kann Offenheit auf verschiedene Weise verstanden werden: unbedingte Meistbegünstigung, bedingte Meistbegünstigung und regelgebundener Beitritt.

Erstens gibt es die Möglichkeit, Regionalisierung im Einklang mit dem unbedingten Meistbegünstigungsprinzip zu bekommen. Diesen Weg versucht die APEC zu beschreiten (vgl. Albero Lopéz/Soler Matutes, 1997, S. 9). Ein regionaler Handelsblock als Einheit gibt dann einseitig die Liberalisierungsfortschritte komplett an die restliche Welt weiter. Dadurch wird das Meistbegünstigungsprinzip nicht verletzt. Diskriminierung findet nicht statt. Dies hat auch den Vorteil, daß auf administrativ teure und protektionistische Ursprungsregeln und kompli-

[66] Vgl. den Tariff-Modification-Effekt von Ethier/Horn (1984) in der Kritik am Standardansatz (Kap. I.2.2).

zierte Kompensationsmechanismen zur externen Zollsenkung verzichtet werden kann. Die unbedingte Meistbegünstigung führt zum Regionalismuspfad III.

Ein solches Vorgehen setzt aber voraus, daß die einseitige Liberalisierung die Wohlfahrt der Integrationsgemeinschaft maximiert und nicht durch Schwarzfahrerprobleme verhindert wird. Beide Annahmen können, müssen aber nicht erfüllt sein. So zeigen auf der einen Seite Simulationsrechnungen, daß eine nichtdiskriminierende APEC für die meisten Mitgliedsländer die höchsten Gewinne verspricht (vgl. Dee/Jomini/McDougall, 1996). Auf der anderen Seite sind internationale Abkommen nicht frei von Schwarzfahrerproblemen. Zum einen sind internationale Verhandlungen immer noch von einer merkantilistischen Grundhaltung geprägt. Dabei ist das GATT von einer Mitschuld nicht freizusprechen, da es bei eigenen Liberalisierungen von „Konzessionen" spricht (vgl. J. Donges, 1995, S. 220). Zum anderen kann bei großen Handelsblöcken ein ökonomisches Gefangenendilemma entstehen. In diesem Fall sinkt mit dem eigenen Zoll die Wohlfahrt. Dies wird in den folgenden Kapiteln im Mittelpunkt stehen.

Wohlfahrtsgewinne infolge eigener Liberalisierung stehen nicht im Widerspruch zu höheren Gewinnen, wenn auch die Handelspartner ihre Märkte öffnen. Dies führt zur zweiten Interpretation der Offenheit, und zwar zur bedingten Meistbegünstigung. Demnach werden alle Liberalisierungsmaßnahmen an jene Länder weitergegeben, die im Gegenzug auch ihre Handelsschranken senken. Eine solche Interpretation erlaubt die Diskriminierung. Doch fällt Diskriminierung weniger ins Gewicht, wenn sich die Betroffenen den negativen Folgen entziehen können. Eine solche Offenheitsregel hat dabei mindestens zwei Probleme (vgl. Bergsten, 1997, S. 6). Ein Ablehnen des Liberalisierungsangebots führt doch zur Diskriminierung und damit zu einem geringeren Weltwohlfahrtsniveau. Dann wird der Regionalismuspfad III nicht erreicht. Außerdem werden Nichtmitglieder vor vollendete Tatsachen gestellt. Aus allokationstheoretischer Sicht ist die bedingte Meistbegünstigung der unbedingten unterlegen.

Drittens kann Offenheit auch wörtlich verstanden werden, und zwar in Form eines Beitritts. Dabei wird auch von GATT-Plus-Verträgen gesprochen (vgl. Bergsten, 1997, S. 4). Ein Nichtmitglied kann zu bestimmten Regeln einem Abkommen beitreten. Die Aufnahmeregel spielt eine wichtige Rolle (vgl. Yi, 1996, S. 486). Zwei Extremformen sind denkbar. Entweder steht es dem potentiellen Neumitglied frei, ohne Zustimmung der derzeitigen Mitglieder beizutreten, oder es benötigt die einstimmige Zustimmung. Das GATT/WTO-System, welches hier mit dem multilateralen System gleichgesetzt wird, steht jedem Nichtmitglied mehr oder weniger offen, wenn auch mit Abstufungen (vgl. Yarbrough, 1994, S. 89). Fühlt sich ein derzeitiges Nichtmitglied von der Liberalisierung des GATT-Systems beeinträchtigt, hat es die Möglichkeit, in dieses System einzutreten. Dasselbe müßte für regionale Integrationszonen gelten. Dabei ist es vollkommen legitim, bestimmte Aufnahmekriterien aufzustellen. Auf politische Bedingungen sollte weitgehend verzichtet werden, da in einer pluralistischen Welt kaum weitgehende Gemeinsamkeiten gefunden werden können.

Wichtig ist es, daß zunächst anders als zum Beispiel im Kanada-USA-Abkommen überhaupt eine Aufnahmeklausel existiert. Stehen die Aufnahmeregeln einmal fest, dürfen sie nicht mehr diskretionär von den derzeitigen Mitgliedern verändert werden (vgl. Snape, 1996, S. 59). Nur so ist es möglich, der Versuchung zu widerstehen, die eigene wirtschaftliche Macht auszunutzen. Dies erhöht auch die Anforderungen an ein intraregionales Transfersystem. Die Notwendigkeit eines solchen Systems in einer Kemp-Wan-Welt leitet sich nur aus dem Zusammenspiel des Merkantilismusbias und des Paretokriteriums ab. Ziel war es, daß nach einer Integration kein Land schlechter gestellt wird. Transfers sollten somit nur temporär eine Rolle spielen. Spätestens wenn die multilaterale Integration weit fortgeschritten ist, fällt der Merkantilismusbias als Transfergrundlage weg. Auf gar keinen Fall dürfen Transfers zum Anlaß werden, potentiellen Neumitgliedern die Aufnahme zu verweigern. Ansonsten würde das multilaterale Foot-dragging Problem einfach auf die regionale Ebene verlagert. Dies untermauert die Forderung, auf langfristig angelegte Transfersysteme zu verzichten. Bei festgelegten, nichtdiskretionären Regeln stellen regionale Integrationszonen mit einer geringen Wahrscheinlichkeit Stolpersteine für den weltweiten Liberalisierungsprozeß dar. Das hier beschriebene Verfahren der klaren Regeln hat auch die Eminent Persons Group vorgeschlagen, um die APEC zu einer offenen Integrationsgemeinschaft zu formen (vgl. Lawrence, 1996a, S. 51).

Bei dem schon im vorangegangen Teil aufgestellten Vergleich zwischen einer Zollunion und einer Freihandelszone weist hier letztere bezogen auf die Offenheit wieder einen Vorteil auf (vgl. P. Wonnacott, 1996, S. 100). In einer Freihandelszone können liberalisierungswillige Länder notfalls selbständig mit neuen Ländern eine weitere Freihandelszone bilden. Dadurch erhöht sich für die alten Mitglieder der Druck, einer umfassenden Aufnahme zuzustimmen, um nicht die diskutierten Nachteile eines „Spoke-Status"[67] in Kauf zu nehmen. Unabhängig von der Interpretation wird deutlich, daß die verschiedenen Anforderungen miteinander verbunden sind. Je stärker ein Handelsblock seine externen Zölle senkt, desto eher wird er offen sein, bzw. desto geringer ist die Wahrscheinlichkeit, daß etablierte Mitglieder sich Neuaufnahmen entgegenstellen, da der Wertverlust der diskriminierenden Begünstigung geringer ausfällt (vgl. Hughes Hallet/Primo Braga, 1994, S. 394). Die unbedingte Meistbegünstigung wird hier nicht weiter verfolgt, da es sonst ökonomisch schwer zu begründen ist, wieso überhaupt eine regionale Integrationsgemeinschaft geschlossen wurde. Einseitige Liberalisierungsmaßnahmen sind auch im GATT/WTO-System möglich. Ob nun die bedingte Meistbegünstigung oder der Beitritt zu festgelegten Bedingungen als Zulassungskriterium gewählt wird, ist ökonomisch kaum zu entscheiden. Unter der Berücksichtigung des angesprochenen „spaghetti bowl" und sich widersprechenden Ursprungsregeln ist einem Beitritt der Vorrang zu gewähren, um die latenten Gefahren aus überlappenden Integrationsgemeinschaften zu vermeiden. Die bedingte Meistbegünstigung weist dagegen einen Vorteil auf, wenn durch die Einführung supranationaler Instanzen politische Souveränität abgegeben wurde. Hier haben sich Länder über rein ökonomische Aspekte hinaus aneinander gebunden. Durch die bedingte Meistbegünstigung können Drittstaaten zumindest an der Li-

[67] In Abbildung I.12 wird aus einem Spoke ein neuer Hub 2.

beralisierung des Handels und der Investitionen partizipieren. Wichtig ist letztlich, daß für Staaten aus der restlichen Welt eine nichtdiskretionäre Möglichkeit existiert, sich der Diskriminierung zu entziehen. Nur wenn Offenheit gewährleistet ist, können die Regionalismuspfade III oder IV beschritten werden.

Der hier beschriebene Referenzrahmen gibt einen Anhaltspunkt, wann regionale Integrationszonen effektive Instrumente sind, um den weltweiten Handel zu liberalisieren, und wie der bestehende Artikel XXIV GATT modifiziert werden müßte. In den folgenden Kapiteln wird untersucht, ob benevolente Politiker, d.h. in diesem Fall die regionale Wohlfahrt maximierende Politiker[68], den hier aufgezeigten Weg gehen sollten. Möglicherweise ist dieser Weg aus dem Wohlfahrtsmaximierungskalkül oder aus kollektiver Irrationalität heraus gar nicht möglich.

3. Größe und Struktur regionaler Integrationsgemeinschaften

Das vorangegangene Kapitel zeigt Bedingungen auf, bei denen regionale Integrationsgemeinschaften sich erstens positiv auf die Weltwohlfahrt auswirken und zweitens über kumulative Prozesse einen Weg in Richtung Freihandel darstellen. Der Referenzmaßstab dabei ist die Weltwohlfahrt. Dies muß nicht der Referenzmaßstab für regionale politische Entscheidungsträger sein. Die Maximierung der globalen Wohlfahrt ist eine Sache, die der regionalen eine andere. Durch eine Integration gemäß dem Referenzrahmen sind die regionalen politischen Entscheidungsträger in der Lage, eine Wohlfahrtsverbesserung zu realisieren. Doch regionale Politiker sind nicht an globalen Paretoverbesserungen interessiert, sondern allenfalls an der Maximierung der regionalen Wohlfahrt, auch wenn dies nicht dem Pfad III entspricht. Wenn eine andere Zollpolitik eingeschlagen wird als die im Referenzrahmen dargelegte, muß angenommen werden, daß eine weitergehende regionale Wohlfahrtssteigerung möglich ist, wenn auch unter Umständen auf Kosten von Drittstaaten (vgl. Krugman, 1991a, S. 11).[69]

Im Gegensatz zur bisherigen Vorgehensweise wird die Annahme eines einzelnen Handelsblocks aufgegeben. Dies ist notwendig, da die derzeitige handelspolitische Landschaft von einer Vielzahl an Handelsblöcken gekennzeichnet ist. Um die Analyse zu vereinfachen, wird das andere Extrem angenommen. Alle Länder sind einer Integrationsgemeinschaft beigetreten. Dies trifft die Realität relativ gut. 1996 waren bis auf Japan, Hongkong und Südkorea die wichtigsten WTO-Mitglieder gleichzeitig Mitglied eines regionalen handelspolitischen Arrangements (vgl. WTO, 1996, S. 38). Im folgenden wird diskutiert, ob in einer Welt, bestehend aus mehreren Handelsblöcken, eine regionale Integration gemäß dem Referenzrahmen möglich ist. Diese Frage wird in erster Linie dann wichtig, wenn ein oder mehrere Handelsblöcke eine bedeutende ökonomische Größe annehmen.

---

68 Die intraregionalen Verteilungsprobleme werden zunächst nicht weiter diskutiert. Erst in der politökonomischen Diskussion werden potentielle Verteilungskonflikte wieder aufgegriffen.

69 Dadurch hat sich das Kemp-Wan-Theorem den Vorwurf des „Möglichkeitstheorems" eingehandelt. Es zeigt, wie es sein könnte und nicht, wie es ist (vgl. Bhagwati/Panagariya, 1996, S. 25).

3.1 Die Optimalzolltheorie

Die Diskussion um die „große Zollunion" zeigt das Potential eines Integrationsraumes, die Austauschverhältnisse auf den Weltmärkten zu beeinflussen. Dabei bedeutet eine Verbesserung der interregionalen Terms of Trade, daß die Integrationszone für jede exportierte Gütereinheit mehr Importgüter erhält. Diesem offensichtlichen Wohlfahrtsgewinn stehen Verluste aufgrund der allokativen Verfehlungen entgegen, weil die relativen Preise verzerrt werden. Nun ist es theoretisch möglich, die Differenz zwischen dem Gewinn und dem Verlust aus der Zollpolitik zu maximieren. Der Zoll, der diese Bedingung erfüllt, wird Optimalzoll genannt (vgl. Johnson, 1954).

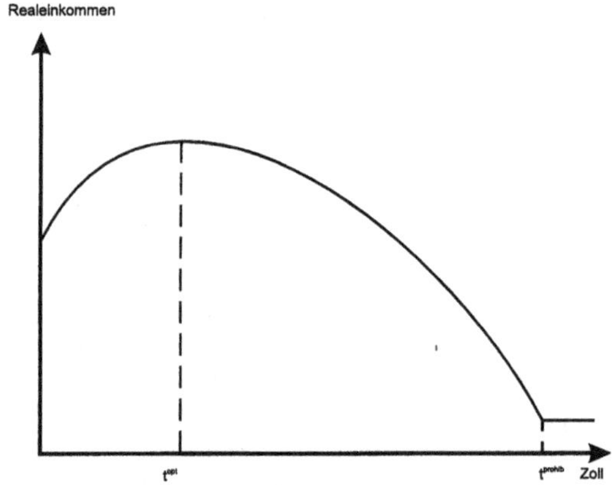

Abb. II.2: Optimalzoll
Quelle: Dornbusch, 1990, S. 114

Abbildung II.2 veranschaulicht den Effekt. An der Abszisse ist der Zoll, an der Ordinate das Realeinkommen einer Volkswirtschaft abgetragen.[70] Ausgehend von Freihandel führt eine marginale Zollerhöhung zu größeren Terms of Trade-Gewinnen als zu allokativen Verlusten. Das Realeinkommen eines Landes erhöht sich. Dieser Prozeß läßt sich nicht unendlich fortführen. Ab einem bestimmten Zoll t^{opt} übersteigen die Verluste die Gewinne.

Der Optimalzoll läßt sich auf zwei Arten ableiten, je nachdem ob ein Integrationsraum beim Bezug von Importen seine monopsonistische Macht oder beim Angebot seiner Exporte seine monopolistische Macht ausnutzt. Hier wird kurz der Monopolfall beschrieben (vgl. Rose/Sauernheimer, 1992, S. 585 ff.). Die Einführung eines Exportzolls beeinflußt das Handelsvolumen. Die Exporte der Zoll-

70 Auch hier müssen nichttarifäre Handelshemmnisse wieder als Zolläquivalente verstanden werden. So zeigt sich, daß große Handelsblöcke wie etwa die EU ihre Marktmacht häufig mit Anti-Dumping-Maßnahmen oder freiwilligen Selbstbeschränkungsabkommen ausnutzen (vgl. Lawrence, 1996, S. 102 f.).

union gehen zurück, da jeder Monopolist versucht, die angebotene Menge zu verknappen. Die Änderung des regionalen Importvolumens dagegen hängt ab von der Importnachfrageelastizität der restlichen Welt. Das ist aus der Monopoltheorie bekannt. Importe sind nichts anderes als der Erlös aus den eigenen Exporten. Ist die Importnachfrageelastizität η^w elastisch, folgt aus den höheren relativen Preisen der regionalen Exporte ein Rückgang der Erlöse (gemessen in regionalen Gütern). Damit verringert sich auch das Importvolumen des Integrationsraumes. Bei einer unelastischen Nachfrage dagegen erhöhen sich die Importe. Der Optimalzoll t^{opt} kann sich darstellen lassen als:[71]

$$t^{opt} = \frac{1}{\eta^w - 1}, \text{ mit } \eta^w > 0. \quad \text{(II.8)}$$

Eine kleine Zollunion verhält sich wie ein atomistischer Anbieter, der einer unendlichen Preiselastizität der Nachfrage gegenübersteht. t^{opt} ist in diesem Fall gleich null. Ist die gegründete Zollunion groß genug, um die Terms of Trade zu verändern, oder dominiert der intraindustrielle Handel, gibt es keine kleinen Länder im ökonomischen Sinne. Jedes Land verfügt über einen gewissen monopolistischen Spielraum. Der Optimalzoll ist positiv.[72] Der Optimalzoll entspricht dem im Kapitel I.5.2 beschriebenen Mark up (vgl. Gros, 1987, S. 352). Hier zeigt sich, daß die eher positive Einschätzung regionaler Integrationsgemeinschaften im Lichte der neuen Außenhandelstheorie relativiert werden muß. Je größer der Integrationsraum wird, desto höher fällt sein Optimalzoll aus. Hieraus läßt sich schon ein Ergebnis ableiten. Relativ kleine Länder werden sich als Mitglied einer Zollunion eher für Protektion aussprechen als ohne eine Zollunion. Auf sich allein gestellt würde Protektion ihnen eindeutig schaden. In der Gemeinschaft allerdings können sie an der neu entstandenen Marktmacht teilhaben. Es entsteht eine Art Leverage-Effekt, denn die gemeinsame Macht ist größer, als die Summe der Macht der einzelnen Länder (vgl. Fieleke, 1992, S. 7; Nordström, 1995, S. 57).

So verlockend die Optimalzolltheorie für Politiker klingen mag, schwierig ist die praktische Umsetzung. Zwei Aspekte seien hier genannt (vgl. Rose/Sauernheimer, 1992, S. 592 f.). Erstens ist für das theoretisch korrekte Niveau des Optimalzolls die genaue Kenntnis der Elastizitäten vonnöten. Sofern diese überhaupt an einem Punkt ermittelt werden können, bleibt das Problem, daß sie je nach Handelsvolumen unterschiedlich ausfallen. Zweitens ist der Optimalzoll nur dann wirklich optimal, wenn sich die restliche Welt passiv verhält. Tut sie das nicht, sind Handelskriege nicht ausgeschlossen, bei denen sich letztlich alle

---

[71] Wird der Optimalzoll am Monopsonfall festgemacht, ergibt sich: $t=1/\varepsilon^w$. Dabei stellt ε^w die Elastizität des Exportangebots der restlichen Welt dar. Für eine genaue Darstellung vgl. Markusen u.a. (1995, S. 256 ff.).

[72] Dies muß bei unternehmensexternen Skalenerträgen nicht immer gelten. Geht der interregionale Handel zurück und reduzieren sich dadurch die positiven Externalitäten, ist nicht ausgeschlossen, daß sich durch Zölle die Terms of Trade einer großen Zollunion verschlechtern statt verbessern (vgl. Chilchilnisky, 1997).

schlechter stellen. Dies verdeutlicht Abbildung II.3 am Beispiel zweier großer Handelsblöcke. An der Abszisse ist der Zoll des zweiten Handelsblocks abgetragen, an der Ordinate der Zoll des ersten. Die Reaktionskurven RR und R^*R^* geben den optimalen Zoll einer Integrationsgemeinschaft bei gegebener Zollpolitik der anderen an. Je näher eine Indifferenzkurve an der jeweiligen Achse liegt, desto höher ist das Nutzenniveau. Das Wohlfahrtsmaximum ist erreicht, wenn ein Handelsblock den Optimalzoll erhebt und der andere alle Handelshemmnisse abbaut. Die bilaterale Optimalzollpolitik dagegen führt im Schnittpunkt der Reaktionskurven zum Nashgleichgewicht N und zu den Nutzenniveaus U_N und U_N^*. D.h. bei Freihandel würden sich beide Länder mit U_{FH} und U_{FH}^* besserstellen.

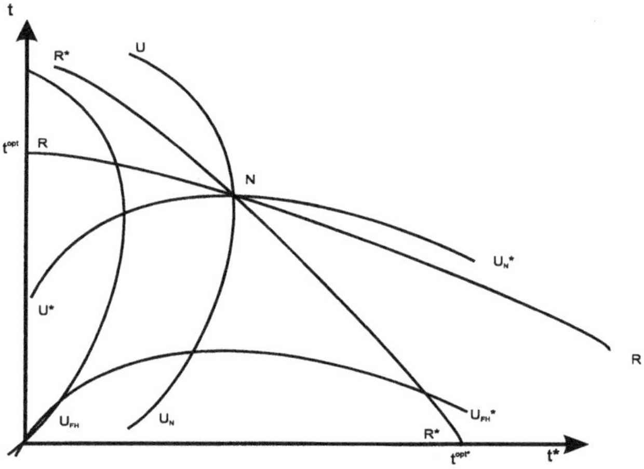

Abb.II.3: Nashgleichgewicht bei Optimalzöllen
Quelle: Dornbusch, 1990, S. 115

Dessen ungeachtet ist es sinnvoll, die Optimalzolltheorie in die weitere Analyse miteinzubeziehen. Daß der Optimalzoll schwer zu ermitteln ist und meist das theoretische Niveau weit über den tatsächlichen Zöllen liegt, steht nicht im Widerspruch zu der These, daß ein gewisses Maß an Protektion für eine große regionale Integrationsgemeinschaft wohlfahrtserhöhend sein kann. Selbst wenn sich alle Akteure der Tatsache bewußt sind, daß bei Retorsionszöllen großer Handelspartner sich insgesamt alle schlechter stellen, bleibt immer noch die Problematik des Gefangenendilemmas, falls sich Länder durch Handelsbarrieren wie in Abbildung II.4 wirklich besserstellen können. Sind keine bindenden Absprachen möglich, ist eine Verpflichtung zum Freihandel wenig glaubhaft, da dieser Punkt nicht auf der Reaktionskurve liegt. Schließlich wird durch die Betrachtung von Optimalzöllen deutlich, daß ein unter Umständen sinnvolles Instrument wie die regionale Liberalisierung zu unerwünschten Ergebnissen führen kann. Kompensatorische Zollsenkungen und die Offenheit der Integrationsgemeinschaft sind nicht selbstverständlich, wenn große Handelsblöcke ihre Macht ausnutzen können. Krugman (1991a) setzt an der Optimalzollpolitik an und fragt zunächst, ob eine zunehmend regionalisierte Welt die Wohlfahrt erhöht oder senkt.

3.2 Zunehmende Regionalisierung und die Weltwohlfahrt

3.2.1 Das Krugman-Modell

In den letzten Jahrzehnten sind die Integrationsgemeinschaften immer größer geworden. Die EG-6 entwickelte sich zur EU-15, die CUFTA zur NAFTA. Es reicht nicht aus, die einmaligen Allokationswirkungen einer einzelnen Zollunion zu untersuchen. Vielmehr muß der Einfluß der zunehmenden Regionalisierung auf die Weltwohlfahrt im Mittelpunkt stehen. Zunehmende Regionalisierung wird hier als eine Reduzierung der absoluten Anzahl der Integrationsgemeinschaften durch symmetrische Erweiterungen verstanden. In der Ausgangslage sind alle N Länder Mitglied eines der B Handelsblöcke.[73] Staaten und Blöcke sind vollkommen symmetrisch bezogen auf die Größe, Produktionstechnologie und Nachfrage. Dadurch genügt die Betrachtung eines repräsentativen Blockes mit N/B Mitgliedsstaaten. Jedes Land stellt genau ein differenziertes Gut her. Grundlage ist ein Dixit-Stiglitz-Modell der monopolistischen Konkurrenz (vgl. Dixit/Stiglitz, 1977). Alle Güter gehen symmetrisch und mit konstanter Substitutionselastizität σ in die Nutzenfunktion der Konsumenten ein, auch wenn die Güter nur unvollkommene Substitute darstellen.[74] Hierbei handelt es sich um die sogenannte Armington-Annahme (vgl. Fratzscher, 1996, S. 20). Konsumenten ziehen einen gleichmäßigen Güterkorb einem extrem unausgewogenen vor. Ohne Transaktionskosten würden sie von den verschiedenen Gütern aus allen Ländern gleich viel konsumieren. Handel wird ausschließlich aufgrund der Präferenz für verschiedene Güter aufgenommen. Handeln alle Länder miteinander, führt eine regionale Integration nicht zu einer Veränderung der Anzahl an konsumierten differenzierten Gütern. Sie bleibt bei N.[75]

Jedes Land bzw. jeder Block hat einen positiven Optimalzoll, der mit der Größe des Blocks zunimmt. Die Handelsblöcke verfolgen eine nichtkooperative Zollpolitik, um die regionale Wohlfahrt zu maximieren. Von natürlichen Handelskosten wird abgesehen. Ohne regionale Handelsblöcke, d.h. bei B=N, ist jedes Land für sich genommen relativ klein und handelt intensiv mit der restlichen Welt. Trotzdem liegt kein Freihandel vor. Da jedes Land genau ein differenziertes Gut herstellt, gibt es kein kleines Land im ökonomischen Sinne. Im Fall der monopolistischen Konkurrenz und einem hohen N sehen sich die Länder einer hohen Importnachfrageelastizität η^w gegenüber. Der Optimalzoll ist daher gering und die Weltwohlfahrt relativ hoch. Existiert nur ein einziger Handelsblock, d.h. B=1, liegt weltweit Freihandel vor. Handelsbarrieren existieren nicht mehr, die

---

[73] Für die folgenden Ausführungen vgl. Krugman (1991a, S. 15-21).

[74] Für die formale Darstellung der Nutzenfunktion und der noch abzuleitenden Formeln vgl. Anhang 1.

[75] Das Modell fängt auch nicht die im Teil I abgeleiteten Kostenreduzierungseffekte aufgrund steigender Skalenerträge und Wettbewerbseffekte ein.

globale Wohlfahrt ist am höchsten. Jetzt stellt sich die Frage, wie sich ausgehend von einer Welt ohne Handelsblöcke bei einer zunehmenden Regionalisierung die Weltwohlfahrt verändert. Zwei Fälle sind denkbar. Erstens könnte sich die Wohlfahrt gemäß dem Regionalismuspfad III monoton erhöhen. Zweitens ist es denkbar, daß die Weltwohlfahrt erst sinkt und dann wieder ansteigt. Dies entspräche dem Pfad IV. Welcher Fall eintrifft, hängt von der relativen Stärke zweier gegenläufiger Effekte ab, wenn sich zwei Länder bzw. Blöcke symmetrisch zu immer größeren Einheiten zusammenschließen. Letztlich entscheidet erneut das Verhältnis von Handelsschaffung zu Handelsumlenkung, wenn auch in einer modifizierten Form.

Sowohl die Handelsschaffung als auch die Handelsumlenkung werden hier anders als im traditionellen Sinne interpretiert (vgl. Deardorff/Stern, 1992, S. 24). Wenn jedes Land genau ein differenziertes Gut bereitstellt, kann kein ineffizienter Anbieter durch einen effizienten verdrängt werden. Hier entsteht Handelsschaffung nur auf der Konsumseite aufgrund veränderter relativer Konsumpreise, nicht auf der Produktionsseite. Ehedem geschützte Güter werden durch Importe aus den neuen Partnerländern substituiert, da die Verzerrung zwischen inländischen und ausländischen, aber regionalen Gütern aufgehoben wird. Analog werden bei der Handelsumlenkung keine effizienten Anbieter durch ineffiziente verdrängt. Verzerrte Preissignale zwischen den verschiedenen Importquellen führen zu Konsumineffizienzen. Ausländische, aber regionale Güter werden billiger und substituieren Güter aus der restlichen Welt. Die Handelsumlenkung nimmt dabei mit zunehmender Größe eines Integrationsraumes zu, da die Diskriminierung ansteigt. Ein Grund ist dem bereits beschriebenen Import Pattern-Effekt ähnlich. Dieser läßt sich auf den hier diskutierten Fall übertragen. Die unterschiedliche Zollbelastung führt durch Konsumineffizienzen zu Wohlfahrtsverlusten. Ein Zoll fügt einen Keil ein zwischen die Preise der inländischen und ausländischen Produzenten. Das Preisverhältnis ausländischer Güter bleibt dagegen unverzerrt, da sie einheitlichen Zöllen unterliegen.[76] Die Bildung einer Zollunion dagegen verzerrt die Preise zwischen den unterschiedlichen ausländischen Anbietern. Je weiter die Regionalisierung zunimmt, desto stärker wachsen die verzerrten Preisrelationen und damit die ungleiche Belastung der verschiedenen Importquellen an, und desto stärker wirkt die Handelsumlenkung (vgl. Frankel/Stein/Wei, 1995, S. 79).

Die Optimalzollpolitik verschärft die Problematik der Handelsumlenkung. Die Gleichung (II.8) läßt sich umschreiben, wenn man bedenkt, daß die Preiselastizität abhängt von der Substitutionselastizität zwischen den verschiedenen Gütern σ und dem Importanteil s der heimischen (regionalen) Güter an den Ausgaben der restlichen Welt (vgl. Kap. I.5.2; Krugman, 1991a, S. 15 f.). Es folgt:

$$t = \frac{1}{(1-s)(\sigma-1)}. \qquad \text{(II.9)}$$

[76] Aufgrund der Symmetrieannahmen müssen importierte Güter gleich belastet werden.

Da die Substitutionselastizität konstant ist, bleibt der Importanteil s als bestimmende Größe der Nachfrageelastizität übrig. Dies deckt sich mit den Ergebnissen, die bei der Analyse der Wettbewerbseffekte abgeleitet wurden. Je höher der Anteil in einem Markt ist, desto geringer fällt (für die jeweilige Unternehmung) die wahrgenommene Elastizität aus. Der monopolistische Spielraum nimmt zu, der Optimalzoll steigt an. Der Importanteil eines Blockes s an den Ausgaben der restlichen Welt nimmt mit steigendem Zoll ab. s nimmt zu, wenn sich ein Block vergrößert. Der Anteil s eines aus vielen Ländern bestehenden Handelsblocks an den Ausgaben in anderen Handelsblöcken ist intuitiv höher als der Anteil s eines Handelsblocks mit wenigen kleinen Ländern. Die Abhängigkeit von s wird in Gleichung (II.10) dargestellt:

$$s = \left[(1+t)^{\sigma} + B - 1\right]^{-1}. \qquad \text{(II.10)}$$

Abbildung II.4 veranschaulicht diese Zusammenhänge graphisch und zeigt, daß durch die Vergrößerung einer regionalen Integrationszone, d.h. einer Reduzierung von B, der Optimalzoll zunimmt.

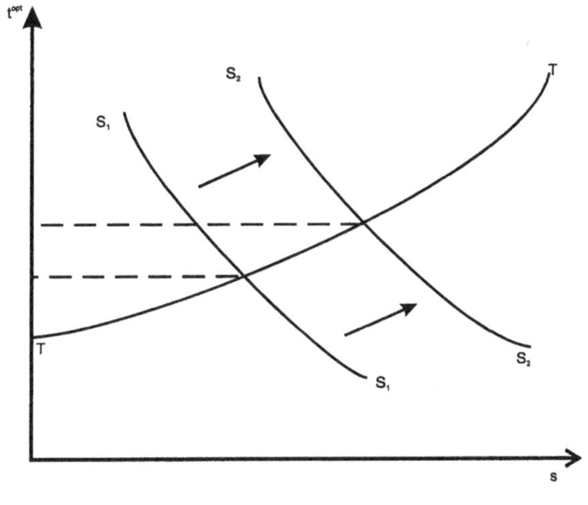

Abb. II.4: Optimalzoll bei symmetrischen Zollunionen
Quelle: Krugman, 1991a, S. 17

An der Abszisse ist der Importanteil s abgetragen, an der Ordinate der erhobene Optimalzoll eines Handelsblocks. Die SS-Kurven, abgeleitet aus der Gleichung (II.10), geben die Beziehung zwischen dem Zoll eines Handelsblocks und deren Marktanteil in der restlichen Welt wieder. Mit sinkenden Zöllen nehmen die Importanteile eines Handelsblocks in den Ausgaben der restlichen Welt zu.[77] Dabei ist jede Gerade für eine bestimmte Größe eines Integrationsraumes, d.h. eine bestimmte Anzahl von Zollunionen, eingezeichnet. Die TT-Kurve, abgeleitet aus der Gleichung (II.9), zeigt, daß die Integrationsgemeinschaft mit steigendem Importanteil den Zoll erhöht. Vergrößern sich die Handelsblöcke, nimmt der Anteil eines jeden einzelnen Blockes an den Importen der restlichen Integrationsgemeinschaften zu. S_1S_1 verschiebt sich in nordöstliche Richtung zu S_2S_2. Der Optimalzoll nimmt zu und damit die Handelsumlenkung. Es entsteht durch die zunehmende Regionalisierung zunächst ein Effekt, der den Erfordernissen des Referenzrahmens genau entgegensteht. Die externen Handelshemmnisse werden nicht nach unten angepaßt, sondern vielmehr erhöht.

Dabei soll an dieser Stelle nicht unerwähnt bleiben, daß der größte Teil der Handelsumlenkung auf den Diskriminierungseffekt zurückzuführen ist (vgl. Krugman, 1993, S. 62; Deardorff/Stern, 1992, S. 24). Verringert sich die Anzahl der Integrationsräume beispielsweise von vier auf drei, nimmt der interregionale Handel so stark ab, daß die verbleibenden Blöcke nicht nennenswert höhere Anteile an den Märkten der restlichen Blöcke haben als vorher. Dadurch fällt auch die Nachfrageelastizität nicht deutlich geringer aus. Der Optimalzoll nimmt nicht stark zu. Die Hauptursache der Handelsumlenkung liegt also in diesem Modell in der Handelsumlenkung bei konstanten Zöllen. Hierbei zeigt sich wieder, daß die im Artikel XXIV GATT verlangte Konstanz der durchschnittlichen Protektion nicht ausreicht, um negative Effekte der Diskriminierung zu vermeiden. Notwendig ist eine deutliche Senkung.

Welcher Effekt dominiert wann? Zunächst können innerhalb einer Zollunion mehr Güter zollfrei konsumiert werden. Die Verzerrungen der relativen Preise zwischen inländischen Gütern und denen aus den Partnerländern werden aufgehoben. Daher werden mehr Güter aus den Partnerländern importiert. Der intraregionale Handel steigt an. Gleichzeitig werden neue Preisverzerrungen zwischen den Gütern aus den Partnerländern und denen aus der restlichen Welt eingeführt. Daher werden im Inland weniger Güter aus dem Rest der Welt importiert. Haben sich zunächst nur kleine Zollunionen gebildet, die weiterhin viel mit der restlichen Welt handeln, geht die Expansion des intraregionalen Handels weitgehend zu Lasten der Anbieter aus Drittstaaten und nicht zu Lasten der inländischen Anbieter. Die Handelsumlenkung dominiert daher die Handelsschaffung. Ausgehend von einer Welt ohne Integrationszonen sinkt zunächst durch zunehmende Regionalisierung die Weltwohlfahrt. Da diese wiederum bei einem einzigen Handelsblock, d.h. Freihandel, maximiert wird, muß eine U-förmige Wohlfahrtskurve entstehen. Abbildung II.5 veranschaulicht dies. Dabei ist an der Abszisse die Anzahl der Handelsblöcke abgetragen, an der Ordinate die Weltwohlfahrt.[78] Ab einer bestimmten Integrationsgröße übersteigt der handelsschaffende Effekt den handelsumlenkenden. Existieren nur noch wenige große Blöcke mit einem relativ geringen interregionalen Handel, geht die Handelsausweitung nicht mehr haupt-

[77] Für die mathematische Herleitung vgl. Anhang 1.

[78] Die „Denkrichtung“ in Abbildung II.6 verläuft von rechts nach links.

sächlich zu Lasten von Drittstaaten, sondern ist weitgehend der Handelsschaffung zuzuordnen. Die Weltwohlfahrt steigt an (vgl. Krugman, 1991a, S. 13).

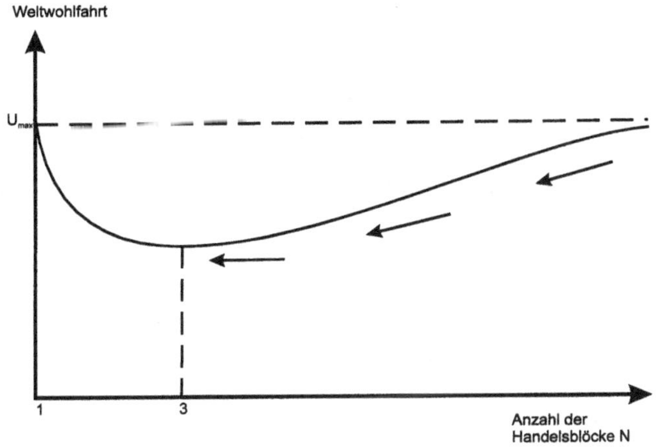

Abb. II.5: Wohlfahrtsfunktion im Krugman-Modell
Quelle: Krugman, 1991a, S. 20[79]

In Krugmans Modell stellt eine tripolare Welt für die meisten seiner Parameterwerte die schlechteste aller Möglichkeiten dar.[80] Insgesamt zeigt sich in diesem Modell wieder die ambivalente Beziehung zwischen der regionalen Integration und der Weltwohlfahrt. Ob eine symmetrische Integration zu einer Verbesserung führt, hängt ab von der Ausgangslage und kann durch den Regionalismuspfad IV beschrieben werden. Derzeit ist noch nicht klar, welche „Blockaufteilung" in der Zukunft zu erwarten ist. Häufig wird der tripolaren Welt, mit EU, Amerika und einem Block um Japan, das Wort geredet (vgl. z.B. Senti, 1994, S. 132). Das tatsächliche Entstehen einer solchen Situation hängt von verschiedenen Faktoren ab. Sollte zwischen den USA und der EU die TAFTA entstehen oder, was noch wahrscheinlicher ist, die APEC zu einer Integrationszone weiterentwickelt werden, kann von einer symmetrischen tripolaren Welt nicht mehr die Rede sein. Zusätzlich gilt es zu beachten, daß bei einer weitergehenden Integration im Krugman-Modell - Offenheit vorausgesetzt - die Weltwohlfahrt weiter ansteigt. Es müssen also immer die Anreize analysiert werden, die zu einer Integration führen.

---

79 Krugman simuliert in seinem Modell mit unterschiedlichen Substitutionselastizitäten. Für die meisten Werte der eingesetzten Elastizitäten stellt „drei“ das Wohlfahrtsminimum dar. Die Wohlfahrtsverluste nehmen dabei mit abnehmender Substitutionselastizität zu.

80 Manche sehen hier die ökonomische Analogie zu Orwells drei Superstaaten in „1984" (vgl. Kobrin, 1996, S. 16).

3.2.2 Notwendige Erweiterungen

a) Was das Modell kann: Das Krugman-Modell deckt auf einfache Weise die Risiken von regionalen handelspolitischen Arrangements auf. Die stetige Erweiterung von Handelsblöcken führt zu einer ständigen Erhöhung der absoluten Macht der einzelnen Räume, auch wenn die relative Macht konstant bleibt (vgl. Bond/Syropoulos, 1996, S. 412). Die Möglichkeit, Terms of Trade-Gewinne zu realisieren, steht im Widerspruch zur Erfordernis des Referenzrahmens, die externen Handelsbarrieren zu senken. Doch ähnlich dem Standardansatz der Zollunionstheorie müssen auch hier einige Grundannahmen kritisch hinterfragt werden. Es kann bezweifelt werden, ob sich Handelsblöcke wirklich von der Optimalzollpolitik leiten lassen. Der Optimalzoll in einer tripolaren Welt würde unter den Annahmen Krugmans über fünfzig vH betragen, ein Wert, der zumindest in den entwickelten Industriestaaten deutlich über den durchschnittlichen Zöllen liegt (vgl. Tabelle II.1; Fratzscher, 1996, S. 21; Frankel, 1997, S. 150).[81]

Trotz dieses Einwandes darf nicht übersehen werden, welche Zielsetzung das Modell verfolgt. Es illustriert eindrucksvoll, daß die Anreize, sich gemäß dem Referenzrahmen zu verhalten, nicht mit dem regionalen Wohlfahrtsmaximierungskalkül übereinstimmen müssen. Ferner stellt die Optimalzollpolitik gar nicht die Hauptursache der Handelsumlenkung dar. Die Handelsumlenkung resultiert weitgehend aus der primären Wirkung regionaler Integrationszonen, der diskriminierenden Liberalisierung. Durch die Einführung konstanter externer Zölle ändern sich die Ergebnisse dagegen kaum (vgl. Krugman, 1993, S. 61 ff.).

b) Die Bedeutung der unvollkommenen Substitute: Als alleinige Erklärung reicht allerdings das Modell nicht aus (vgl. Berthold, 1996, S. 54 f.). Ob sich eine Integrationsgemeinschaft entsprechend dem Referenzrahmen verhalten wird, ist nicht eindeutig. Die größte Schwäche ist, daß allein durch die Annahmen, insbesondere die Armington-Annahme der unvollkommenen Substitute, das Verhältnis von Handelsumlenkung zu Handelsschaffung von vornherein verzerrt ist. Der Bias zur Handelsumlenkung ist offensichtlich.

Erstens überschätzt der auf dem Dixit-Stiglitz-Modell basierende Ansatz den Einfluß der Handelsumlenkung auf die Weltwohlfahrt. Im Krugman-Modell liegt der Grund für die Aufnahme von Handelsbeziehungen nicht in unterschiedlichen komparativen Vorteilen, sondern einzig in den Präferenzen nach differenzierten Gütern. Die Konsumenten würden ohne verzerrende Handelsbarrieren Güter aus allen N Ländern in demselben Verhältnis und in derselben Menge konsumieren. Diskriminierende Liberalisierung führt dazu, daß die Preisverhältnisse weiter verzerrt werden und damit die Konsumenten kein effizientes Konsumbündel be-

---

[81] Ob, wie etwa Fratzscher (1996) behauptet, die berechneten Zölle auch die tatsächlichen Zolläquivalente übersteigen, kann nicht mit Sicherheit ausgeschlossen werden. Nichttarifäre Handelshemmnisse sind schwer zu quantifizieren. In der Regel wird entweder versucht, über den Inzidenzansatz die Wirkung herauszufinden. Oder es wird im Rahmen des Inventuransatzes die Anwendungshäufigkeit erfaßt. Beide Ansätze sind mit großen Problemen behaftet (vgl. Langhammer, 1993, S. 42 ff.; OECD, 1996, S. 11 f.).

ziehen.[82] Dadurch liegt schon in den Annahmen ein Bias in Richtung Handelsumlenkung (vgl. Deardorff/Stern, 1992, S. 24). Nur in einer bipolaren Welt ist die Anzahl der in der restlichen Welt produzierten Güter nicht größer als die innerhalb eines Handelsblocks hergestellten. Dadurch ist das Potential zur Handelsumlenkung größer als zur Handelsschaffung, denn jedes „verlorene" Gut bzw. jedes ungleichmäßigere Konsumverhältnis ist unter der Annahme der unvollständigen Substitute mit hohen Kosten verbunden. Zunehmender Regionalismus führt dann fast zwangsläufig zu einer abnehmenden Weltwohlfahrt.

Zweitens bewirkt das Fehlen des interindustriellen Handels eine Unterschätzung der handelsschaffenden Effekte. Wird das Ein-Sektor-Krugman-Modell um einen weiteren Sektor mit komparativen Vorteilen erweitert, ist eine U-förmige Wohlfahrtsfunktion nicht mehr zwingend. Vielmehr kann die Weltwohlfahrt kontinuierlich mit zunehmender Regionalisierung und damit gemäß dem Regionalismuspfad III steigen (vgl. Deardorff/Stern, 1992).[83] Handel aufgrund von komparativen Vorteilen mindert die Wirkung der unvollkommenen Substitute. Der Verlust des Konsums eines bestimmten differenzierten Gutes fällt weniger ins Gewicht. Allerdings hat die Analyse im Teil I gezeigt, daß die Einführung von komparativen Vorteilen nicht per se die Handelsumlenkung vermeidet. Nur das Potential für Handelsschaffung wird erhöht. Hohe Wohlfahrtsgewinne sind dann zu erwarten, wenn die handelnden Länder relativ verschieden sind (vgl. z.B. Summers, 1994, S. 197; Fratzscher, 1996, S. 46). Dies wiederum deckt sich mit den Aussagen des Standardansatzes der Zollunionstheorie. Je ausgeprägter die Kostenunterschiede innerhalb einer Union ausfallen, d.h. je bedeutender komparative Vorteile werden, desto größer ist c.p. die Wahrscheinlichkeit, daß bei zunehmender Regionalisierung Handelsschaffung entsteht.

c) Freihandelszone versus Zollunion: Das Krugman-Modell basiert auf Zollunionen. Das selbe Ergebnis muß nicht entstehen, wenn in einer Krugman-Welt statt Zollunionen Freihandelszonen ohne protektionistische Ursprungsregeln betrachtet werden (vgl. Sinclair/Vines, 1995). In diesem Fall werden sich die Zölle angleichen, und zwar auf dem niedrigsten Niveau. Dies folgt aus der Handelsablenkung. Versucht ein Land seine theoretische Monopolmacht auszunutzen, ist aber verpflichtet, seine Partnerländer von Handelsschranken zu befreien, führt eine Optimalzollpolitik ohne Absprachen nicht zu dem vom aktiven Land er-

---

[82] Somit wird auch deutlich, weshalb im Krugman-Modell die Wohlfahrt bei N Handelsblökken geringer ist als bei einem einzigen. Ein nichtdiskriminierender Zoll verzerrt die Konsumentscheidung immer noch dahin, daß relativ zu viel inländische Güter konsumiert werden (vgl. Anhang 1; Goto/Hamada, 1995, S. 11).

[83] Für eine dem Krugman-Modell ähnliche Modelldarstellung vgl. Fratzscher (1996, Kapitel 1.4). Doch wird hier wieder die Problematik der Second-best-Modelle deutlich. Bond und Syropulos (1996) kommen trotz der Einführung von komparativen Vorteilen zu unterschiedlichen Ergebnissen. Der Anreiz zur Zollsenkung kann bei einer geringen Substitutionselastizität mit verstärkter Regionalisierung zunehmen. Weiter hängt es von der Modellierung der komparativen Vorteile ab, bei welcher Anzahl an Integrationsgemeinschaften das Wohlfahrtsminimum liegt.

hofften Ergebnis. Das Potential zur Optimalzollpolitik wird durch eine Freihandelszone nicht erhöht.

Symmetrische Erweiterungen von Freihandelszonen können diesen disziplinierenden Effekt noch verstärken, wenn beachtet wird, weshalb im Krugman-Modell der Handelsumlenkungsbias entstand. Ohne Regionalisierung werden aufgrund des Meistbegünstigungsprinzips alle Güter der restlichen Welt gleich belastet. Die Preisverhältnisse zwischen den inländischen und ausländischen Gütern sind aufgrund des Zollkeils verzerrt, aber nicht die zwischen den verschiedenen ausländischen. Mit einer fortschreitenden Regionalisierung nimmt der Anteil nicht belasteter Güter stetig zu, da die innerhalb der Freihandelszone produzierten Güter keinen Handelsbarrieren mehr unterliegen. Gleichzeitig erhöhen sich die Verzerrungen der Preisverhältnisse, da Güter von den Partnerländern nicht genauso behandelt werden wie die Güter aus der restlichen Welt. Solange die Welt nicht aus zwei gleich großen Blöcken besteht, nimmt mit zunehmender Regionalisierung die Anzahl der ineffizienten „Zollkeile" zu. Um diese Verzerrungen zu vermeiden, entsteht für die Mitglieder der Freihandelszone ein Anreiz, die Zölle auch gegenüber Nichtmitgliedern zu senken. Dies wird auch als „optimal import-sourcing condition" bezeichnet (Sinclair/Vines, 1995, S. 1).

Dieser Effekt ähnelt abermals dem Import-Pattern-Effekt. Dort wurden in der Ausgangslage die verschiedenen Güter deutlich unterschiedlich belastet und damit der inländische Konsum verzerrt. Regionalisierung führt zu einer Entzerrung der Preisverhältnisse von ausländischen Gütern und damit zu einer verbesserten Allokation. Hier liegt der umgekehrte Fall vor. In der Ausgangslage wurden alle Importgüter mit demselben Zoll belastet. Die Konsumverzerrungen waren relativ gering. Der zunehmende Regionalismus führte die Verzerrungen durch die ungleiche Behandlung der Güter aus verschiedenen Ursprungsorten erst ein. Um diese Fehlallokation zu beheben, müssen die externen Handelsschranken gesenkt werden, und zwar schon aus dem eigenen Wohlfahrtsmaximierungskalkül heraus. Demnach sinkt bei Freihandelszonen mit fortschreitender symmetrischer Regionalisierung die Protektion.

d) Was bleibt? Die Kritik schränkt die Aussagefähigkeit des Krugman-Modells beträchtlich ein. Es bleibt zumindest die Grundaussage: Eine kompensatorische externe Zollsenkung insbesondere bei Zollunionen muß nicht im Interesse regionaler Integrationsgemeinschaften sein. Die Kritik und die Erweiterungen des Modells sind zwar in der Sache richtig, werfen aber ihrerseits viele Fragen auf.

Erstens müßte bei der Einführung homogener Güter eine Integration von Industriestaaten und weniger entwickelten Volkswirtschaften - wie z.B. die EU mit den Visegrad-Staaten - einer Union aus gleich entwickelten Ländern vorzuziehen sein. Die derzeitige Regionalisierungsentwicklung weist tatsächlich einen Trend auf, daß sich weniger entwickelte Volkswirtschaften mit hochentwickelten zusammenschließen. Dies zeigt die NAFTA, aber auch in zunehmendem Maße die EU.

Zweitens stellt sich die Frage, ob es Unterschiede gibt, wenn sich verschiedenartige Länder zusammenschließen. Dadurch wird die Symmetrieannahme gelokkert. Es ist nicht auszuschließen, daß es so etwas wie „natürliche Handelspartner" gibt. Zum einen zeigt die Kritik, daß bei bestimmten Faktorausstattungen zunehmende Regionalisierung gleichbedeutend mit einer zunehmenden Weltwohlfahrt ist. Weiter wird häufig argumentiert, Länder mit ähnlichen ordnungspolitischen Vorstellungen schlössen sich zusammen. Ökonomisch ist dies allerdings schwer zu untersuchen.

Drittens wurden bisher Handelskosten vollkommen vernachlässigt. Dabei erscheint es doch auf den ersten Blick logisch, daß geographisch nahe beieinanderliegende Länder auch ohne de-jure Abkommen intensive Handelsbeziehungen unterhalten (vgl. P. Wonnacott/Lutz, 1989, S. 69).[84] Demnach ist möglicherweise eine komplizierte Verschärfung des Artikels XXIV GATT gar nicht nötig, wenn Integrationszonen gar keinen negativen Einfluß auf die Weltwohlfahrt ausüben. Dies wird im nächsten Abschnitt diskutiert.

3.2.3 Einführung einer geographischen Komponente?

a) Intraregionaler Handel und Gravitationsmodelle: Zwei Merkmale des derzeitigen Regionalismus sind, daß die Partnerländer schon vor der juristischen Integration relativ intensiv miteinander handelten und geographisch nahe beieinanderliegen. Beides wird gelegentlich als Kriterium dafür angesehen, daß eine Zollunion potentiell netto zu Handelsschaffung führt. Wenn dieses Kriterium tatsächlich Gültigkeit haben sollte und sich nur solche Länder zusammenschließen würden, wäre es für die Weltwohlfahrt egal, ob eine multi-, bilaterale oder regionale Liberalisierung vorgenommen wird (vgl. Summers, 1994, S. 195). Die hier abgeleiteten Forderungen des Artikels XXIV GATT, intraregionale Liberalisierung, kompensatorische Anpassung der externen Handelshemmnisse und Offenheit, müßten modifiziert werden. Ähnlich dem statischen Teil I, in dem versucht wurde, Indikatoren zu identifizieren, bei denen mit einer handelsschaffenden Zollunion gerechnet werden kann, ist das Konzept der natürlichen Handelspartner angelegt. Doch wer sind konkret solche originären Partner? Die Meinungen innerhalb der Wissenschaft sind weder einheitlich noch widerspruchsfrei (vgl. Bhagwati/Panagariya, 1996, S. 16).

Ein Weg, natürliche Handelspartner zu bestimmen, könnte in dem ursprünglichen bilateralen Handelsanteil liegen. Immerhin wurde sowohl im Teil I als auch im Kemp-Wan-Theorem gezeigt, daß eine wohlfahrtserhöhende Zollunion einen Anstieg des Handelsvolumens erfordert. Handeln bestimmte Länder einen relativ zum Handel mit der restlichen Welt hohen Anteil miteinander, bleibt ein relativ geringer Prozentsatz übrig, der zur Handelsumlenkung führen kann. So sind beispielsweise die USA für Kanada und Mexiko der mit Abstand wichtigste Handelspartner (vgl. Summers, 1994, S. 195).

---

[84] Eine neue Spielart der geographischen Nähe sind Anrainerstaaten großer Gewässer. Beispiele sind die Gedanken um eine APEC und eine TAFTA. Tatsächliche Distanzen und ökonomische Theorie scheinen hier eine geringe Rolle zu spielen (vgl. Bhagwati, 1997).

Ein solches Kriterium greift bei einer genaueren Betrachtung zu kurz. Entscheidend ist nicht, ob das relative Potential zur Handelsumlenkung gering ist, sondern das tatsächliche Ausmaß. Wenn Handelsanteile analysiert werden, dann ist das jeweilige Verhältnis zu den Ausgaben für inländische Güter relevant (vgl. Bhagwati/Panagariya, 1996, S. 30 f.). Daher müssen zwei Kreuzpreiselastizitäten der inländischen Nachfrage nach den Importgütern aus dem Partnerland verglichen werden. Zum einen geht es um die prozentuale Nachfrageänderung von Gütern aus dem Partnerland, wenn sich der Preis der inländischen Güter ändert. Zum anderen geht es um die prozentuale Nachfrageänderung aufgrund einer Preisänderung der Güter aus der restlichen Welt. Je höher die erste Kreuzpreiselastizität ausfällt, desto besser werden die Chancen für eine handelsschaffende Zollunion. Würde das betrachtete Inland aufgrund der Meistbegünstigungsklausel multilateral die Handelsbarrieren senken, nähme die Nachfrage nach den Gütern des Partnerlandes relativ zu jenen aus der restlichen Welt zu. Die Handelsschaffung dominiert. In dem oben angesprochenen Beispiel von Mexiko und den USA wird dagegen davon ausgegangen, daß, obwohl die USA der wichtigste Handelspartner für Mexiko sind, die Kreuzpreiselastizitäten nicht diese Eigenschaften erfüllen. Demnach wäre die NAFTA eher als handelsumlenkend zu bezeichnen. Zusätzlich soll noch einmal auf die immensen Umverteilungskonflikte, die aufgrund des Merkantilismusbias entstehen können, hingewiesen werden. Ursprüngliche bilaterale Handelsanteile per se sind demnach als Kriterium weder notwendig noch hinreichend. Sie können sogar in die Irre führen. In dieser Form sind sie als Ergänzung des Artikels XXIV GATT nicht tragbar.

Jahr/Region	EU-15[a]	NAFTA[b]	Ostasien[c]	APEC[d]
1962	56	36	33	53
1965	59	37	30	55
1970	61	40	29	60
1975	60	38	31	57
1980	58	34	36	59
1985	60	40	38	68
1990	66	38	44	69
1994	64	43	50	74

a) Belgien, Dänemark, Deutschland, Finnland, Frankreich, Griechenland, Irland, Italien, Luxemburg, Niederlande, Österreich, Portugal, Schweden, Spanien, Vereinigtes Königreich
b) Kanada, Mexiko, Vereinigte Staaten
c) Brunei, China, Hongkong, Indonesien, Japan, Malaysia, Philippinen, Singapur, Südkorea, Taiwan, Thailand
d) NAFTA, APEC, Australien, Chile, Neuseeland, Papua-Neuguinea

Tab. II.2: Anteil des intraregionalen Handels in vH des Gesamthandels der Region
Quelle: Frankel, 1997, S. 22

Der zunehmende intraregionale Handel (vgl. Tabelle II.2) bedeutet nicht, daß zwangsläufig eine de-jure-Integration vorangegangen sein muß. Im asiatisch-pazifischen Raum scheint schon a priori ein regionaler Bias vorzuliegen. Daraus folgt ein anderer Erklärungsansatz basierend auf den aus der Physik stammenden Gravitationsmodellen, die in den sechziger Jahren entwickelten wurden (vgl. Linnemann, 1966) und sich in den neunziger Jahren wieder größerer Beliebtheit erfreuen.[85] In ihren einfachsten Versionen gehen sie davon aus, daß der bilaterale Handel zwischen zwei Ländern proportional vom Produkt der jeweiligen BSP abhängt und negativ von der geographischen Entfernung (vgl. Polak, 1996, S. 534). Ziel der Gravitationsmodelle ist es zu erklären, welcher Anteil des tatsächlichen bilateralen Handels „normal" ist und welcher Anteil sich aus anderen Faktoren erklären läßt. Dies erscheint auf dem ersten Blick plausibel. Mit zunehmendem Einkommen und damit in der Regel Entwicklungsstand einer Volkswirtschaft nimmt auch die Spezialisierung zu. Der Handel steigt an. Ebenso erscheint es einsichtig, daß die geographische Nähe c.p. die Transportkosten reduziert.[86] Unumstritten sind diese Modelle nicht (vgl. Polak, 1996). Trotz der intuitiven Plausibilität fehlt ihnen die theoretische Fundierung. Dies wird selbst von denen anerkannt, die mit diesen Modellen arbeiten (vgl. Frankel/Stein/Wei, 1993, S. 7 f. und 1995, S. 68). Die Ergebnisse dieser Schätzungen sind daher mit Vorsicht zu interpretieren. Für die achtziger Jahre läßt sich ein intraregionaler Bias in der westlichen Hemisphäre, in Westeuropa und in Ostasien ausmachen. Der größte Bias allerdings findet sich innerhalb der APEC-Staaten, d.h. zwischen den Ländern, die noch keine umfassende de-jure-Integration vollzogen haben (vgl. Frankel/Stein/Wei, 1995, S. 68).[87] Im folgenden soll untersucht werden, ob bei der Existenz natürlicher Handelspartner, basierend auf Gravitationsmodellen, Regionalismus die Wohlfahrt erhöht, die notwendigen Anforderungen des Referenzrahmens für wohlfahrtserhöhende Integrationsräume mindert und den Weg zum weltweiten Freihandel ebnet.

b) Natürliche Handelsblöcke: Popularität erlangte das Konzept der natürlichen Handelsblöcke durch Krugman (1991b; 1993). Die Popularität resultierte insbesondere daraus, daß das Ergebnis diametral dem Ergebnis seines eigenen Krugman-Modells entgegensteht.[88] Zunächst bleibt der Modellrahmen fast derselbe. Nur die Symmetrieannahme wird an einer Stelle aufgegeben. Die geographische Nähe und die daraus abgeleiteten Transaktionskosten[89] stellen jetzt die bedeutendste erklärende Variable dar. Wurden ursprünglich alle N Länder als

---

85 Für eine Literaturübersicht vgl. Leamer/Levinsohn (1995, 6. Kapitel).

86 Es gibt verschiedene Arten, die Transportkosten zu schätzen, die jedoch alle mit theoretischen Mängeln behaftet sind (vgl. Frankel/Stein/Wei, 1993, S. 34 ff.). Häufig wird das Verhältnis vom c.i.f.-Wert zum f.o.b.-Wert gewählt.

87 Dies wird in den verschiedenen Veröffentlichungen von Frankel nicht deutlich. Regionale Integration wird hier ganz allgemein verstanden, d.h. nicht nur im Sinne der politischen, sondern auch der marktgeleiteten Integration. Für wirtschaftspolitische Aussagen ist ein solches Vorgehen wenig hilfreich.

88 Dies hat zu dem Titel „Krugman versus Krugman" geführt (Winters, 1996 S. 6). Für die folgenden Ausführungen vgl. Krugman (1991b, S, 12-14).

89 Transaktionskosten können wieder als Eisbergkosten modelliert werden. Nur ein Teil der produzierten Güter erreicht den Bestimmungsort.

identisch angesehen, werden sie jetzt auf verschiedene B Kontinente verteilt. Die Länder handeln primär mit ihren kontinentalen Nachbarn. Begründet wird dies mit den Ergebnissen der Gravitationsmodelle. Um das angesprochene Problem der Kreuzpreiselastizitäten zu umgehen, wird angenommen, daß die intrakontinentalen Transaktionskosten null betragen, während die interkontinentalen Transportkosten so hoch sind, daß kein nennenswerter Handel zwischen Ländern aus verschiedenen Kontinenten existiert. Die Argumentation ähnelt wieder der obigen. Natürliche Handelspartner liegen vor, wenn ein weit überproportionaler Anteil des Handels bzw. der gesamte Handel auch ohne eine formale Integrationsgemeinschaft innerhalb bestimmter Ländergruppen vollzogen wird. Eine regionale Integration innerhalb kontinentaler Grenzen führt hier eindeutig zu Wohlfahrtsgewinnen. Die handelsschaffenden Effekte werden größer ausfallen als die handelsumlenkenden. Schließen sich Länder aus verschiedenen Kontinenten zusammen, entsteht ein „unnatürlichen" Handelsblock. Regionalisierung sollte demnach dann erlaubt sein, wenn sie innerhalb kontinentaler Grenzen erfolgt, denn hier entsteht kein Unterschied zu einer multilateralen Liberalisierung. Dies spricht dafür, den Referenzrahmen um eine geographische Komponente zu ergänzen. Bei prohibitiv hohen Transportkosten entfällt die Notwendigkeit zur Kompensation völlig. Daher geht es im Gegensatz zum ursprünglichen Krugman-Modell nicht mehr darum, auf die Gesamtzahl der Handelsblöcke zu achten, sondern ob sich Länder eines Kontinents zusammenschließen.

Ein Problem dieser Krugman-versus-Krugman-Kontroverse liegt darin, daß zwei Extreme analysiert werden. Zum einen werden überhaupt keine Transport- bzw. Transaktionskosten vorausgesetzt, zum anderen sind sie mehr oder weniger prohibitiv hoch. Realistischer ist es, positive, aber nicht prohibitiv hohe Transportkosten zu betrachten (vgl. Frankel/Stein/Wei, 1993 und 1995; Wei/Frankel, 1995).[90] Auch müssen die intraregionalen Kosten nicht null betragen.[91] Wichtig ist nur, daß die interkontinentalen Kosten über den intrakontinentalen liegen. Zwei Aspekte werden dadurch relevant. Erstens kann die Existenz von weniger extremen natürlichen Handelsblöcken die Notwendigkeit der kompensatorischen Senkung der externen Handelsbarrieren, wie sie im Referenzrahmen gefordert wird, abmildern. Zweitens muß es, wenn im ersten Krugman-Modell symmetrische Regionalisierung zu Wohlfahrtsverlusten führt, aber im zweiten Modell Regionalisierung innerhalb kontinentaler Grenzen zu einer Wohlfahrtserhöhung, einen Schwellenwert für kontinentale Transaktionskosten geben, ab dem zuneh-

[90] Wenn hier von Transportkosten gesprochen wird, sind Transaktionskosten im allgemeinen gemeint. Rein physische Transportkosten aufgrund von geographischen Entfernungen spielen ökonomisch keine bedeutende Rolle mehr (vgl. Bergsten, 1991, S. 30; Berthold, 1996, S. 40). Die Vertreter der natürlichen Handelsblöcke gehen statt dessen davon aus, daß Kommunikations- und Vertragskosten, auch aufgrund besserer Kenntnisse über die jeweiligen institutionellen Gegebenheiten, zwischen Nachbarn geringer sind (vgl. Frankel/Stein/Wei, 1993, Fn. 24).

[91] Ähnlich wie interkontinentale Transportkosten geschätzt wurden, können auch intrakontinentale Kosten bestimmt werden. Dabei werden in den Simulationen je nach Definition der Transportkosten Werte zwischen zehn und sechzehn vH ermittelt (vgl. Frankel/Stein/Wei, 1995, S. 67 f.).

mende Regionalisierung wohlfahrtsmindernd ist. Beide Aspekte werden im folgenden diskutiert.

Wiederum werden alle N Länder auf B Kontinente verteilt. Dabei existieren interkontinentale Transaktionskosten in Höhe von k vH des jeweiligen Handelsvolumens. Bei einer Betrachtung von sechzig Ländern und aufbauend auf den sonstigen Annahmen des Krugman-Modell kommen eine Reihe von Simulationsrechnungen zum Ergebnis, daß der kritische Wert k^* für interkontinentale Transportkosten bei ungefähr achtzehn vH des Handelswertes liegt (vgl. Frankel, 1997, S. 169). Bei höheren Transaktionskosten dominiert der Einfluß des zweiten Krugman-Modells. Regionalisierung innerhalb kontinentaler Grenzen führt zu einer Verbesserung der Wohlfahrt. Liegen die tatsächlichen Transaktionskosten darunter, dominiert das erste Krugman-Modell. Regionalisierung auch innerhalb eines Kontinents führt zu einer Verschlechterung der Wohlfahrt. Bemerkenswert ist hier, daß sich die Wohlfahrt nicht nur gegenüber dem Optimalzustand des Freihandels verschlechtert, sondern auch gegenüber einer Welt ohne regionale handelspolitische Arrangements. Werden hier regionale Integrationszonen aus wohlfahrtstheoretischen Gründen abgelehnt, kann nicht der Vorwurf des Nirwana-Ansatzes erhoben werden, da zwei Zustände des Zweitbesten verglichen wurden. In der Literatur wurde für solche wohlfahrtsmindernden Handelsblöcke der etwas eigentümliche Ausdruck „super-natural blocs" eingeführt. In diesem Fall reichen die interkontinentalen Transportkosten nicht aus, um Regionalisierung innerhalb kontinentaler Grenzen zu rechtfertigen (vgl. Frankel, 1997, S. 170).

Auch wenn die Gesamtwohlfahrt ansteigt, kann nicht ausgeschlossen werden, daß Drittstaaten verlieren. Im hier betrachteten Fall der symmetrischen Erweiterung liegt die Grundannahme vor, daß alle Länder in identischen Zollunionen integriert sind. Dies ändert nichts an der Notwendigkeit der kompensatorischen Senkung der externen Zölle. Sowohl der Referenzrahmen als auch der McMillan-Test erfordern in der Regel eine deutliche Senkung der Handelsbarrieren gegenüber Drittstaaten, damit eine regionale Integration eine globale Verbesserung darstellt. Auch das erste Krugman-Modell verdeutlicht, daß ohne eine kompensatorische Anpassung der Handelshemmnisse die Handelsumlenkung überwiegt und die globale Wohlfahrt insgesamt fällt. Allerdings wurden kontinentale Transaktionskosten nicht weiter berücksichtigt. Die vorangegangene Analyse hat dagegen gezeigt, daß Transaktionskosten Einfluß auf die Wohlfahrt ausüben. Werden nur regionale Integrationszonen innerhalb kontinentaler Grenzen zugelassen, erscheint es intuitiv einleuchtend, daß die hinreichende paretooptimale Reduzierung der externen Zölle in einem geringeren Ausmaß stattfinden muß als im Referenzrahmen (vgl. Wei/Frankel, 1995). Daraus folgt, je höher die interkontinentalen Transaktionskosten ausfallen, desto geringer sind die notwendigen und hinreichenden externen Zollsenkungen. Ob es sinnvoll ist, natürliche Handelsblöcke als ein Kriterium für die Zulässigkeit von Zollunionen einzuführen, hängt auch davon ab, in welcher Größenordnung sich die Transaktionskosten bewegen. Der geschätzte Wert für die tatsächlich existierenden Transaktionskosten liegt zwischen zehn und zwanzig vH. Folgt die Weltwirtschaft dem Trend einer kontinentalen Regionalisierung, wie sie innerhalb der Europäischen Union vorzufinden ist, führt die weitergehende Regionalisierung zu supernatürlichen Handelsblöcken (vgl. Frankel/Stein/Wei, 1995).[92] Der Regionalismus, auch innerhalb kontinentaler Grenzen, wäre dann dem Multilateralismus klar unterlegen. Eine weitere Regionalisierung, ohne sich nach dem Referenzrahmen zu verhalten, stellt somit auch gegenüber dem Status quo eine Verschlechterung dar und kann in dieser Form nicht als gerechtfertigter Ausnahmetatbestand zur Nichtdiskriminierung akzeptiert werden. Kommt der Integrationsprozeß vorher zum Stillstand, entspräche dies dem Regionalismuspfad VI. Verschärft wird diese Problematik bei ozeanübergreifenden Abkommen wie der APEC oder einer möglichen TAFTA. Von einer geographischen Nähe kann hier keine Rede sein.

3.2.4 Fazit

Ein wichtiges Argument des Referenzrahmens, um vom Prinzip der Diskriminierung abzuweichen, stellt die kompensatorische Zollsenkung dar. Die Senkung der externen Handelsbarrieren gegenüber Drittstaaten ist essentiell, um die Schlechterstellung der restlichen Welt, aber auch der eigenen Integrationsgemeinschaft zu vermeiden. Im Referenzrahmen ist insofern ein Anreiz für eine solche freihandelsorientierte Politik gegeben, da eine Paretoverbesserung realisiert werden kann. Die Diskussion der Optimalzolltheorie hat dagegen gezeigt, daß aus wohlfahrtstheoretischer Sicht Gründe vorliegen, die gegen eine Zollsenkung sprechen. Verfügen Länder bzw. Handelsblöcke über Marktmacht, können sie sich über das „Kemp-Wan"-Niveau hinaus verbessern. Handeln alle Blöcke unter diesen Prämissen, und ist keine Kooperation möglich, resultiert ein Gefangenendilemma, in dem sich alle schlechter stellen. So folgt aus dem ersten Krugman-Modell, daß eine tripolare Welt die schlechteste aller Möglichkeiten darstellt.

Krugman selbst schränkt die Bedeutung seines ursprünglichen Modells mit der Begründung ein, daß die Annahme der vollkommen identischen Länder zu einfach sei (vgl. Krugman, 1991b, S. 12). In den Erweiterungen um eine geographische Komponente sind zwar unter Umständen Wohlfahrtsgewinne durch Regionalisierung zu erwarten. Bezogen auf die Wahl der Regionalismuspfade ist damit nicht viel gewonnen. Wenn nur bestimmte Länder zusammengehen und sich damit die Wohlfahrt gegenüber dem Status quo erhöht, gleichzeitig aber die Empfehlung ausgesprochen wird, bestimmte Länder nicht aufzunehmen, ist in dynamischer Hinsicht nicht zu erwarten, daß regionale handelspolitische Arrangements gemäß dem Regionalismuspfad III oder zumindest IV Bausteine einer liberalen Welthandelsordnung darstellen. Die möglichen statischen Wohlfahrtsgewinne reichen nicht aus, um die Argumente des Referenzrahmens zu entkräften.[93] Damit ist schon der wichtigste Einwand gebracht.

---

92 Für die verschiedenen Berechnungsverfahren vgl. zusammenfassend Frankel (1997, Kap. 9). Problematisch sind dabei die verwirrenden und sich zum Teil widersprechenden Definitionen der intra- und interkontinentalen Transportkosten.

93 Die zusätzlichen politökonomischen Gefahren einer dosierten Handelspolitik werden im Teil III diskutiert.

Alle Konzepte der natürlichen Handelsblöcke sind statisch ausgerichtet. Demgegenüber nehmen die Transport- und die Kommunikationskosten stetig ab. Kompensatorische Zollsenkungen werden daher nicht aufgehoben, sondern nur aufgeschoben. Es ist ordnungspolitisch zweifelhaft, nur regionale Integrationszonen innerhalb kontinentaler Grenzen zuzulassen, bis ein bestimmtes Optimum erreicht ist. Die Aufgabe von multilateralen Regeln ist es, einen langfristigen Ordnungsrahmen zu bilden, der für alle Akteure die gleichen Chancen und Risiken offenhält. Ferner steigt der Trend zu kaleidoskopischen komparativen Vorteilen an. Komparative Vorteile sind nicht für immer gegeben. Das weltwirtschaftliche Umfeld wird volatiler. Bei gleichzeitig erhöhter Realkapitalmobilität folgen ständige Veränderungen der Handels- und Produktionsstrukturen. Dies ist unter dem Stichwort „flying geese" bekannt (vgl. Lloyd, 1996, S. 33; Langhammer, 1997, S. 2 ff.). In einigen Industriebereichen wie Textilien, Elektronik oder Automobil haben sich sogenannte „footlose industries" gebildet. Diese Industriezweige sind zunächst von Japan zu den „kleinen Tigern" Taiwan, Südkorea, Hongkong und Singapur gewandert. Jetzt haben diese neuen Industrienationen ihre komparativen Vorteile an Thailand, China und Malaysia verloren. Somit mag heute das Partnerland noch die effiziente Angebotsquelle sein, morgen kann es jedoch seine Vorteile verloren haben. Selbst wenn das Handelsvolumen konstant bleibt, muß dies als Handelsumlenkung verstanden werden.

Als Ergebnis kann festgehalten werden, daß ein wie auch immer definiertes geographisches Kriterium langfristig nicht in der Lage ist, die Integrationsformen auf wohlfahrtsfördernde Spielarten zu beschränken. Ob eine regionale Integrationszone wohlfahrtserhöhend ist, kann nicht an geographischen Indikatoren festgemacht werden, sondern bedarf immer einer empirischen Einzelprüfung (vgl. Lawrence, 1996, S. 24). Der Referenzrahmen mit seinen Bedingungen der intraregionalen Liberalisierung, der kompensatorischen Anpassung der Handelshemmnisse und der Offenheit muß daher nicht erweitert werden. Allerdings verdeutlicht die Diskussion, daß die Anreize einer externen Zollsenkung in einer Welt von größer werdenden Handelsblöcken gering ausfallen. Hält man sich weiterhin vor Augen, daß im ursprünglichen Krugman-Modell der größte Teil der Handelsumlenkung aus der Diskriminierung erfolgte und nicht aus der Optimalzollpolitik, stellen Integrationszonen eine latente Gefahr für eine liberale Welthandelsordnung dar. Unabhängig von natürlichen, unnatürlichen oder supernatürlichen Handelsblöcken muß der Frage nachgegangen werden, ob langfristig überhaupt ein abschließender kumulativer Prozeß möglich ist. Wenn ja, stellen regionale Integrationsgemeinschaften zumindest langfristig keinen Stolperstein für eine liberale Welthandelsordnung dar. Es geht demnach um die Frage der optimalen Größe eines Integrationsraumes.

3.3 Die optimale Größe einer Integrationsgemeinschaft

Symmetrische Modelle sind ein geeigneter Rahmen, um anhand von komparativ statischen Untersuchungen zu zeigen, daß kompensatorische externe Zollsenkungen nicht mit dem Wohlfahrtsmaximierungskalkül einer regionalen Integrationsgemeinschaft übereinstimmen müssen. Der aus weltweiter Sicht optimale Regionalismuspfad III muß nicht im Interesse einzelner Handelsblöcke sein. Dies ist auf Dauer nicht so schlimm, wenn zumindest der Pfad IV beschritten wird. Demnach wäre langfristig mit einer umfassenden Integrationsgemeinschaft zu rechnen, und zwar bestehend aus der gesamten Welt. Doch genau hier liegt die Schwäche der angesprochenen Ansätze. Sie geben keine Antwort, weshalb ein weltweites Wohlfahrtsminimum von drei Blöcken im ersten Krugman-Modell stabil sein sollte, wenn eine weitergehende Integration alle Beteiligten besserstellt und auf den ersten Blick kein Argument wie etwa Freifahrerverhalten dagegen spricht. Ebenso schwer verständlich ist, weshalb in den von Frankel, Stein und Wei vertretenen Modellen der natürlichen Handelsblöcke die optimale Größe der räumlichen Integration überschritten werden konnte, d.h. warum Mitglieder negative Grenzerträge der Regionalisierung in Kauf nahmen. Mit anderen Worten: Die symmetrischen Modelle erklären nicht die Motivation, neue Länder aufzunehmen.[94] Und genau die Frage der Offenheit ist von höchster Bedeutung und daher nicht umsonst eine der wichtigsten Bedingungen im Referenzrahmen.

Daher ist es notwendig, asymmetrische Modelle zu betrachten. Wichtig ist dies auch aus praktischer Sicht. Die häufig beschworene tripolare Welt existiert nicht. Spätestens seitdem sich die USA verstärkt in den APEC-Prozeß integriert haben, ist die Wahrscheinlichkeit einer tripolaren Welt deutlich zurückgegangen (vgl. Bergsten, 1996, S. 107). Auch die Möglichkeit einer bipolaren Welt, bestehend aus der APEC und der EU, ist nicht zwangsläufig mit einer symmetrischen Welt gleichzusetzen, was aus Tabelle 0.3 ersichtlich wird. Die APEC würde auch eine in den Osten erweiterte EU ökonomisch und in den Bevölkerungszahlen bei weitem übertreffen. Die Asymmetrie ist offensichtlich. Auch theoretisch sind ungleiche Erweiterungen interessant. Finden sich einige Länder zu einer Zollunion zusammen, entsteht in der hier betrachteten Modellwelt für die restlichen Länder ein Anreiz, sich auch zusammenzuschließen (vgl. Goto/Hamada, 1995, S. 13). So kann die NAFTA als eine Reaktion der USA auf die EU verstanden werden. Zusätzlich wird gegenwärtig im asiatisch-pazifischen Raum diskutiert, wie die zukünftige Handelspolitik aussehen soll (vgl. Goto/Hamada, 1995; Kim, 1996; Brown/Deardorff/Stern, 1997). Zwar wurden die im globalen Vergleich überdurchschnittlichen Wachstumsraten ohne eine institutionelle Integration erreicht. Die Furcht vor Handels- und Investitionsumlenkung führt dessen ungeachtet zur Frage, ob nicht doch eine de-jure-Integration notwendig ist. Die APEC kann als amerikanischer Versuch verstanden werden, eine asiatische „Festung" in Form eines East Asian Economic Caucus zu vermeiden. Die Ankündigung einer möglichen TAFTA zwischen Nordamerika und der EU spiegelt wiederum eine Reaktion Europas aus Angst vor einem dominierenden pazifischen Raum wider.

Asymmetrische Modelle versuchen zu klären, inwieweit eine Integrationsgemeinschaft aus wohlfahrtsmaximierender Sicht die Offenheit wahrt. Es wird also versucht, den Kemp-Wan-Prozeß zu endogenisieren (vgl. Winters, 1996, S. 8). Zusätzlich können asymmetrische Modelle den Machteffekt besser erklären, da

[94] Dies gilt in Abbildung II.5 zumindest rechts vom Minimum.

sich nicht nur die absolute, sondern auch die relative Macht erhöht. Unabhängig von der konkreten Darstellungsform der asymmetrischen Modelle[95] geht es um die Frage, ob es für die Mitglieder eines bestehenden Integrationsraumes eine Art optimale Größe gibt. Eine Möglichkeit, dieser Fragestellung nachzugehen, ist es anzunehmen, daß nur eine Zollunion existiert, die einer Vielzahl von unabhängigen Staaten gegenübersteht. Eine Zollunion kann (mindestens) drei verschiedene Strategien verfolgen (vgl. Nordström, 1995, S. 60): Erstens kann sie versuchen, einen Optimalzoll zu erheben. Zweitens kann sie analog zur statischen Analyse bzw. gemäß dem derzeitigen Artikel XXIV GATT die externen Zölle konstant halten. Drittens besteht die Möglichkeit, die externen Zölle entsprechend dem Referenzrahmen so weit zu senken, daß sich die restliche Welt durch eine Integration nicht schlechter stellt.

Der letzte Fall wurde bereits im Referenzmodell diskutiert. Kann eine Zollunion bindend auf eine kompensatorische Politik verpflichtet werden, gibt es nur eine optimale Größe für einen bestehenden Integrationsraum: die gesamte Welt (vgl. Nordström, 1995, S. 63). Der Grund folgt aus der bisherigen Analyse. Die Mitglieder einer Zollunion können nur dann ihre Wohlfahrt verbessern, wenn sie intern alle Handelsbarrieren abbauen und immer wieder ein neues Mitglied integrieren. Erst wenn alle Länder Mitglieder einer gemeinsamen Integrationsgemeinschaft sind, d.h. bei weltweitem Freihandel, können keine weiteren Wohlfahrtsgewinne mehr erzielt werden.

Anders sieht dies bei den ersten beiden Fällen aus. Sowohl bei konstanten Zöllen als auch bei Optimalzöllen treten Terms of Trade-Effekte auf. Ausgehend von einer relativ kleinen Zollunion[96] führt eine graduelle Erweiterung auf der einen Seite für die Integrationsgemeinschaft zu Terms of Trade-Verbesserungen[97] und zu Wohlfahrtserhöhungen auf Kosten der restlichen Welt. Auf der anderen Seite sind nur noch geringe Gewinne zu erwarten, wenn kaum noch Länder ausgebeutet werden können, d.h. der größte Teil der Länder Mitglied ein und derselben Zollunion ist (vgl. Goto/Hamada, 1995, S. 17). Daher muß ab einer bestimmten Größe des Integrationsraumes der Gewinn aus der Terms of Trade-Verbesserung abnehmen, da weniger mit den Nichtmitgliedern gehandelt wird. Unabhängig davon, ob die externen Zölle angehoben werden oder nicht, ist die optimale Größe eines Integrationsraumes erreicht, wenn der marginale Gewinn eines Neumitglieds gerade null beträgt (vgl. Nordström, 1995, S. 65). Dabei liegt die optimale Größe bei einer Optimalzollpolitik c.p. über der einer „Artikel-XXIV-Politik" der konstanten externen Zölle, weil der Leverage-Effekt eines

---

[95] In der Regel werden ähnliche Modelle wie im Krugman-Modell verwendet (vgl. z.B. Goto/Hamada, 1995; Nordström, 1995; Bond/Syropoulos, 1996).

[96] Dabei muß sie schon in der Lage sein, die Weltmarktpreise zu beeinflussen.

[97] Nordström (1995, S. 65) geht davon aus, daß ein weiterer Wohlfahrtsgewinn aus der erhöhten Konsumeffizienz resultiert. Diese Aussage gilt nicht allgemein. In einer Krugman-Welt ohne homogene Güter gilt sie z.B. erst, wenn mindestens 50 vH aller produzierten Güter innerhalb der Union gehandelt werden. Ansonsten nimmt mit zunehmender Integration die Konsumeffizienz erst ab. Bei der Einführung homogener Güter spielt die Faktorausstattung eine Rolle.

Mitglieds höher ist. Die Neuaufnahme eines Mitglieds erhöht den Optimalzoll der Zollunion. Dieses Gewinnpotential wird bei konstanten Zöllen nicht ausgenutzt. Schließlich ist auch zu beachten, daß etablierte Mitglieder bei einer Erweiterung Marktanteile an Neuankömmlinge verlieren. Wenn kleine Länder beitreten, verschwindet deren ursprünglicher Wettbewerbsnachteil eines kleineren Heimatmarktes. In der Tat zeigt sich, daß z.B. das Vereinigte Königreich und Frankreich nach der Süderweiterung um die iberische Halbinsel Marktanteile an die neuen Mitglieder verloren haben (vgl. Casella, 1995).

Was bedeutet dies für die Wahl des Regionalismuspfades? Einzig bei einer bindenden Regel liegt es im Interesse der Mitglieder, immer neue Mitglieder aufzunehmen und sich entsprechend dem Pfad III zu verhalten: bei einer Kemp-Wan-Integration bzw. einer Integration gemäß dem Referenzmodell. Wird der intraregionale Handel vollkommen liberalisiert und die externen Zölle kompensatorisch gesenkt, liegt in der unbegrenzten Aufnahme neuer Mitglieder die einzige Möglichkeit, die regionale Wohlfahrt weiter zu erhöhen. Dabei wird gleichzeitig die globale Wohlfahrt erhöht. Bei allen anderen weniger restriktiven Regeln liegt die optimale Größe eines Integrationsraumes unterhalb der Welt. Insofern sind regionale Integrationsgemeinschaften eher als Stolpersteine anzusehen, wenn sie sich asymmetrisch entwickeln und dabei nicht hinreichend kompensieren. Ein kumulativer Prozeß, der in Freihandel mündet, ist so nicht zu erwarten.

Eine Möglichkeit für Nichtmitglieder, sich den negativen Folgen einer Zollunion zu entziehen, sind sogenannte Side-Payments (vgl. Cumberworth, 1996, S. 20 ff.; Berthold/M. Donges, 1997). Diese Zahlungen dürfen nicht verwechselt werden mit einem möglichen Transfersystem à la Kemp-Wan. In einer Kemp-Wan-Integration dient das Transfersystem dazu, die negativen Folgen des Merkantilismusbias aufgrund der diskriminierenden Liberalisierung zu kompensieren und eine Paretoverbesserung zu ermöglichen. Dies ist in Verbindung mit der kompensatorischen Senkung der externen Handelshemmnisse sowie der vollständigen intraregionalen Liberalisierung zu sehen. Das Transfersystem stellt eine rein intraregionale Angelegenheit dar. Hier dagegen schließen sich Länder zusammen, um sich auf Kosten Dritter besserzustellen. Drittstaaten können sich im Vorfeld nicht der Diskriminierung entziehen. Side-Payments stellen für potentiell geschädigte Nichtmitglieder eine Möglichkeit dar, etablierte Mitglieder von Schädigung abzuhalten. Sie zahlen also eine Art „Schutzgeld“, damit die Mitglieder der Zollunion nicht ihre Marktmacht ausnutzen und Nichtmitglieder keine Verluste durch die Regionalisierung in Kauf nehmen müssen. Auch hier geht es um eine Paretoverbesserung. Zielsetzung ist jedoch, daß etablierte Mitglieder auf eine „beggar-my-neighbour-Politik“ verzichten. Wenn durch eine Integration gemäß dem Referenzrahmen das Gesamteinkommen steigt, können nach der Wohlfahrtstheorie die Gewinner der über die ohne Side-Payments optimale Größe hinausgehenden Erweiterung die Verlierer kompensieren (vgl. Kowalczyk/Sjöström, 1994). Die Gewinner einer fortschreitenden Erweiterung, d.h. die potentiellen Neumitglieder, kaufen sich in eine bestehende Zollunion ein, indem sie den marginalen Verlust der etablierten Mitglieder erstatten. So unrealistisch ist dies nicht. Die Erweiterungen der EG bzw. EU wurden häufig dann möglich, nachdem die etablierten Mitglieder einen Teil der potentiellen Gewinne für die Neumitglieder vereinnahmt hatten (vgl. Berthold/Hilpert, 1997, S. 24). Offenkundig wurde dies mit der jüngsten Norderweiterung, bei der die neuen Mitglieder Nettozahler der Gemeinschaft wurden. Aus denselben Gründen wird es voraussichtlich den Visegrad-Staaten schwer fallen, in absehbarer Zeit *vollwertig* der EU beitreten zu können. Vielmehr ist zu erwarten, daß für viele „sensible“ Bereiche lange Übergangsfristen eingeführt werden.[98] Insbesondere die Subventionen innerhalb der Gemeinsamen Agrarpolitik stellen eine schwer zu überwindende Beitrittshürde dar (vgl. Snape, 1996, S. 60).

3.4 Regionale handelspolitische Arrangements als Versicherung

Bisher wurde in der Arbeit davon ausgegangen, daß regionale Handelspartner, nachdem die Integration vollzogen wurde, reziprok im selben Ausmaß liberalisieren, auch wenn die Offenheit „erkauft“ wurde. Dies beschreibt nicht alle neueren Abkommen zutreffend. Sowohl in Europa als auch in Nordamerika haben insbesondere kleine Länder deutlich stärker die Handels- und Investitionsschranken gesenkt als die USA oder die etablierten EU-Staaten. Daher scheint es so etwas wie hierarchische Länderordnungen bzw. Integrationsgemeinschaften zu geben, welche auch die dort ansässigen multinationalen Unternehmungen begünstigen (vgl. Boyd, 1997, S. 134). Ungeklärt bleibt bisher auch, welche Länder sich symmetrisch oder asymmetrisch zusammenschließen. Je weiter sich eine Zollunion ausdehnt, desto stärker wird der Anreiz für Nichtmitglieder, sich ihr anzuschließen (vgl. Nordström, 1995, S. 65). Erstens wird die Wohlfahrtslücke zwischen den Mitgliedern und den Nichtmitgliedern immer größer. Zweitens müssen Nichtmitglieder damit rechnen, daß die Zollunion ab einer bestimmten Größe keine neuen Mitglieder mehr aufnimmt. Daher läßt sich eine Verbindung zur These finden, regionale Integrationszonen würden Versicherungsinstitutionen für kleine Länder darstellen (vgl. Perroni/Whalley, 1994; Whalley, 1996). Die Versicherungshypothese geht davon aus, daß kleinere Länder eine Art Versicherungsprämie an große Länder entrichten, um mit ihnen ein Handelsabkommen abschließen zu dürfen. Warum?

Die bisherige Analyse zeigt, daß insbesondere für kleinere Länder der Eintritt in ein handelspolitisches Arrangement mit Kosten durch intraregionale Terms of Trade-Verluste verbunden sein kann. Die Handelsumlenkung stellt eine Art implizite Subvention an die Produzenten des Partnerlandes dar (vgl. de la Torre/Kelly, 1992, S. 3). Neben diesen traditionellen „Konzessionen" sind in der Realität noch weitere asymmetrische Zugeständnisse zu beobachten wie etwa ein weiterreichender Schutz des geistigen Eigentums als innerhalb des GATT-

[98] Diese Vorgehensweise fand auch schon bei der Süderweiterung der EG statt. Sowohl Spaniens Eisen- und Stahlindustrie als auch viele landwirtschaftliche Erzeugnisse und Fischerzeugnisse hatten lange Zeit keinen freien Zutritt zum EG-Markt (vgl. Ri. Baldwin, 1994, S. 201).

Vertrages.[99] Kleine Länder nehmen demnach zunächst Kosten in Kauf, um einem regionalen handelspolitischen Arrangement mit einem großen Land beizutreten.

Eine mögliche Ursache lag in der Uruguay-Runde, die immer wieder vom Scheitern bedroht war. Dies hatte zur Folge, daß Länder, welche stark vom Multilateralismus profitiert haben, ihre wichtigsten Absatzgebiete bei einem möglichen Handelskrieg schützen wollten (vgl. Bergsten, 1996, S. 111). Für diesen Schutz sind kleine Länder bereit, dem großen Land deutliche Konzessionen zuzugestehen. Das Versicherungsmotiv geht davon aus, daß es ohne diese Side-Payments nicht zu der erneuten Regionalismuswelle gekommen wäre (vgl. Hindley/Messerlin, 1993; Perroni/Whalley, 1994). Es ist demnach nicht auszuschließen, daß es kleinen Ländern weniger um einen verbesserten Marktzutritt heute geht als vielmehr um die Sicherheit, daß sich die bestehenden Konditionen morgen nicht verschlechtern (vgl. Fieleke, 1992, S. 10; Whalley, 1996, S. 31). Dabei dürfen nicht nur die traditionellen tarifären Handelsschranken betrachtet werden. Die neueren Protektionsinstrumente wie etwa Anti-Dumping-Maßnahmen (vgl. Messerlin, 1996), freiwillige Selbstbeschränkungsabkommen oder strategische Umwelt- und Sozialstandards beeinflussen durch ihren diskretionären Einsatz die Handelsströme erheblich.

Wohlfahrtsverluste aus der diskriminierenden Liberalisierung können dann als eine Art Investition angesehen werden. Große, schon integrierte Länder verlieren zunächst, da sie ihre Marktmacht in Zukunft nicht mehr gegen die neuen Mitglieder ausspielen können. Daher müssen sie kompensiert werden. Je später ein Land einem Abkommen beitritt, desto höher wird die Wahrscheinlichkeit, daß die optimale Größe einer Zollunion erreicht ist und das beitrittswillige Land eine hohe Kompensation zahlen muß. Die Höhe der Kompensation ergibt sich aus der Zahlungsbereitschaft des Versicherungsnehmers, d.h. des kleinen Landes, und der „Abgabeuntergrenze" des Versicherungsgebers, d.h. des großen Landes (vgl. Helstelä, 1996, S. 139 f.). Die Konzession des kleinen Landes ist die Versicherungsprämie, die an das große Land entrichtet werden muß. Die Höhe muß sich auf der Seite des Versicherungsnehmers erstens positiv danach richten, wie hoch der relative Versicherungsschutz des regionalen handelspolitischen Arrangements gegenüber dem GATT/WTO-System ausfällt. Zweitens hängt die Zahlungsbereitschaft positiv von der Wahrscheinlichkeit eines Handelskrieges ab. Auf der Seite des Versicherungsgebers ist die Höhe schwerer zu bestimmen. Die Prämie wird bei einer Freihandelszone höher ausfallen als bei einer Zollunion. Zwar kann das große Land bei beiden Arten der Integration nicht mehr gegen das neue Partnerland strategisch vorgehen, doch nur im Fall einer Zollunion wird das große Land durch zusätzliche Marktmacht gegenüber der restlichen Welt teilweise kompensiert. Regionale Handelsabkommen können überhaupt die protektionistischen Freiheitsgrade der Entscheidungsträger in den großen Ländern einschränken. Insbesondere die ökonomische Souveränität wird beschnitten, wenn „eigene" multinationale Unternehmungen weniger abhängig werden von den ursprünglichen

[99] Hier geht es um einen Aspekt, der „hinter der Grenze“ relevant wird. Daher wird er auch dem „neuen“ Regionalismus zugeordnet.

Märkten (vgl. Boyd, 1997, S. 134). Je stärker dies der Fall ist, desto höher muß die Prämie ausfallen. Kompensationen bzw. Konzessionen können verschiedene Formen annehmen. Sie manifestieren sich jedoch alle in der einseitigen Liberalisierung der kleinen Versicherungsnehmer, während die großen Länder ihre Handelspolitik kaum ändern (vgl. Perroni/Whalley, 1994, S. 6 f.). Dies wurde sowohl innerhalb der NAFTA als auch bei den Europaverträgen sichtbar. So kann bei den Europaverträgen nicht von einer durchgehend gegenseitigen Liberalisierung gesprochen werden, wenn die sogenannten „sensiblen" Bereiche, d.h. die Bereiche in denen die Visegradstaaten komparative Vorteile aufweisen, ausgeklammert werden.

Insgesamt ist es somit für kleinere Länder rational, Allokationsverzerrungen durch diskriminierende Liberalisierung in Kauf zu nehmen, wenn die Wahrscheinlichkeit eines Handelskrieges zunimmt. Durch dieses Motiv ist selbst eine unvollständige symmetrische Regionalisierung à la Krugman möglich. In diesem Modell waren die Anreize zur zunehmenden Regionalisierung nicht zu erkennen.[100] Anders sieht dies beim Versicherungsmotiv aus. Wohlfahrtsverluste werden hier von den neu beitretenden Ländern bewußt in Kauf genommen, solange sie geringer sind als die erwarteten Verluste bei einem globalen Handelskrieg. Die kleinen Länder sind es, die bei zunehmendem Protektionismus am meisten verlieren, wenn sie nicht in einem „sicheren Hafen" geschützt sind.

Doch müssen die Grenzen dieses Arguments gesehen werden (vgl. Fernandez, 1997, S. 18 f.). Zunächst wird implizit vorausgesetzt, daß auch tatsächlich ein Schutz gewährt wird. So sind beispielsweise innerhalb der EU oder der ANZCERTA die Anti-Dumping-Instrumente im intraregionalen Handel gebannt. Dies gilt aber nicht für die NAFTA und die meisten anderen regionalen Abkommen. Der Versicherungsschutz im Fall eines weltweiten Handelskrieges ist dann beschränkt. Der Gefahr der zunehmenden Segmentierung durch Regionalisierung kann statt dessen Einhalt geboten werden, wenn innerhalb des Artikels XXIV GATT die Anti-Dumping-Bestimmungen und andere neuere Protektionsinstrumente aufgenommen werden (vgl. Panagariya, 1997, S. 202). Weiter erklärt das Versicherungsmotiv kaum die Integration zwischen Schwellenländern wie z.B. Mercosur. Schließlich kann ein zunehmender Regionalismus aus diesen Motiven gefährliche Nebenwirkungen mit sich bringen. Große Handelsblöcke können für Protektionismus belohnt werden (vgl. Hindley/Messerlin, 1993, S. 382; Speyer, 1997, S. 116 f.). Je aggressiver die Politik der USA und der EU ausfällt, desto größer wird die Wahrscheinlichkeit, daß das multilaterale Handelssystem zusammenbricht. In diesem Fall können die Handelsblöcke hohe Prämien fordern. Daher ist nicht auszuschließen, daß ein kumulativer Prozeß in die falsche Richtung ausgelöst wird, bei dem Regionalismus weder die Globalisierung noch den Multilateralismus unterstützt. Im schlimmsten Fall wird nicht einmal der Pfad IV beschritten, sondern die Pfade V oder VI.

---

[100] Dies gilt zumindest, solange sich die Regionalisierung noch „rechts" vom globalen Wohlfahrtsminimum befindet (vgl. Abbildung II.5).

Zusammenfassend verdeutlichen die asymmetrischen Erweiterungen die Notwendigkeit von offenen Handelsblöcken. Ohne eine solche bindende Regelung auf multilateraler Ebene führt eine asymmetrische Erweiterung nicht über kumulative Prozesse zu weltweitem Freihandel. Der Effekt kommt deutlich früher zum Stillstand. Bestenfalls wird der Regionalismuspfad V erreicht. Möglicherweise stellen sich alle schlechter. Zumindest Drittstaaten, die sich nicht rechtzeitig einem Abkommen angeschlossen haben, verlieren.[101] Sich durch Side-Payments einzukaufen, scheint keine überzeugende Alternative zu sein. Erstens sind langfristig damit Verteilungskonflikte vorprogrammiert. Zweitens sind nicht alle Länder in der Lage, sich überhaupt einzukaufen. Aus diesem Blickwinkel ist ohne bindende Regeln eine symmetrische Regionalisierung der asymmetrischen unter Wohlfahrtsaspekten überlegen, da eine weitere Liberalisierung zum Vorteil aller führt. Doch erscheint ein solches Ergebnis nur komparativ-statisch möglich. Gerade die Anpassungsprozesse und die fehlende garantierte Offenheit können eine weitere Integration verhindern. Unrealistisch ist es aber, nur noch symmetrische Erweiterungen zuzulassen. Damit Offenheit und damit ein Prozeß entsprechend dem Regionalismuspfad III im eigenen Interesse der Integrationsgemeinschaft liegt, ist es notwendig, die kompensatorische Zollsenkung und die vollständige intraregionale Liberalisierung multilateral festzuschreiben. Eine restriktive Regelung der regionalen Integration gemäß dem Referenzrahmen ist demnach notwendig. Dabei muß natürlich untersucht werden, ob solche Regeln auch beachtet werden. Hierzu bietet sich die Spieltheorie an.

4. Zollverhandlungen zwischen Handelsblöcken aus spieltheoretischer Sicht

Der Referenzrahmen gibt an, wann mit einer weltweiten wohlfahrtserhöhenden Regionalisierung gerechnet werden kann. Drei Bedingungen stehen im Vordergrund: Die vollständige intraregionale Liberalisierung, die kompensatorische externe Zollsenkung und die Offenheit, sei es in Form einer bedingten Meistbegünstigung oder durch klare, nichtdiskretionäre Aufnahmeregeln. Die im Anschluß diskutierten symmetrischen und asymmetrischen Modelle zeigen, daß diese Bedingungen bei großen Integrationsgemeinschaften mit zunehmender relativer und absoluter Marktmacht nicht immer im Interesse der regionalen politischen Entscheidungsträger sind. Daher ist es notwendig, diese in einem neu zu formulierenden Artikel XXIV GATT festzuschreiben. Nur so kann gewährleistet werden, daß Regionalisierung gemäß Pfad III erfolgt. Regionale Integrationsräume sind dann ein sinnvoller Baustein einer multilateralen Welthandelsordnung. Implizit wird dabei angenommen, daß internationale Regeln eingehalten werden. Selbstverständlich ist dies nicht. Bezeichnend gilt das GATT in manchen Kreisen als „General Agreement to Talk and Talk" (vgl. Kowalczyk/Sjöström, 1994, S. 301). Ohne Zweifel wird dieser „Titel“ den Meriten des GATT nicht gerecht. Trotzdem

---

[101] Ein Krugman (1991b, S. 14) bringt die Problematik auf den Punkt: „...that the biggest costs of a consolidation of the world into few large trading blocs would likely be borne not by the countries in the blocs but by those left out."

zeigt sich immer wieder, daß ein Hauptproblem des GATT/WTO-Systems in der Durchsetzung der eigenen Regeln liegt. Wenn keine verbindlichen multilateralen Regel festgeschrieben werden können, stellt sich die Frage, welches Ergebnis bei nichtkooperativem Verhalten zu erwarten ist.

Mit Hilfe der Spieltheorie wird das Kalkül eines Landes herausgearbeitet, einen Vertrag einzuhalten. Durch mehrperiodige Spiele kann die Dynamik formal abgebildet werden. Für die Fragestellung, ob der Regionalismus langfristig den weltweiten Zollabbau unterstützt oder nicht, ist dies von hohem Wert. Die hier betrachteten spieltheoretischen Modelle greifen auf die Optimalzolltheorie zurück. Dabei gehen sie einen Schritt weiter, indem sie folgenden Kritikpunkt aufnehmen: Die verschiedenen Spieler bzw. Handelspartner treffen sich häufig. Daher können Retorsionszölle erhoben und das Verhalten der Handelspartner beeinflußt werden. Insgesamt sind drei Grundannahmen relevant (vgl. Bond/Syropulos/Winters, 1996, S. 4): Erstens müssen die multilateralen Verträge selbstdurchsetzend sein. Bindende Verträge sind interregional nicht möglich. D.h. hier werden nur nichtkooperative Spiele untersucht, in denen keine exogene Instanz Verträge überwachen und durchsetzen kann. Das GATT/WTO-System stellt nur eine Institution dar, innerhalb der die Spieler ihre Aktivitäten koordinieren. Zweitens beschränkt sich das einzige Durchsetzungsinstrument auf Vergeltungsmaßnahmen der Handelspartner. Drittens wird angenommen, daß innerhalb einer Integrationszone vollkommene intraregionale Liberalisierung möglich ist. Daher muß innerhalb einer Integrationsgemeinschaft entweder die Zeitpräferenz geringer sein, oder die Sanktionierung von Fehlverhalten ist wirkungsvoller. Beispielsweise kann innerhalb der EU der Europäische Gerichtshof angerufen werden.[102]

4.1 Das Grundmodell des handelspolitischen Gefangenendilemmas

Handelsbeschränkungen werden in der wohlfahrtstheoretischen Diskussion häufig als die Folge eines Gefangenendilemmas dargestellt. Demnach ist es nicht möglich, den Welthandel von den protektionistischen Fesseln zu befreien, wenn einige Länder bzw. Integrationsgemeinschaften die internationalen Terms of Trade beeinflussen können. Graphisch entspricht dies der Darstellung der Reaktionskurven in Abbildung II.3. Dabei wird implizit von der Annahme ausgegangen, daß sich die Handelspartner nicht verbindlich darauf verständigen können, von ihren Reaktionskurven abzuweichen. Dies verwundert zunächst. Da sich im Nashgleichgewicht die Wohlfahrtskurven beider Länder schneiden, liegt ein ineffizientes Ergebnis vor. Eine Paretoverbesserung ist möglich. Der Grund, daß diese potentielle Verbesserung ungenutzt bleibt, liegt darin, daß ein Vertrag über Freihandel nicht selbstdurchsetzend ist. Ein sich selbstdurchsetzender Vertrag liegt vor, wenn die Erfüllung für alle Vertragsparteien einen höheren Nutzen ver-

[102] Insgesamt ist diese spieltheoretische Dichotomie zwischen der Durchsetzungsfähigkeit der intraregionalen und der interregionalen Liberalisierung problematisch. Viele Ansätze geben überhaupt keine Begründung. Letztlich fehlt die Aussage, ab welcher Größe das *intraregionale* Drohpotential nicht mehr ausreicht, um den internen Freihandel zu garantieren.

spricht als die Nichterfüllung (vgl. Richter/Furubotn, 1996, S. 171). Das Grundmodell der Spieltheorie verdeutlicht diese Problematik. Als Basisspiel wird mit dem einperiodigen Spiel begonnen. Bezüglich regionaler und multilateraler Verhandlungen bietet es sich an, den Zoll als Verhandlungsgegenstand zu wählen. Folgende Matrix gibt die Auszahlungen bzw. Wohlfahrtsniveaus U bei den verschiedenen handelspolitischen Zuständen wieder (vgl. Holler/Illing, 1993, S. 4 ff.):

	Land 2 kooperiert	Land 2 kooperiert nicht
Land 1 kooperiert	U_{kk}; U^*_{kk}	U_{kn}; U^*_{kn}
Land 1 kooperiert nicht	U_{nk}; U^*_{nk}	U_{nn}; U^*_{nn}

Abb. II.6: Gefangenendilemma

Die Welt besteht aus den symmetrischen Ländern 1 und 2, die simultan agieren. Jedes Land kann kooperieren (k). Oder es verhält sich nichtkooperativ (n) und erhebt den Optimalzoll. U_{ii} (i = k, n) gibt den jeweiligen Nutzen bzw. die Auszahlung bei einer bestimmten Situation für Land 1, U^*_{ii} für Land 2 an. Der erste Index bezieht sich auf die Strategie von Land 1, der zweite auf die Strategie von Land 2. Für die Auszahlungen gelten folgende Eigenschaften:

$U_{nk} > U_{kk} > U_{nn} > U_{kn}$
$U^*_{kn} > U^*_{kk} > U^*_{nn} > U^*_{nk}$.

Die Wohlfahrt eines Landes ist am höchsten, wenn es den Optimalzoll erhebt und der Handelspartner kooperiert. Es existiert ein Nashgleichgewicht: (U_{nn}; U^*_{nn}). Beide Länder verfolgen eine protektionistische, nichtkooperative Politik, auch wenn kooperativer Freihandel eine Paretoverbesserung darstellt. Das Versagen der Regierungen, die potentielle Paretoverbesserung zu realisieren, resultiert aus der mangelnden Fähigkeit, sich glaubhaft zu verpflichten, keine Protektion aufzubauen. Es gibt keine supranationale Instanz, die internationale Verträge zwischen souveränen Staaten überwachen und Verfehlungen sanktionieren kann. Somit sind nur Verträge realisierbar, die sich selbst durchsetzen. Eine solche Struktur muß vorliegen, wenn von möglichen Schwarzfahrerproblemen im internationalen Handel gesprochen wird. Während das Versicherungsmotiv einen Grund für die wohlfahrtsmindernde Integration im ersten Krugman-Modell liefert, erklärt das Gefangenendilemma, weshalb nach dem Wohlfahrtsminimum die Integration nicht weiter voranschreitet. Ist ab einer tripolaren Welt die vollständige intraregionale Liberalisierung nicht mehr selbstdurchsetzend, findet keine fortschreitende Integration mehr statt, auch wenn sich alle besserstellen würden. Ein abschließender kumulativer Integrationsprozeß ist nicht möglich. Allerdings hat die Darstellung der Optimalzolltheorie schon zwei wichtige Einschränkungen angedeutet. Erstens gilt das Gesagte nur für große Länder. Ein Land, welches die internationalen Preise nicht beeinflussen kann, verliert durch Protektion aufgrund von Allokationsverzerrungen. Hier gilt für das Inland:

$U_{kk} > U_{kn} > U_{nk} > U_{nn}$.

Für den Großteil der Länder ergibt sich somit diese Problematik erst gar nicht. Bestenfalls bei ökonomisch großen Ländern wie den Vereinigten Staaten oder Japan lassen sich aus spieltheoretischer Sicht Gründe für Protektion ableiten. Trotzdem ist eine solche Darstellung sinnvoll, wenn Handelsblöcke untersucht werden. Schließen sich kleine Länder großen an, entsteht für sie ein Leverageeffekt. Daher sind auch sie potentiell an Optimalzöllen interessiert.

Wichtig ist zweitens, daß nicht nur ein simultanes einperiodiges Spiel betrachtet wird, sondern ein dynamisches. Die Gewinne aus der Optimalzolltheorie verpuffen in der Regel, wenn andere große Länder möglicherweise nicht sofort, aber doch in der Zukunft reagieren. Es darf nicht übersehen werden, daß Handelsbeziehungen keine einmalige Angelegenheit sind, sondern langfristig angelegt sind. Demnach treffen sich die verschiedenen Handelspartner immer wieder. Jedes Land kann auf ein Fehlverhalten mit Retorsionszöllen antworten. Dynamisch ist daher nicht dasselbe Ergebnis zu erwarten wie bei einem einperiodigen Spiel. Kooperation ist möglich, auch wenn keine exogene Instanz existiert. Als Ergebnis entsteht ein teilspielperfektes Gleichgewicht. Bei einem teilspielperfekten Gleichgewicht hat kein Spieler einen Anreiz, bei einer beliebigen Entscheidungssituation (Entscheidungsknoten) von seiner Strategie abzuweichen. Es handelt sich hierbei um eine dynamische Verfeinerung des Nashgleichgewichtes (vgl. Holler/Illing, 1993, S. 150 ff.). Dies soll hier veranschaulicht werden.

Zwei Länder handeln einen Zoll unterhalb des Nashzolls aus und können wählen zwischen den Strategien „kooperieren" (Vertrag einhalten) und „nichtkooperieren" (Optimalzoll). Weicht einmal ein Handelspartner vom Vertrag ab, erhebt der andere für alle weiteren Perioden den Optimalzoll. Sie spielen also „trigger".[103] Land 1 (Land 2 analog) muß folgende Gewinnströme vergleichen (vgl. Holler/Illing, 1993, S. 142 ff.):

$$\begin{aligned} G^{I} &= G_{kk} + \sum_{j=1}^{\infty} \delta^{j} G_{kk} = G_{kk} \frac{1}{1-\delta} \\ G^{II} &= G_{nk} + \sum_{j=1}^{\infty} \delta^{j} G_{nn} = G_{nk} + \frac{\delta}{1-\delta} G_{nn}. \end{aligned} \qquad \text{(II.11)}$$

mit $\delta < 1$; $\delta = 1/(1+i)$: i gibt die Zeitpräferenzrate wieder.

103 Hier wird angenommen, daß diese Drohung bekannt und glaubhaft ist. Dabei darf nicht übersehen werden, daß die Trigger-Strategie eine sehr restriktive Annahme darstellt (vgl. Winters, 1996, S. 30). Neben Trigger sind auch noch andere Strategien möglich wie etwa „tit for tat".

Der erste Gewinnstrom gibt eine dauerhafte Kooperation, d.h. die Einhaltung des Vertrages, wieder. Jedes Land erhält eine „ewige Rente". Der zweite Gewinnstrom beschreibt die nichtkooperative Strategie, d.h. die Erhebung des Optimalzolls. In der ersten Periode nutzt Land 1 das Land 2 aus und erzielt einen Gewinn, der den der Kooperation übersteigt. In allen Folgeperioden ist eine Kooperation nicht mehr möglich. Die Auszahlungen sind dementsprechend geringer. Kooperation kommt zustande, wenn gilt:

$$G^{I} \geq G^{II}.$$

Daraus folgt:

$$G_{kk}\frac{1}{1-\delta} \geq G_{nk} + \frac{\delta}{1-\delta}G_{nn}. \tag{II.12}$$

$$\delta \geq \frac{G_{nk} - G_{kk}}{G_{nk} - G_{nn}} \tag{II.13}$$

Der Zoll, der die obige Bedingung erfüllt, ist teilspielperfekt. Kooperation ist dementsprechend um so wahrscheinlicher:

- je geringer die Auszahlungen bei opportunistischem Verhalten (G_{nk}) sind,
- je geringer die Auszahlungen im einperiodigen Nashgleichgewicht (G_{nn}) sind,
- je höher der Kooperationsgewinn (G_{kk}) ausfällt und
- je geringer die Zeitpräferenz (i) ist.

Alternativ[104] kann das Verhältnis von Nichtkooperation zur Kooperation dargestellt werden als:

$$G_{nk} - G_{kk} \leq \frac{\delta}{1-\delta}\left(G_{kk} - G_{nn}\right). \tag{II.14}$$

Demnach ist eine Verringerung des Zolls gegenüber dem Nash-Gleichgewicht dann möglich, wenn die Gewinne aus dem einmaligen opportunistischen Verhalten (G_{nk}-G_{kk}) geringer sind als die diskontierten Kosten (G_{kk}-G_{nn}) aus dem Handelskrieg (vgl. Campa/Sorenson, 1996, S. 267). Der kurzfristige Nutzen muß also gegen den langfristigen Schaden abgewogen werden. Kosten des Handelskrieges bzw. des opportunistischen Verhaltens sind die entgangenen Gewinne aus der Kooperation. Diese Kosten sind bei Freihandel am höchsten und am geringsten, wenn alle Handelspartner den Nashzoll erheben. Gleichzeitig ist der Gewinn aus dem opportunistischen Verhalten bei Freihandel am größten, während bei der Erhebung des Optimalzolls kein weiterer Gewinn möglich ist. Außer bei einer

---

[104] Vgl. Anhang 2.

extrem hohen Zeitpräferenz wird der resultierende Zoll unter dem Niveau des Basisspiels liegen. Dies liegt daran, daß beide Länder immer mindestens das Niveau aus dem einperiodigen Fall realisieren können. Ausgehend von einer unendlichen Zeitpräferenzrate (δ=0) nimmt die Wertschätzung künftiger Kooperationsgewinne mit abnehmender Zeitpräferenz zu. Mit abnehmender Zeitpräferenzrate sinkt der Zollsatz, der für beide Seiten glaubwürdig ist. Daraus folgt, daß auch ohne internationale Verträge bei bestimmten Parameterkonstellationen ein gewisses Maß an Kooperation möglich ist. Allerdings kann weiterhin eine Gefangenendilemmasituation existieren.[105]

Anhand dieses Grundmodells können regionale handelspolitische Arrangements untersucht werden. Änderungen der derzeitigen bzw. erwarteten Größen beeinflussen das Gleichgewicht (vgl. Bagwell/Staiger, 1997c, S. 292 f.). Theoretisch können Integrationsräume alle relevanten Größen beeinflussen. Wenn Integrationsgemeinschaften aber dafür sorgen, daß sich auf globaler Ebene niedrigere Handelsbarrieren eher selbst durchsetzen als in einer multilateralen Meistbegünstigungswelt, stellen sie einen Schritt in die gewünschte Richtung dar.

4.2 Intraregionale Liberalisierung in „angemessener Zeit"

Bisher wurde von der Annahme ausgegangen, daß ein regionales Abkommen sofort umgesetzt wird. In der Realität ist allerdings kaum zu erwarten, daß ein handelspolitisches Abkommen im Zeitpunkt der Ratifizierung auf einen Schlag eingeführt und durchgesetzt wird. Daher spricht auch der GATT-Vertrag von einer „angemessenen Zeit“. Was ist „angemessen“? Allein für den Abbau der intraregionalen und die Harmonisierung der externen Zölle der ursprünglichen EG-6 wurden zwölf Jahre veranschlagt (vgl. El-Agraa, 1997, S. 111). Mit dem Abschluß der Uruguayrunde haben sich die Vertragspartner darauf verständigt, daß nur noch in besonderen Fällen die „angemessene Zeit" von zehn Jahren überschritten werden darf (vgl. Lawrence, 1996, S. 96). Die Berücksichtigung von verschiedenen Zeitpunkten zieht nach sich, daß sich die Erträge aus der Nichtkooperation und/oder Kooperation verändern können. Im folgenden wird untersucht, ob die Übergangsphase Einfluß auf die Anreize ausübt, Verträge und damit auch den Referenzrahmen einzuhalten. Dabei werden Unterschiede deutlich zwischen einer Zollunion und einer Freihandelszone (vgl. Bagwell/Staiger, 1997a; 1997c).

a) Symmetrische Zollunion: Ausgangslage ist eine Welt, bestehend aus gleich großen Zollunionen (vgl. Bagwell/Staiger, 1997a). In multilateralen Verhandlungen können Zölle unterhalb des einperiodigen Nashgleichgewichts vereinbart werden. Dabei ist der niedrigste mögliche Zoll derjenige, bei dem die Handelspartner genau indifferent sind zwischen der Einhaltung eines Vertrags und dem opportunistischen Verhalten. Gleichung (II.13) und (II.14) sind erfüllt.

[105] Nach dem Folk-Theorem kann jeder denkbare Auszahlungsvektor und damit auch Freihandel durch eine bestimmte Diskontrate ein Nashgleichgewicht werden (vgl. Fudenberg/Tirole, 1991, S. 150 ff.).

Schreitet die regionale Integration voran, indem sich Handelsblöcke symmetrisch zusammenschließen,[106] wird das Kalkül der relevanten Spieler beeinflußt. Die Vergrößerung der Handelsblöcke erhöht zunächst die Macht der einzelnen Zollunion.[107] Im einperiodigen Basisspiel steigt der Nashzoll. Dadurch erhöht sich auf der einen Seite der Gewinn aus dem opportunistischen Verhalten (G_{nk}-G_{kk}), auf der anderen Seite steigen auch die Kosten aus einem Handelskrieg (G_{nk}-G_{nn}), da in zukünftigen Perioden nur noch Nashzölle erhoben werden, die jetzt allerdings höher ausfallen (vgl. Bond/Syropoulos, 1996a, S. 120). Welcher Effekt überwiegt, hängt von der Diskontrate ab. Somit läßt sich a priori keine Auskunft darüber geben, ob eine zunehmende Integration zu höheren oder niedrigeren Handelsbarrieren führt.

Es ist sinnvoll, den beschriebenen Prozeß in verschiedene Phasen zu unterteilen: eine Ausgangsphase, eine Übergangsperiode und eine Schlußphase. In der Anfangsphase wird über die Bildung einer Integrationsgemeinschaft verhandelt, in der Übergangsphase wird sie angekündigt, und in der Schlußphase werden die intraregionalen Handelshemmnisse vollständig abgebaut. Für die Übergangsperiode lassen sich Ergebnisse ableiten.[108] Wird ein Handelsabkommen ratifiziert, dauert es noch Jahre, bis es vollkommen implementiert wird. Innerhalb dieser Übergangszeit hat sich demnach weder etwas an den Machtverhältnissen noch am interregionalen Handelsvolumen verändert (vgl. Bagwell/Staiger, 1997a, S. 111). Trotzdem ist der in der Anfangsperiode gültige Zoll nicht mehr teilspielperfekt. Solange sich nichts an den Machtverhältnissen ändert, bleiben in der Übergangsphase sowohl der einmalige opportunistische Gewinn G_{nk} als auch die jährliche „Kooperationsrente" G_{kk} gleich. In Gleichung (II.14) bleibt die linke Seite konstant. Dagegen realisieren die verschiedenen Spieler, daß in Zukunft, d.h. in der Schlußperiode, wenn die Zollunion erst einmal implementiert ist, die Macht und damit der Nashzoll eines einzelnen Blocks ansteigen werden. Ein höherer Nashzoll bedeutet in der Zukunft eine geringere Auszahlung, daher sinkt G_{nn}.[109] Der langfristige Schaden einer aggressiven Handelspolitik erhöht sich. Die Kosten eines Handelskrieges (G_{kk}-G_{nn}) übersteigen bei der gegebenen Diskontrate und dem gegebenen Zoll die Gewinne aus dem einmaligen opportunistischen Handeln (G_{nk}-G_{kk}). In Gleichung (II.14) erhöht sich die rechte Seite. Die Ankündigung einer Zollunion erhöht das Drohpotential und diszipliniert daher die einzelnen Handelspartner. Daher ist es möglich, während der Übergangsphase die

---

106 Wie im Krugman-Modell bedeutet eine zunehmende Integration eine Abnahme der absoluten Anzahl der Integrationsgemeinschaften. Durch symmetrische Erweiterungen bleibt die relative Größe eines Integrationsraumes konstant.

107 Im Modell von Bagwell/Staiger werden die Probleme der Handelsumlenkung ausgeklammert, um den Marktmachteffekt besser darstellen zu können (vgl. Bagwell/Staiger, 1997a, S. 94).

108 Die einzelnen Zölle müßten bei einer formalen Darstellung „rückwärts" hergeleitet werden, da die künftige Zollpolitik die heutige beeinflußt. Zur „backward induction" vgl. Fudenberg/Tirole (1991, S. 92 ff.).

109 Dabei bleibt die Periodenauszahlung in der Übergangsphase gleich. Erst in der Schlußperiode sinkt die Auszahlung.

multilateralen Zölle zu reduzieren. Dabei kann der Zoll soweit gesenkt werden, bis Gleichung (II.14) gerade noch erfüllt wird.

Jahr	Reduzierung der intraeuropäischen Zölle[a]	Kumulative Reduzierung
1.1. 1959	10	10
1.7. 1960	10	20
1.1. 1961	10	30
1.1. 1962	10	40
1.7. 1962	10	50
1.7. 1963	10	60
1.1. 1965	10	70
1.1. 1966	10	80
1.7. 1967	5	85
1.7. 1968	15	100

a: ausgehend vom Niveau 1. Januar 1957

Tab.II.3: Intra-EG Zollreduzierung in vH
Quelle: El-Agraa, 1997, S. 132

Die Anreize, einen gegebenen Vertrag einzuhalten oder zu brechen, sind dann wieder im Gleichgewicht. Eine Zollunion reduziert so während der Übergangsphase den multilateralen niedrigsten Zoll, der sich selbst durchsetzt. Die im Referenzrahmen geforderten kompensatorischen Zollsenkungen liegen dann im eigenen Interesse der Mitglieder einer Integrationsgemeinschaft.

Dies deckt sich mit dem Verhalten der Europäischen Gemeinschaft nach ihrer Gründung. Die EG hatte einen großen Anteil daran, daß die durchschnittlichen Zölle während der Dillon-Runde (1961/62) um sieben und in der Kennedy-Runde (1964-67) um 35 vH reduziert werden konnten (vgl. Hauser/Schanz, 1995, S. 42; Lawrence, 1996, S. 54 f.). Während dieser Zeit hatte die EG noch nicht die eigenen intraregionalen Handelshemmnisse abgebaut und einen einheitlichen Außenzoll eingeführt (vgl. Tabelle II.3+4).

Jahr	Anpassung Industrieprodukte	Kumulative Anpassung	Anpassung Agrarprodukte	Kumulative Anpassung
1961	30	30	-	-
1962	-	30	30	30
1963	30	60	-	-
1966	-	60	30	60
1968	40	100	40	100

Tab. II.4: Einführung des gemeinsamen Außenzolls in vH
Quelle: El-Agraa, 1997, S. 132

Hier war der Regionalismus eine treibende Kraft des Multilateralismus, indem es im Interesse der EG war, die Kooperation zu verstärken. Eine kompensatorische Zollsenkung ist also möglich.

Dieses Ergebnis stellt, wie der Name Übergangsphase andeutet, nur ein Zwischenergebnis dar. Ist die Zollunion erst einmal vollständig implementiert, erhöht sich der Anreiz, das gegebene Protektionsniveau zwischen den neuen gewachsenen Handelsblöcken nicht mehr einzuhalten. Jetzt ist die Marktmacht tatsächlich angestiegen und damit der Gewinn aus dem einmaligen opportunistischen Handeln G_{nk}.[110] Die Bedingung zum Einhalten des Vertrags ist bei gegebener Diskontrate und multilateralem Zoll nicht mehr erfüllt. Daher muß der multilaterale Zoll wieder ansteigen, um die Erträge aus dem opportunistischen Handeln zu reduzieren. Die Handelspartner werden weniger diszipliniert. Ob letztlich in der Schlußperiode der multilaterale Zoll oberhalb des Ausgangsniveaus liegt, hängt von der Wahrscheinlichkeit der weiteren Regionalisierung ab. Ist keine weitere Regionalisierung zu erwarten, wird das multilaterale Protektionsniveau oberhalb des Ausgangsniveaus vor der regionalen Integration liegen.[111] Der Grund liegt darin, daß in der Ausgangslage die Akteure mit einer Regionalisierung in der Zukunft gerechnet haben. Je höher die Wahrscheinlichkeit einer zunehmenden Regionalisierung ausfällt, desto stärker fällt das disziplinierende Antizipieren des künftigen Machteffekts ins Gewicht (vgl. Bagwell/Staiger, 1997a, S. 116). Wird nach der Implementierung mit keiner weiteren Regionalisierung gerechnet, fällt dieser Effekt weg.

Aus diesem Ergebnis lassen sich zwei gegensätzliche Schlüsse ziehen. Erstens hilft die glaubhafte Ankündigung der weiteren Regionalisierung, das multilaterale Protektionsniveau temporär zu senken. In dieser Hinsicht sind Zollunionen komplementär zum Multilateralismus und verhalten sich entsprechend dem Referenzrahmen. Zweitens führen Zollunionen, wenn keine weitere Regionalisierung mehr zu erwarten ist, letztlich zu einem höheren Protektionsniveau. Das ist genau dann der Fall, wenn Offenheit nicht mehr gewährleistet ist. Ein höheres Protektionsniveau muß nicht über Zollerhöhungen entstehen. Vielmehr bieten intransparente Grauzonenmaßnahmen hinreichend Ansatzpunkte, Zölle durch nichttarifäre Handelshemmnisse zu substituieren. Hier würden Zollunionen den multilateralen Liberalisierungsprozeß beeinträchtigen.

Für den Referenzrahmen sind diese Schlüsse problematisch. Je restriktiver die Bedingungen ausfallen, zu denen eine Zollunion gebildet werden darf, desto geringer ist die Wahrscheinlichkeit, daß ein regionales handelspolitisches Arrangement angekündigt wird. Dadurch wird auf der einen Seite auf verstärkte Kooperation und geringere multilaterale Handelshemmnisse während der Übergangsphase verzichtet. Auf der anderen Seite wird die Erhöhung der Protektion nach Implementierung der Zollunion verhindert (vgl. Bagwell/Staiger, 1997a, S. 119). Dies muß nicht gegen die Anforderungen des Referenzrahmens sprechen. Die Bildung einer Zollunion gemäß dem Referenzrahmen ermöglicht eine Paretover-

110 In einem Gefangenendilemma muß die Auszahlung bei Kooperation G_{kk} größer sein als im Nashgleichgewicht G_{nn}. Daher ist der Zähler der Grundformel (II.13) kleiner als der Nenner. Erhöht sich die Auszahlung bei opportunistischem Handeln G_{nk}, steigt der Zähler prozentual stärker an als der Nenner.

111 Werden endliche Integrationsschritte erwartet, ändert sich, solange kein Freihandel erreicht ist, nichts am Ergebnis.

besserung. Der kumulative Prozeß wird gefördert, nicht behindert. Die Abschwächung des Artikels XXIV GATT und eine Verlängerung der Übergangsphasen sind dagegen mit hohen Risiken behaftet, denn die weitergehende Regionalisierung dürfte erstens nicht abbrechen, und zweitens müßte sie symmetrisch bleiben. Es ist viel wichtiger, die Offenheit der Handelsblöcke durch bindende Verträge durchzusetzen. Ist diese garantiert, muß immer mit einer bestimmten Wahrscheinlichkeit gerechnet werden, daß in Zukunft die ökonomische Macht bestehender Handelsblöcke zunimmt. Damit wird letztlich nicht die Übergangsphase der intraregionalen Liberalisierung verlängert, sondern die Übergangsphase, in der relativ geringe interregionale Zölle selbstdurchsetzend sind. Auf diese Weise wäre ein Regionalismuspfad III möglich.

b) Symmetrische Freihandelszonen: Ausgangslage ist diesmal eine Welt von symmetrischen Freihandelszonen (vgl. Bagwell/Staiger, 1997c). Der Marktmachteffekt muß bei einer Freihandelszone nicht diskutiert werden, da die externe Handelspolitik nicht harmonisiert wird. Die Integration erhöht nicht die Macht eines Landes gegenüber Drittstaaten. Im Gegensatz zur Zollunion wird hier der handelsumlenkende Effekt betrachtet. Dabei wird davon ausgegangen, daß nach einer Integration der interregionale Handel zurückgeht. Dazu muß nicht einmal, wie gesehen, das durchschnittliche Protektionsniveau ansteigen. Gesucht wird wieder der niedrigste Zoll, bei dem ein multilaterales Handelsabkommen gerade noch selbstdurchsetzend ist. Wird über eine Freihandelszone verhandelt, bzw. wurde gerade ein Abkommen ratifiziert, hat dies noch keinen Einfluß auf die bilateralen Handelsströme. Daher ändert sich in der Übergangsperiode zunächst nichts am einmaligen Abweichungsgewinn (G_{nk}-G_{kk}). Allerdings antizipieren die Akteure, daß nach der vollständigen Implementierung der Freihandelszone in der Schlußperiode das interregionale Handelsvolumen zurückgehen wird. Aufgrund des künftigen geringeren Handelsvolumens sinkt in der Übergangsperiode der diskontierte Wert der Kooperation (G_{kk}-G_{nn})[112], weil die geringeren Auszahlungen in der Schlußperiode in der Übergangsperiode stärker ins Gewicht fallen als in der Anfangsperiode (vgl. Bagwell/Staiger, 1997c, S. 310).[113] Das gesunkene interregionale Handelsvolumen führt dazu, daß nach der Implementierung der Freihandelszone die Auszahlungen in einem Handelskrieg (G_{kk}-G_{nn}) sich nicht so mindern. Der langfristige Schaden aus einer aggressiven Handelspolitik geht zurück, weil das Drohpotential sinkt. Dadurch ist der bestehende multilaterale Zoll nicht mehr teilspielperfekt. Damit die Spieler den Vertrag einhalten, muß der multilaterale Zoll in der Übergangsperiode ansteigen. Ein höherer Zoll reduziert den Gewinn aus dem opportunistischen Handeln (G_{nk}-G_{kk}) und bringt die Anreize wieder ins Gleichgewicht.

Auch hier ändert sich beim Übergang von der Übergangsperiode in die Schlußperiode das mögliche Kooperationsausmaß. Dabei hängt der Einfluß auf den multilateralen Zoll wieder von der Offenheit ab und damit von der Wahr-

---

[112] Die Gewinnströme sind erneut je nach Periode unterschiedlich.
[113] Dies folgt aus der Diskontierung.

scheinlichkeit, mit der weitere Integrationsmaßnahmen erwartet werden. Ist sie gering oder gar null, ist in der Zukunft mit keiner Änderung der Erträge aus der Kooperation zu rechnen. Ist das interregionale Handelsvolumen zurückgegangen, reduzieren sich die Auszahlungen aus dem opportunistischen Handeln G_{nk}. Der multilaterale Zoll kann wieder fallen. Es ist sogar wahrscheinlich, daß er unter das Niveau der Anfangsperiode sinkt. Solange mit einer positiven Wahrscheinlichkeit eine Integration erwartet wird, antizipieren die Spieler, daß in der Übergangsperiode die Anreize zur Kooperation schwächer ausfallen, während die Anreize zum opportunistischen Handeln erst in der Schlußperiode wieder abnehmen. Die geringere Wertschätzung der Kooperation fällt somit stärker ins Gewicht. Dabei ist dieser Effekt um so größer, je höher die erwartete Handelsumlenkung ausfällt (vgl. Bagwell/Staiger, 1997c, S. 313). Wird in der Schlußphase mit keiner weiteren Integration gerechnet, müssen die externen Zölle keine „Schutzprämie" mehr enthalten.

Wie ist in diesem Fall das Verhältnis zum Referenzrahmen? Im Gegensatz zur Zollunion ist die Freihandelszone in der Übergangsperiode nicht komplementär zur multilateralen Liberalisierung, da sie zunächst bestrebt ist, die externen Zölle zu erhöhen statt zu senken. Allerdings erhöht sich die Wahrscheinlichkeit, daß nach einer vollständigen Implementierung die multilaterale Protektion reduziert wird. Daher kann eine Freihandelszone in langer Frist als komplementär zur WTO angesehen werden. Eine kompensatorische Zollsenkung ist damit leichter möglich. Dies entspräche eher dem Pfad IV. Ein restriktiver Artikel XXIV GATT reduziert die Wahrscheinlichkeit der Bildung einer Freihandelszone und führt damit zu geringeren Zöllen in der Anfangs- und Übergangsperiode. Eine schnelle Umsetzung des Abkommens, d.h. eine kurze „angemessene Zeit", erhöht zwar die Zölle in den ersten beiden Perioden, da die Minderschätzung der künftigen Handelsbeziehung stärker ins Gewicht fällt. Dies muß allerdings nicht von Nachteil sein, da nach einer schnellen Umsetzung das multilaterale Protektionsniveau sinkt (vgl. Bagwell/Staiger, 1997c, S, 313 ff.). Auch stellt sich die Frage, ob eine Freihandelszone überhaupt in der Lage sein wird, die externen Zölle zu erhöhen. Die Mitgliedsländer müßten sich dann absprechen, um die in Kapitel I.4 beschriebenen Externalitäten und den Wettbewerb um Zolleinnahmen zu verhindern. Letztlich entstünde eine Zollunion mit geringen externen Zöllen. Insgesamt ist daher auch von dieser Seite kein Handlungsbedarf zur Änderung des Referenzrahmens zu sehen. Es bietet sich vielmehr an zu fragen, ob sich durch asymmetrische Erweiterungen Änderungen ergeben.

4.3 Asymmetrische Erweiterungen

4.3.1 Unterschiedliche Machtverhältnisse

Erhöht eine bestehende Integrationsgemeinschaft durch asymmetrische Erweiterungen ihr Machtpotential, haben Nichtmitglieder verschiedene Möglichkeiten, sich auf die neue Situation einzustellen. Erstens können sie versuchen, dem Abkommen beizutreten. Dabei spielt die Offenheit eine wichtige Rolle. Kann Offenheit multilateral nicht gewährleistet werden, können Nichtmitglieder zweitens mit einer Art „countervailing integration" antworten (vgl. Goto/Hamada, 1995, S. 13). Aus der bisherigen Analyse wird deutlich, daß der Anreiz für einen Handelsblock, von einem Vertrag abzuweichen bzw. seine Marktmacht auszunutzen, insbesondere dann groß ist, wenn eine asymmetrische Integration vorliegt und die restliche Welt aus vielen einzelnen Staaten besteht. Die einzelnen unabhängigen Länder haben nur ein geringes Drohpotential. Schließt sich die restliche Welt zusammen, ändert dies auch die Auszahlungen der etablierten Zollunion. Während der Gewinn aus dem opportunistischen Handeln gleich bleibt, erhöhen sich durch einen Gegenblock die Kosten eines Handelskrieges, d.h. (G_{kk}-G_{nn}) geht zurück. Daher steigt durch einen Gegenblock die Wahrscheinlichkeit, niedrige multilaterale Zölle durchzusetzen.

Voraussetzung ist dabei allerdings, daß der Gegenblock nicht deutlich größer wird als der etablierte. Dies könnte etwa der Fall sein, wenn sich die APEC zu einer Zollunion entwickeln und der EU gegenüberstehen würde. Eine zunehmende Regionalisierung erhöht nicht die Wahrscheinlichkeit des Freihandels, wenn nur eine Umverteilung der Macht stattfindet. Niedrige Zölle sind also eher dann zu erwarten, wenn die Regionalisierung zu einer Symmetrie der ökonomischen Machtverteilung und damit zu einer Verringerung der relativen Macht bestehender Zollunionen führt (vgl. Campa/Sorenson, 1996, S. 271). Unter diesem Gesichtspunkt könnte eine zunehmende symmetrische Regionalisierung komplementär zur multilateralen Liberalisierung sein. Aus spieltheoretischer Sicht entstehen immer dann Probleme, wenn Marktmachteffekte relevant sind. Diese sind bei Zollunionen und bei asymmetrischen Integrationen besonders ausgeprägt. Eine Hegemonialmacht steht in dieser Welt einer liberalen Welthandelsordnung entgegen (vgl. Winters, 1996, S. 12). Notabene: Die symmetrischen Erweiterungen müssen nicht gemäß der Regionalismuspfade III oder IV zu Freihandel führen. Auch hier stellt sich wieder die Frage, wie groß der Integrationsraum werden darf, damit die vollständige intraregionale Liberalisierung gewährleistet bleibt. Nur die Wahrscheinlichkeit von Handelskriegen bzw. extrem hohen Außenzöllen ist geringer. Wenn aus spieltheoretischer Sicht nicht unbedingt mit Freihandel gerechnet werden kann, ist es trotzdem möglich, daß regionale handelspolitische Arrangements helfen, noch gravierendere Verfehlungen des multilateralen Prozesses zu beseitigen.

4.3.2 Hegemonialmacht, Konvoi- und Trittbrettfahrerproblem

Bei multilateralen Verhandlungen werden häufig drei Thesen vorgetragen: Erstens sei, im Gegensatz zum oben abgeleiteten Ergebnis, eine multilaterale Liberalisierung nur möglich, wenn es eine Hegemonialmacht gibt (vgl. Kindleberger, 1981). Zweitens werden multilaterale Verhandlungen dadurch blockiert, daß sich die Handelspartner letztlich nur auf den kleinsten gemeinsamen Nenner einigen können. Daher entsteht eine Art Konvoiproblem. Das am wenigsten an Liberalisierung interessierte Land bestimmt das Tempo. Gleichzeitig wird drittens beklagt, daß sich einige Länder als Trittbrettfahrer verhalten würden, indem sie von der Liberalisierung ausländischer Märkte profitieren, ohne im selben Maße die eigenen Märkte zu öffnen (vgl. Deardorff/Stern, 1992, S. 17 f.). In allen drei Punkten spielen ökonomisch große Länder eine Rolle.

Um die drei Aspekte beleuchten zu können, werden wieder drei identische Länder A, B, C betrachtet (vgl. Bagwell/Staiger, 1997). Dabei importiert jedes Land jeweils ein homogenes Gut und exportiert zwei. Daher konkurrieren immer zwei Länder in einem Exportmarkt. Dies erinnert an die Diskussion um Freihandelszonen ohne Ursprungsregeln. Dort konkurrierten zwei Länder um die Exporte eines Anbieters. Die Nachfragen nach einem homogenen Gut aus zwei verschiedenen Quellen sind abhängig voneinander. Wird der Zoll auf eine Bezugsquelle erhoben, steigt der Anreiz, auch die andere Quelle einem Zoll zu unterwerfen. Dies folgt aus den Ergebnissen der Wohlfahrtsanalyse. Wird ein Land mit einem Zoll belastet, geht die Nachfrage nach diesem Gut zurück, und die Nachfrage nach dem Gut aus dem anderen Land steigt. Auch dies kann als Handelsumlenkung bezeichnet werden, da ein Teil der Importe nicht zum geringsten Preis bezogen wird. Handelsumlenkung entsteht hier wieder auf der Konsumseite. Die Konsumenten richten sich nach verzerrten Preisen. Insgesamt geht die Nachfrage nach dem Importgut zurück, d.h. die Gesamtheit aller Exporteure stellt sich schlechter. Umgekehrt erhöht sich bei einer Zollsenkung gegenüber einem Handelspartner der Anreiz, auch den anderen zu berücksichtigen. Dieser Effekt ist vergleichbar mit der beschriebenen „optimal import-sourcing condition" (vgl. Winters, 1996, S. 13). Der Grund, weshalb trotz dieser Struktur überhaupt Zölle erhoben werden, liegt wieder im handelspolitischen Gefangenendilemma. Um alle drei Probleme darstellen zu können, wird zwischen den potentiellen Partnerländer A und B sowie der restlichen Welt C unterschieden. Die restliche Welt hat eine relativ hohe Zeitpräferenz (ein geringes δ).

Vor diesem Hintergrund soll zunächst das Konvoiproblem betrachtet werden. Ein Konvoiproblem entsteht, wenn bei multilateralen Verhandlungen ein Land über die Macht verfügt, das Liberalisierungsausmaß enger zu begrenzen als es die anderen Verhandlungspartner wünschen. Ähnlich ist die Problematik des Footdragging. Hier verhindert ein Land die Verabschiedung eines Gesamtpakets, bis es die eigenen Positionen durchgesetzt hat. Ein solches Land muß über politische und ökonomische Macht verfügen (vgl. Lawrence, 1996, S. 4). Die Position als bremsende Kraft wurde in der Geschichte des GATT schon von verschiedenen Ländern eingenommen (vgl. Westhoff/Yarbrough/Yarbrough, 1994, S. 183): Das Vereinigte Königreich wollte nicht auf die speziellen Handelsbeziehungen mit seinen ehemaligen Kolonien verzichten, die USA verhinderte die frühzeitige Institutionalisierung des GATT in Form der ITO, Japan bremste die Tokiorunde, und Frankreich tat sich während der Uruguayrunde als Vorreiter des Protektionismus hervor. Das Konvoiproblem läßt sich spieltheoretisch mit den Grundformeln (II.13) und (II.14) darstellen. Ausgangslage ist, daß alle Länder ausgehend von ihrem Nashzoll multilateral über eine Zollreduzierung verhandeln. Da die restliche Welt aufgrund ihrer hohen Zeitpräferenzrate (geringes δ) den langfristigen Schaden einer aggressiven Handelspolitik gering einschätzt, wird sie bei multilateralen Verhandlungen zum restriktiven Land. Gleichung (II.13) wird schon bei einem relativ hohen Zoll bindend sein. Wenn nur über einen symmetrischen Zollabbau verhandelt wird, was als eine Art Reziprozität im Sinne von ausgewogenen „Konzessionen" verstanden werden kann, liegt bei multilateralen Verhandlungen tatsächlich ein Konvoiproblem vor. Das Land C bestimmt dann das Ausmaß und das Tempo der multilateralen Integration. Allerdings ist hier kein Trittbrettfahrerverhalten möglich, solange alle Länder denselben Zoll erheben.

Auch wenn Reziprozität in der Präambel des GATT aufgenommen ist, wird sie nicht weiter spezifiziert (vgl. Bagwell/Staiger, 1997b, S. 17). Im Vordergrund steht immer noch die Meistbegünstigungsklausel. Bei der Meistbegünstigung wird die Reduzierung der Handelshemmnisse eines Landes an alle Vertragsparteien weitergegeben. Demnach müssen nicht alle Länder im selben Ausmaß ihre Handelsschranken reduzieren, und zwar weder absolut noch relativ. Für die beiden Länder mit der relativ geringsten Zeitpräferenz ist die Grundformel noch nicht bindend. Sie bewerten die Erträge aus der Kooperation relativ zur aggressiven Zollpolitik höher. Mithin sind sie bereit, die Zölle weiter zu senken als C. Letztlich beschränkt die restliche Welt immer noch das Ergebnis, allerdings kann sie jetzt als Schwarzfahrer von der Meistbegünstigung profitieren (vgl. Bagwell/Staiger, 1997, S. 16). Bagwell und Staiger interpretieren dieses „Ungleichgewicht" der Konzessionen als hegemoniales Verhalten. Diese Definition ist nicht üblich.

Bei Kindleberger (1981) lag es gerade in der Natur der Hegemonialmacht, daß sie sich nicht vom Verhalten anderer Staaten beschränken läßt. Dies kann für den Welthandel positiv sein, wenn die dominierende Macht sich für Freihandel einsetzt. Dies bezeichnet Kindleberger als „Führerschaft". Beispiele sind die „Pax Britannica" im neunzehnten Jahrhundert oder die „Pax America" im zwanzigsten. Eine Hegemonialmacht kann für den Welthandel eine Belastung sein, wenn sie ihre Macht weitgehend für eigene Ziele ausnutzt. Hier spricht Kindleberger von „Dominanz". Ähnlich ist die „imperial harmonization" von Lawrence/Bressand/Ito (1996, S. 37 ff.) zu verstehen. Die USA und Europa können den Welthandel mit einem doppelten Hub-and-Spoke-System überziehen.[114] Dies kann möglicherweise zu Freihandel führen, allerdings werden Drittstaaten dabei politisch entmündigt.

Bei Bagwell/Staiger (1997) entsteht eine Hegemonialmacht nicht aufgrund ökonomischer und politischer Stärke, sondern aufgrund der geringeren Zeitpräferenz. Der Nachteil für A und B liegt nicht darin, daß sie ihre Zölle stärker senken als C. Diese Argumentation wäre blanker Merkantilismus. Der Nachteil liegt darin, daß die restliche Welt sie hindert, die Zölle multilateral noch weiter zu senken. Von Dominanz und „imperial harmonization" kann hier keine Rede sein. Daher stellt sich die Frage, ob regionale handelspolitische Arrangements etwas am Konvoi- oder Trittbrettfahrerproblem ändern und somit als Defensivinstrument anzusehen sind. Die Anreize, mit einer regionalen Integrationszone auf das Freifahrerverhalten bestimmter Länder zu reagieren, werden auch abhängig sein von der ökonomischen Bedeutung dieser Länder. Häufig wird angenommen, daß

---

[114] Vgl. Abbildung I.12.

es sich um relativ kleine Länder handelt (vgl. z.B. Lawrence, 1996, S. 4). Ihr beschränkender Einfluß ist gering. Anders sieht es aus, wenn z.B. die APEC ihre Liberalisierungsfortschritte durch eine unbedingte Meistbegünstigungsklausel an die restliche Welt weitergeben wird. In Gestalt der EU stände dann wohl ein relevanter Trittbrettfahrer bereit (vgl. Albero López/Soler Matutes, 1997, S. 11). Hier fällt der beschränkende Einfluß ins Gewicht.

Vor diesem Hintergrund ist die folgende Diskussion zu sehen (vgl. Bagwell/Staiger, 1997, S. 16 ff.). Schließen sich beide liberalisierungswilligen Länder zu einer Freihandelszone zusammen, steigt aufgrund der abhängigen Nachfragen auf der einen Seite der Anreiz, auch gegenüber der restlichen Welt die Zölle zu senken. Dies folgt aus der „optimal import-sourcing condition" und ist unabhängig von der Zeitpräferenzrate.[115] Auf der anderen Seite ist das Ausmaß der bilateralen Kooperation zwischen A und B nicht mehr abhängig von C, da jetzt diskriminierende Liberalisierung möglich ist. Dieser Diskriminierungseffekt erlaubt es der Freihandelszone, das Trittbrettfahrerverhalten zu erschweren. Ist die restliche Welt nicht zu glaubhaften „Konzessionen" bereit, können die externen Zölle erhöht werden. Dieser Diskriminierungseffekt ist um so ausgeprägter, je geringer die Zeitpräferenzraten der Mitglieder der Freihandelszone ausfallen, da die künftigen Gewinne aus der bilateralen Liberalisierung hoch eingeschätzt werden. Welcher Effekt letztlich dominiert, hängt von der Zeitpräferenzrate und damit von der Stärke des Diskriminierungseffektes ab. Es muß einen kritischen Wert geben, ab dem die für den Multilateralismus negative Wirkung des Diskriminierungseffektes höher ist als die positive aus der „optimal import-sourcing condition".

Werden Zollunionen betrachtet, muß das Ergebnis leicht revidiert werden (vgl. Bagwell/Staiger, 1997, S. 22 ff.). Der Grund liegt wieder im Machtpotential aufgrund der Harmonisierung der externen Handelspolitik. Auch wenn A und B als identische Länder die gleichen Zölle gegenüber C erheben, beachten sie in Freihandelszonen nicht die negativen Externalitäten ihrer Zollpolitik auf den Handelspartner, da die Regierungen annahmegemäß die nationale Wohlfahrt maximieren. Reduziert ein Land aufgrund der „optimal import-sourcing condition" die Handelsschranken gegenüber der restlichen Welt, geht die Nachfrage nach Gütern aus dem Partnerland c.p. zurück. In einer Zollunion wird dagegen die regionale Wohlfahrt maximiert. Dadurch wird die Zollexternalität internalisiert. Die Zollsenkung gegenüber der restlichen Welt fällt geringer aus. Ob Regionalismus komplementär zum GATT/WTO-System gesehen wird, hängt somit von der Zeitpräferenzrate ab. Auch hier ist wieder kein eindeutiges Ergebnis möglich. Trotzdem lassen sich einige Schlüsse ableiten.

Zunächst muß bei der Bewertung regionaler Integrationszonen berücksichtigt werden, inwieweit das multilaterale System funktioniert (vgl. Winters, 1996, S. 13). Regionale Integration wurde hier, unabhängig davon, ob letztlich das multilaterale Protektionsniveau erhöht wird oder nicht, als eine defensive Strategie

---

[115] Dieser Effekt bewirkt auch, daß das glaubhafte Bestrafungspotential der Freihandelszone abnimmt, d.h. G_{nn} für die restliche Welt ansteigt. Daher wird ein geringer Zoll der restlichen Welt weniger glaubhaft (vgl. Bagwell/Staiger, 1997, S. 19).

angesehen. Liberalisierungswillige Länder haben sich zusammengeschlossen, um das Konvoiproblem zu umgehen. Auch wenn letztlich die multilaterale Protektion ansteigen sollte, weil der Diskriminierungseffekt überwiegt, ist daraus nicht zwangsläufig die Empfehlung abzuleiten, regionale Integrationszonen zu verbieten. Das ursprüngliche Problem liegt nicht in der Bildung des Integrationsraumes, sondern in der hohen Zeitpräferenz der restlichen Welt.

Es schließt sich die Frage an, was passiert, wenn sich, aus welchen Gründen auch immer, nicht die liberalisierungswilligen Länder zusammenschließen, sondern das Land C entweder mit A oder B (vgl. Westhoff/Yarbrough/Yarbrough, 1994, S. 185 ff.). In diesem Fall wird sich das relativ protektionistische Land seine interne Liberalisierung durch höhere externe Handelshemmnisse kompensieren lassen. Hier entsteht das „Festungsproblem". Dieser Fall ist nicht so unrealistisch. Bei der Gründung der EG haben sich auf der einen Seite relativ freihandelsorientierte Länder wie Deutschland und die Niederlande mit relativ protektionistischen Ländern wie Frankreich und Italien zusammengeschlossen. Um so deutlicher wird auch hier wieder die Bedeutung der Offenheit. Das ausgeschlossene Land wird aufgrund seiner niedrigen Zeitpräferenz entweder multilateral die Handelshemmnisse senken oder dem bestehenden Abkommen beitreten wollen. Das Mitgliedsland mit der ebenfalls niedrigen Zeitpräferenz steht diesem Ansinnen wohlwollend gegenüber, da es seine Wohlfahrt erhöhen kann. Entscheidend ist dann, ob das relativ protektionistische Land C die Macht hat, einen Beitritt zu verhindern. Sollte das der Fall sein, wurde das multilaterale Gefangenendilemma und das Foot-dragging nur auf die regionale Ebene transformiert.

4.4 Regionalisierung als Instrument zur Erhöhung der Glaubwürdigkeit

Die spieltheoretische Analyse zeigt, daß ein Handelsabkommen mit geringen externen Handelshemmnissen nicht selbstdurchsetzend sein muß. Selbst wenn bestimmte Länder Zollsenkungen ankündigen, muß dies nicht glaubhaft sein, wenn bekannt ist, daß in diesem Land eine relativ hohe Zeitpräferenz vorliegt. Was bisher als Gefangenendilemma betrachtet wurde, kann auch als ein Zeitinkonsistenzproblem angesehen werden. Die zeitliche Inkonsistenz beschreibt ursprünglich ein Problem zwischen Politik und Wähler (vgl. Kydland/Prescott, 1977). Es geht darum, daß für die Regierung eine bestimmte Politik für einen zukünftigen Zeitpunkt zwar gegenwärtig optimal ist, aber nicht mehr, wenn der Zeitpunkt eingetroffen ist. Ähnliches läßt sich ableiten für allgemeine Wirtschaftsreformen und muß nicht auf die direkte Handelspolitik beschränkt bleiben.[116] Dabei können auch Aspekte des „neuen" Regionalismus integriert werden, wie etwa Direktinvestitionen und die Sicherung des Marktzutritts. Insbesondere für Entwicklungs- und Schwellenländer stellen Direktinvestitionen einen wichtigen Kanal der wirtschaftlichen Entwicklung dar (vgl. Oman, 1994; Ethier, 1996 und 1996a). Derzeit fließt dagegen der größte Teil der Direktinvestitionen in die Industriestaaten, auch wenn dort nicht notwendigerweise die höchsten

---

[116] Zeitinkonsistenzprobleme werden in verschiedenen Wirtschaftsbereichen diskutiert (vgl. Richter/Furubotn, 1996, S. 305 f.).

Renditen zu erzielen sind. Multinationale Unternehmungen scheinen demnach Entwicklungsländer zu meiden.[117] Eine Ursache liegt darin, daß das Risiko, die Märkte durch Direktinvestitionen zu bedienen, höher ist als durch Handel und viele Entwicklungsländer unter einem Zeitinkonsistenzproblem leiden. Insbesondere die Anschubfinanzierung stellt einen großen Aufwand dar (vgl. Buckley, 1997, S. 23).

Es stellt sich die Frage, ob regionale handelspolitische Arrangements nicht eine geeignete Institution sind, um die Glaubwürdigkeit einer liberalen Wirtschaftspolitik zu erhöhen und somit Direktinvestitionen zu attrahieren und wohlfahrtsmindernde Handelshemmnisse abzubauen. In diesem Zusammenhang wird häufig der „lock-in-Effekt" bei Reformen diskutiert. Dabei muß unterschieden werden zwischen handelspolitischen Reformen sowie allgemeinen mikro- und makroökonomischen Wirtschaftsreformen. Wichtig ist es zu klären, weshalb regionale Integrationszonen eher in der Lage sein sollen, die Glaubwürdigkeit zu erhöhen als multilaterale Abkommen. Dies wäre etwa der Fall, wenn entweder die Gewinne aus der regionalen Kooperation oder die Kosten des Vertragsbruchs höher sind. Damit regionale handelspolitische Arrangements helfen, handelspolitische Reformen zu unterstützen und Direktinvestitionen in ein Land zu locken, müssen mindestens zwei Bedingungen erfüllt sein (vgl. Fernandez, 1997, S. 9 ff.): Erstens muß ohne ein handelspolitisches Arrangement überhaupt eine Zeitinkonsistenz vorliegen. Zweitens müssen die Austrittskosten (Kosten des opportunistischen Handelns) ausreichen, um die Regierung zu einer wohlfahrtserhöhenden Politik zu zwingen, d.h. das Bestrafungspotential (G_{kk}-G_{nn}) muß ansteigen.

Bezogen auf Direktinvestitionen stellt sich das Problem, daß es für Regierungen kurzfristig optimal sein kann, Kapital in das eigene Land zu locken, um sich dann durch eine nachträgliche höhere Besteuerung die Gewinne anzueignen. Ist die Regierung nicht in der Lage, dieses Verhalten glaubwürdig auszuschließen, wird erst gar kein Kapital in das Land fließen. Verschlechterte Wachstumschancen sind die Folge. Diese Situation ist bei Entwicklungs- und Schwellenländern mit ineffizienten Steuersystemen und labilen politischen Verhältnissen nicht unwahrscheinlich. Es muß geklärt werden, weshalb die Annahme realistisch ist, daß innerhalb eines Integrationsraumes das handelspolitische Gefangenendilemma geringer (oder nicht existent) ist als im multilateralen System. Unter der Berücksichtigung des spieltheoretischen Grundmodells liegt der Schlüssel darin, die Kosten des opportunistischen Handelns (G_{kk}-G_{nn}) relativ zu erhöhen, indem bei einem Vertragsbruch die Vorteile der intraregionalen Liberalisierung wegfallen. Ob das Land dabei offiziell weiterhin Mitglied des Abkommens bleibt, ist zunächst zweitrangig. Bei einem Abkommen mit relativ wenigen Mitgliedsländern ist die Verantwortung, wer die Bestrafung vorzunehmen hat, leichter zu klären als innerhalb der WTO. Gleichzeitig führt die tiefere Integration dazu, daß das Bestra-

[117] Dies gilt sicherlich nicht pauschal für alle Entwicklungs- und Schwellenländer. Viele ostasiatische Länder und einige südamerikanische Länder konnten in jüngster Zeit verstärkt Direktinvestitionen attrahieren (vgl. WTO, 1996, S. 44 ff.). Auch sind die unterschiedlichen Risiken zu beachten

fungspotential größer ausfallen kann, da es wesentlich mehr Gebiete betrifft. Wird ein Vertragsbruch letztlich sogar mit einem Ausschluß bestraft, kann das Land nicht mehr von Investitionsschaffung profitieren und muß möglicherweise Investitionsumlenkung in Kauf nehmen. Insgesamt ist es daher realistisch anzunehmen, daß regionale Integrationszonen helfen, zumindest eine intraregionale liberale Handelspolitik zu verfolgen (vgl. Fernandez, 1997, S. 10 f.; Francois, 1997). Die glaubwürdige Reduzierung der intraregionalen Handels- und Investitionsschranken führt zu einem attraktiveren Standort für Direktinvestitionen. Im günstigsten Fall können sich diese Länder aufgrund ihrer geringen Arbeitskosten als Exportplattform für den Integrationsraum etablieren (vgl. Lawrence, 1996, S. 16). Auch hier wird der Zusammenhang von Handels- und Investitionsschranken deutlich. Nicht übersehen werden darf, daß keine Aussage getroffen wird, ob dadurch auch insgesamt mit geringeren Handels- und Investitionsschranken zu rechnen ist. Daher bleiben die Befürworter der Regionalisierung immer noch den Beweis schuldig, daß durch regionale Integration nicht nur intraregional, sondern auch interregional das Zeitinkonsistenzproblem gelöst wird. Dabei spielt die Offenheit wieder eine bestimmende Rolle. Tritt ein weniger entwickeltes Land einem Abkommen bei, kann es sich besserstellen, wenn es ähnlich entwickelten Ländern den Beitritt verwehrt.

Die Möglichkeit eines Lock-in-Effekts wird häufig nicht nur speziell bei der Senkung von Handelsschranken, sondern auch bei der Durchführung von allgemeinen Wirtschaftsreformen diskutiert (vgl. z.B. Oman, 1994, S. 70 f; Whalley, 1996, S. 15 f.). Auch hier sind insbesondere die Schwellen- und Entwicklungsländer angesprochen. Ob regionale handelspolitische Arrangements wirklich einen komparativen Vorteil gegenüber der WTO aufweisen, ist zweifelhaft (vgl. Fernandez, 1997, S. 12 f.). Mit Ausnahme der Europaverträge zwischen der EU und einigen mittel- und osteuropäischen Staaten decken regionale Handelsabkommen, wie der Name sagt, Handelsfragen im weitesten Sinn ab. Mikro- und makroökonomische Reformen gehören in der Regel nicht dazu. Der oben abgeleitete Merkantilismusbias innerhalb eines regionalen Abkommens verschärft den notwendigen strukturellen Anpassungsbedarf nach einer Reform. Während also regionale Integrationszonen in der Lage sind, zumindest intraregionale Liberalisierungsschritte glaubwürdiger zu machen, werden handelspolitische Arrangements überfordert, wenn sie alleine mikro- und makroökonomische Reformen sichern sollen. Die mikro- und makroökonomischen Grundlagen muß das betreffende Land selbst legen. Regionale handelspolitische Arrangements können nur helfen, indem sie die ökonomischen Reformen beschleunigen. Es hat sich auch gezeigt, daß insbesondere die schnell aufholenden asiatischen Länder selbständige Reformen eingeführt haben, ohne eine de-facto-Integration mit Japan vorzuschalten.

Zusammenfassend können regionale handelspolitische Arrangements das Zeitinkonsistenzproblem abschwächen, wenn das Bestrafungspotential bei einer protektionistischen Politik zunimmt. Integrationszonen zwischen entwickelten und weniger entwickelten Volkswirtschaften sind in dieser Weise als Bausteine für den Multilateralismus zu sehen. Dies deckt sich mit den bisher abgeleiteten

Ergebnissen. Allerdings sind die damit verbundenen Gefahren nicht zu vernachlässigen. Sind in der Anfangssituation mehrere weniger entwickelte Länder Nichtmitglieder, zieht jedes Land eine Situation vor, in der alle in das Abkommen aufgenommen werden. Werden einige, aber nicht alle aufgenommen, können die Neumitglieder von der Handelsumlenkung profitieren und gegen eine weitere Erweiterung plädieren (vgl. Lawrence, 1996, S. 39). Daher verwundert die ablehnende Haltung der südlichen EU-Länder gegenüber einer Osterweiterung der EU nicht. Die Probleme der asymmetrischen Liberalisierung ändern sich demnach auch beim „neuen“ Regionalismus nicht, wenn nur die Art der Protektion geändert wird. Hierbei zeigt sich auch, daß regionale Integrationsgemeinschaften das multilaterale Foot-dragger-Problem umgehen können, es allerdings häufig nur auf eine neue Ebene heben, und zwar auf die regionale. Die Verbesserung des intraregionalen Marktzutritts darf nicht zu Lasten des interregionalen erfolgen. Ansonsten ist nicht sichergestellt, daß die Regionalismuspfade III oder IV erreicht werden.

5. Zwischenresümee II

Führen regionale Integrationsgemeinschaften über kumulative Prozesse zu Freihandel? Die Antwort lautet wie so häufig: Es kommt darauf an. Der auf dem vorangegangenen Teil II und dem Kemp-Wan-Theorem aufbauende Referenzrahmen hat Bedingungen herausgearbeitet, bei denen Regionalisierung kontinuierliche Schritte in Richtung Freihandel ermöglicht. Der Regionalismuspfad III gibt diese Situation wieder. Erstens müssen die intraregionalen Märkte vollkommen liberalisiert werden. Nur so können Wettbewerbseffekte voll zur Entfaltung kommen. Außerdem stellt die intraregionale Liberalisierung eine notwendige Ergänzung zu den restlichen Anforderungen dar. Die Nichtmitglieder müssen durch kompensatorische externe Zollsenkungen vor Schaden geschützt werden. Schließlich sind kumulative Prozesse nur dann zu erwarten, wenn Offenheit gewährleistet ist. Dabei können klare Aufnahmeregeln formuliert oder das Prinzip der bedingten Meistbegünstigung stärker betont werden. Diese Bedingungen gehen deutlich über das Maß hinaus, das durch den derzeitigen Artikel XXIV GATT gefordert wird. Doch was aus globaler Sicht gut ist, muß für eine gegebene Integrationsgemeinschaft nicht die beste aller Welten darstellen.

In einem weiteren Schritt wurden die Anreize untersucht, kompensatorische Zollsenkung durchzuführen. Kompensatorische Zollsenkungen sind notwendig, wenn die Bildung oder die Erweiterung von Integrationsgemeinschaften die Terms of Trade beeinflussen. Doch gerade wenn sie dazu in der Lage sind, folgt aus der Optimalzolltheorie, daß dann keine Zollsenkungen zu erwarten sind, sondern genau das Gegenteil. Ob in einer symmetrischen Welt zunehmender Regionalismus die Wohlfahrt erhöht oder nicht, hängt auch ab von der Handelsstruktur. Bei einem verstärkten intraindustriellen Handel führt fortschreitende Integration lange Zeit zu einer Verschlechterung der Wohlfahrt. Notabene: Nicht die Optimalzölle sind hauptsächlich verantwortlich für dieses Ergebnis, sondern das (meist) konstitutive Merkmal eines regionalen Integrationsraumes - die Diskriminierung. Eine Absage wird den Modellen erteilt, welche versuchen, regionale Integration durch geographische Argumente zu rechtfertigen. Die schwache theoretische Fundierung der Gravitationsmodelle und die statische Ausrichtung erlauben es nicht, „natürliche Handelspartner" als einen zu akzeptierenden Ausnahmetatbestand aufzunehmen.

Asymmetrische Erweiterungen zeigen, daß weder der Pfad III noch IV und damit die Offenheit selbstverständlich sind. Terms of Trade-Gewinne sind nur zu Lasten Dritter möglich. Daher liegt es im Interesse einer Integrationsgemeinschaft ab einer bestimmten Größe, keine Länder mehr aufzunehmen. Das Ergebnis wäre ein Regionalismuspfad V oder gar VI. Freihandel ist bestenfalls noch auf Umwegen zu erreichen. Potentielle Mitglieder müßten sich in eine Integrationsgemeinschaft einkaufen. Aus globaler Sicht bleiben erhebliche Verteilungskonflikte, wenn es Länder mit unterschiedlichen Rechten und Pflichten gibt. Einkaufen scheint ein schlechtes Substitut zur Offenheit zu sein. Schließlich wurde untersucht, ob nicht möglicherweise der Versicherungsschutz ein Hauptmotiv für kleine Länder sein könnte, sich einem Abkommen anzuschließen. Für eine solche Motivation lassen sich gute Gründe finden, doch ein kumulativer Prozeß erscheint hier gleichfalls unsicher. Kleine Länder werden nur bereit sein, eine Versicherungsprämie zu zahlen, wenn eine realistische Wahrscheinlichkeit besteht, daß es überhaupt zu größeren Handelskriegen kommt. Daher ist nicht auszuschließen, daß erst die Integrationsgemeinschaft zu Spannungen im Welthandel führt.

Die bisherigen Argumente untermauern die Notwendigkeit eines strengen Artikels XXIV GATT gemäß dem Referenzrahmen. Ob solche Regeln tatsächlich eingehalten werden, ist so eindeutig nicht. Die spieltheoretische Analyse verdeutlicht, daß die Gewinne eines Vertragsbruchs geringer sein müssen als die Gewinne aus der Kooperation. Freihandelszonen erlauben dabei langfristig eher kompensatorische Zollsenkungen als Zollunionen. Bei einer symmetrischen Regionalisierung führt das „Gleichgewicht der ökonomischen Kräfte" eher zu niedrigen Außenzöllen als bei der Dominanz eines Handelsblockes im Rahmen einer asymmetrischen Erweiterung. Im Gegensatz zum ersten Krugman-Modell ist demnach nicht die absolute Macht entscheidend, sondern die relative. Eine Hegemonialmacht wäre kontraproduktiv. Defensiv ausgerichtete Integrationsgemeinschaften, die sich bilden, um ein Mißverhältnis auszugleichen, können demnach dem Freihandel dienen. Weiter wird deutlich, daß regionale Integrationsgemeinschaften Mängel des Multilateralismus umgehen können, namentlich das Konvoi- und das Schwarzfahrerproblem. Zwar nehmen Drittstaaten immer noch Schaden an der diskriminierenden Liberalisierung, doch muß dies anders bewertet werden, wenn diese Länder der eigentliche Grund sind für den Prozeß.

Regionale Integrationszonen können auch helfen, die Glaubwürdigkeit von Handelsreformen zu unterstützen. Ungeklärt bleibt, ob regionale Integrationsgemeinschaften tatsächlich langfristig dem Multilateralismus überlegen sind. Denn bei diesen nichttraditionellen Gewinnen können etablierte Mitglieder durch Neuaufnahmen weiter verlieren. Dies gilt auch, wenn Direktinvestitionen betrachtet werden. Ein kumulativer Prozeß kann daher verhindert werden.

Es muß klar geworden sein, daß der Regionalismuspfad III oder zumindest IV letztlich nur bei Offenheit zu erreichen sind. Auch wenn möglicherweise kurzfristig Wohlfahrtsverluste entstehen, sorgt Offenheit dafür, daß der Integrationsraum die gesamte Welt erfaßt. Doch für große Integrationsgemeinschaften muß Offenheit nicht die optimale Strategie sein. Der Eindruck läßt sich nicht verdrängen, daß der größte Vorteil für die Mitgliedsländer einer TAFTA die Abwesenheit Japans, der größte Vorteil einer APEC die Abwesenheit Europas und der größte Vorteil von europäisch-asiatischen Gesprächen der Ausschluß der USA ist. Leidtragende wären die Länder, die sich nicht rechtzeitig einem Abkommen angeschlossen haben. Ob Integrationsgemeinschaften der Versuchung widerstehen, sich abzuschotten, kann mit den hier diskutierten Modellen nicht geklärt werden. Dies liegt nicht zuletzt daran, daß Interessengruppen bisher vollkommen ausgeblendet wurden. Diese Annahme ist unrealistisch. Vielmehr ist zu erwarten, daß sich Politiker als Außenhandelspolitiker nicht so opportunistisch verhalten, wie dies die Optimalzolltheorie voraussetzt, aber gleichzeitig als Innenpolitiker nicht den wohlwollenden Diktator abgeben, wie es bisher angenommen wurde. Ob Integrationsgemeinschaften wirklich sinnvolle Instrumente sind, um eine liberale Welthandelsordnung aufzubauen, muß letztlich politökonomisch untersucht werden.

Teil III: Sind regionale Integrationsgemeinschaften ein Baustein für eine liberale Welthandelsordnung? Eine politökonomische Analyse

1. Die politische Ökonomie des internationalen Handels

Die allokationstheoretischen Untersuchungen zeigen, welche negativen Effekte bei einer regionalen Integration entstehen können. Der Referenzrahmen beschreibt einen Weg, wie diese zu verhindern sind und regionale Integrationsgemeinschaften als ein Instrument zur Liberalisierung des Welthandels eingesetzt werden können. In der Realität zumindest ist bisher eine durchgehende Regionalisierung gemäß dem Referenzrahmen nicht zu beobachten. Selbst der aus allokationstheoretischer Sicht ungenügende aktuelle Artikel XXIV GATT wird von den Vertragsparteien nicht beachtet (vgl. Lawrence, 1996, S. 103). Damit scheint der Referenzrahmen nicht selbstdurchsetzend zu sein. Wenn dies allerdings nur an den fehlenden multilateralen Regeln liegen sollte, müßte es genügen, die WTO zu stärken. An den Wohlfahrtsgewinnen können alle beteiligt werden.

Dies scheint aber derzeit nicht möglich zu sein. Daher stellt sich die Frage, ob die theoretischen Gründe, die erstens für ein Abweichen vom Referenzrahmen sprechen und zweitens allgemein Protektion rechtfertigen, überhaupt die Handelspolitik bestimmen. Für die Mehrzahl der Integrationsgemeinschaften gelten die theoretischen Gründe aufgrund ihrer geringen ökonomischen Größe nur bedingt. Gleiches gilt für die allgemeinen normativen Protektionsargumente (vgl. Krugman, 1993, S. 65; J. Donges, 1995, S. 220 ff.). Zumindest verbal wird die Verbesserung der Austauschverhältnisse auch gar nicht als Rechtfertigung für eine protektionistische Politik hervorgebracht. Ganz zu schweigen von den Problemen, mit denen die effiziente Umsetzung einer Terms of Trade-Politik verbunden ist. Analog zu den Empfehlungen der strategischen Industrie- und Handelspolitik, kann in der Praxis kaum umgesetzt werden, was sich theoretisch ableiten läßt. Häufig sind die politischen Entscheidungsträger nicht einmal mit diesen Theorien vertraut. Die Diskrepanz zwischen Theorie und Wirklichkeit liegt nicht zuletzt an zwei Annahmen: Der wohlwollende Diktator und die Vernachlässigung von Verteilungswirkungen. Eine politökonomische Analyse tut daher not.

1.1 Der politökonomische Rahmen

In der Realität ist die Handelspolitik nicht das Ergebnis aus reinen Wohlfahrtsüberlegungen, sondern insbesondere aus Verteilungs- bzw. Beschäftigungskonflikten (vgl. Conybeare/Zinkula, 1996, S. 4). Daher wird in der politischen Ökonomie angenommen, daß Protektion auf dem politischen Markt angeboten und nachgefragt wird.[118]

a) Die Nachfrage nach handelspolitischen Aktivitäten: Sowohl die diskriminierende als auch die nichtdiskriminierende Liberalisierung führen zumindest

[118] Die folgenden Ausführungen basieren zu einem großen Teil auf Berthold/M. Donges (1997a).

in der kurzen Frist zu Verlierern, auch wenn eine Volkswirtschaft als Ganzes gewinnt. Je nachdem, welcher Zeithorizont und damit welche Handelsstruktur unterstellt werden, gibt es unterschiedliche Konstellationen (vgl. Rodrik, 1995, S. 1460 ff.). In einer Ricardo-Viner-Welt verliert die Branche mit den komparativen Nachteilen, und zwar aufgrund der Immobilitätsannahme beide Faktoren. Dies beschreibt eine relativ kurze Frist. In der Heckscher-Ohlin-Welt zeigt das Stolper-Samuelson-Theorem, wie bestimmte Gruppen verlieren können. Der relativ reichlich vorhandene Faktor gewinnt, der relativ knappe verliert. Hier wird eine langfristige Sichtweise angenommen, da Faktoren zwischen den Branchen wandern können. Die empirische Evidenz dagegen spricht eher dafür, daß alle Faktoren eines Industriezweiges an einem Strang ziehen. Demnach wäre eine Ricardo-Viner-Welt die bessere Beschreibung (vgl. Weck-Hannemann, 1992, S. 55; Hillman/Moser, 1996. S. 297). Mit zunehmendem intraindustriellen Handel nehmen mit der Ähnlichkeit der Handelspartner die Verteilungskonflikte ab. Die Diskussion um die Wettbewerbseffekte hat dessen ungeachtet gezeigt, daß die Faktoren trotzdem mobil bleiben müssen (vgl. auch Yarbrough, 1994, S. 99). Bei Mobilitätshemmnissen auf den Arbeitsmärkten, wie sie insbesondere in Kontinentaleuropa gängig sind, bleiben auch beim intraindustriellen Handel Verteilungsprobleme möglich.

Die Gewinner und Verlierer sind somit theoretisch zu identifizieren. Dabei sind die Verlierer des Freihandels die Gewinner der Protektion und umgekehrt. Offene Märkte begünstigen in erster Linie die Konsumenten. Sie erhalten eine größere Anzahl an Gütern zu einem geringeren Preis. Die optimale Größe einer Integrationsgemeinschaft ist für die Konsumenten die gesamte Welt (vgl. Cumberworth/Milbourne, 1996, S. 2). Allerdings stellen die Konsumenten eine höchst diffuse Gruppe dar. Im allgemeinen ist nicht zu erwarten, daß sie sich nennenswert organisieren können. Dies gilt um so mehr, als erstens Handelsfragen in der Regel weniger im öffentlichen Interesse stehen und zweitens die Handelspolitik meist nur einen Teil der allgemeinen Wirtschaftspolitik oder gar Außenpolitik darstellt. Organisierte Interessengruppen sind es aber, die in repräsentativen Demokratien Einfluß auf die Politik nehmen können (vgl. Weck-Hannemann, 1992, S. 16):

Als eine solche Gruppe gewinnen erstens die Bezieher von Zwischenprodukten durch eine liberale Handelspolitik. Zölle auf Zwischenerzeugnisse wirken wie eine indirekte Besteuerung (vgl. J. Donges, 1975, S. 236). Die Exportgüterindustrie nimmt als zweite Gruppe eine Zwischenstellung ein. Für sie kann, muß aber nicht globaler Freihandel optimal sein. Sind aufgrund von Eintrittsbarrieren Renten in regionalen Märkten zu erzielen, müssen sie nicht für Freihandel plädieren. Überhaupt sind Exporteure primär am Abbau ausländischer Handelsbarrieren interessiert. Ist dies nur über Reziprozität möglich, können sie auch vom Abbau inländischer Handelsschranken profitieren. Drittens verliert die Importgütersubstitutionsindustrie. Auch hier ist eine gute Organisationsfähigkeit realistisch. Für die außerregionalen Interessengruppen gelten analoge Überlegungen. A priori ist viertens unklar, welchen Koalitionen sich die multinationalen Unternehmungen anschließen werden. Die unterschiedlichen Interessengruppen versuchen, ihre partikularen handelspolitischen Interessen durch Lobby- bzw. Rent-seeking-Aktivitäten[119] durchzusetzen (vgl. Weck-Hannemann, 1992, S. 43 ff.).

b) Das Angebot: Konsequenterweise müssen Politikern dieselben Motive unterstellt werden wie den privaten Wirtschaftsakteuren, d.h. rationales Verhalten und Eigennutzmaximierung. Daraus folgt nicht, daß Politiker frei entscheiden können. Der entscheidungspolitische Spielraum wird durch den institutionellen Rahmen begrenzt. Je restriktiver dieser ausfällt, desto höher sind die Verluste der Protektionsvergabe in Form von politischer Unterstützung. In einer direkten Demokratie mit Einzelabstimmungen in Sachfragen entscheidet der Medianwähler über die Politik. Die Präferenzen der Politiker spielen keine Rolle. In vielen handelspolitischen Modellen wird angenommen, daß die politischen Entscheidungsträger nur Ausführende sind (vgl. Weck-Hannemann, 1992, S. 85). Realistisch ist dies nicht. Gerade in repräsentativen Demokratien ist der Handlungsspielraum weiter gefaßt. Regierungen werden in der Regel für eine Legislaturperiode gewählt und sind innerhalb dieser Zeit relativ unabhängig von den Stimmbürgern. Allerdings müssen die politischen Entscheidungsträger beachten, daß sie nach Ablauf einer bestimmten Zeit wiedergewählt werden wollen. Insgesamt hängt der diskretionäre Spielraum ab von den Möglichkeiten und den Kosten der Mitsprache für die Stimmbürger (vgl. Weck-Hannemann, 1992, S. 107 f.; Berthold/M. Donges, 1997a, S. 44 f.). Die Darstellungsformen, wie die Angebotsseite konkret modelliert wird, sind mittlerweile Legion.[120] Wichtig für die Zwecke dieser Arbeit ist es anzunehmen, daß die Zielfunktion der politischen Entscheidungsträger eine gewichtete Funktion der allgemeinen Wohlfahrtsentwicklung und der Beiträge der Interessengruppen ist. Somit läßt sich die Zielfunktion Z der politischen Entscheidungsträger folgendermaßen darstellen:

$$Z = C(\tau) + a\big(W(\tau) - \gamma C\big), \quad 0 \leq a;\ 0 \leq \gamma \leq 1. \qquad \text{(III.1)}$$

C sind die Lobbyausgaben der Interessengruppen in Abhängigkeit vom gewünschten Protektionsniveau τ. W gibt die allgemeine Wohlfahrt wieder, a den Einfluß der Wohlfahrt. Je höher a ausfällt, desto geringer ist der diskretionäre Handlungsspielraum der Politiker bzw. desto höher ist die Wertschätzung der Politiker für eine effiziente Allokation. Schließlich zeigt γ an, in welchem Ausmaß die Ausgaben für Lobbying eine Verschwendung von volkswirtschaftlichen Ressourcen darstellen. Diese Darstellung entspricht weitgehend dem immer populärer werdenden Interessengruppenansatz von Grossman und Helpman (1992; 1993).[121]

Was der Grossman-Helpman-Ansatz, aber auch die meisten anderen Protektionsansätze, nicht einfängt, ist der Einfluß der Bürokratie. Dies erstaunt, sind doch

---

[119] Zur Theorie des Rent-seeking vgl. Tollison (1997).

[120] Für Überblicke vgl. Weck-Hannemann (1992, S. 84 ff.); Helpman (1995); Rodrik (1995, S. 1463 ff.).

[121] Für empirische Tests vgl. Cadot u.a. (1997); Goldberg/Maggi (1997).

gerade Bürokraten anfällig für interventionistische Aktivitäten (vgl. Messerlin, 1981; 1983). Die mangelnde Kontrolle durch die Wähler, die intransparenten Entscheidungswege, die vorgegebene Beschränkung auf einzelne Wirtschaftsbereiche und die Verknüpfung der eigenen Existenz mit der zu kontrollierenden Branche[122] ermöglichen Bürokratien, auch partikulare Interessen zu verfolgen. Um ihre diskretionären Einflußmöglichkeiten zu erweitern, favorisieren Behörden eher undurchsichtige Formen des „managed trade" als eine Freihandelspolitik (vgl. Bilal, 1995, S. 11). Die Bürokratie kann in die Gleichung (III.1) integriert werden, wenn der Begriff der politischen Entscheidungsträger weiter gefaßt und um die Bürokratie ergänzt wird. Demnach muß das „a“, d.h. die Wertschätzung der allgemeinen Wohlfahrt, sinken. Der diskretionäre Spielraum des staatlichen Sektors steigt an. Festzuhalten bleibt:

> Die Handelspolitik und damit auch die Bildung einer Integrationsgemeinschaft sind das Ergebnis aus der Interdependenz eigennütziger Politiker und Bürokraten, Interessengruppen und Wohlfahrtsüberlegungen unter gegebenen institutionellen Rahmenbedingungen.

Aus dem bisher Gesagten folgt - entgegen der üblichen Interpretation - nicht zwangsläufig, daß protektionistische Interessengruppen grundsätzlich dominieren (vgl. Krueger, 1992, S. 109; Berthold, 1995, S. 75). Denkbar wäre es, daß die Anbieter von Exportgütern und nichthandelbaren Gütern zu Lasten der Importgütersubstitutionsindustrie gefördert werden. Auch wird im Rahmen des „neuen“ Regionalismus immer wieder die treibende Kraft privater Unternehmungen bei der Liberalisierung betont (vgl. Lawrence, 1997, S. 19). In der Realität dagegen scheint es so etwas wie einen Protektionsbias zu geben.

1.2 Der Protektionsbias in Demokratien

a) „Pick the Loser": Für politische Entscheidungsträger dürfte es im Prinzip keine Rolle spielen, ob die Zahlungen der Interessengruppen aus den Kassen der Freihandelsbefürworter oder -gegner stammen. Wenn sich trotzdem immer wieder die protektionistische Seite durchsetzt, muß eine Asymmetrie bei der Internalisierung der Lobbyerträge vorliegen. In der Tat sind bei der Existenz von versunkenen Kosten die Anreize für expandierende und kontrahierende Branchen unterschiedlich, Lobbyaktivitäten aufzunehmen (vgl. Ri. Baldwin, 1993; Ro. Baldwin/Ri. Baldwin, 1996). Im Gegensatz zu den Erfordernissen der strategischen Handelspolitik unterstützen Regierungen regelmäßig nicht etwa die „Champions“, sondern die Verlierer einer Volkswirtschaft. In entwickelten Volkswirtschaften sind es namentlich die Landwirtschaft, die Textilbranche und der Kohle- und Stahlbereich. Das GATT ist hierbei nicht ganz frei von Schuld zu sprechen. Während auf der einen Seite verzerrende Exportunterstützungen untersagt sind, erlauben die Bestimmungen zu Anti-Dumping oder Schutzklauseln ge-

---

[122] Dies läßt sich schon aus der Capture-Theorie ableiten (vgl. Stigler, 1971).

rade dann staatliche Eingriffe, wenn eine heimische Industrie droht, im internationalen Wettbewerb zu verlieren.

Neben dieser juristischen Asymmetrie läßt sich auch eine ökonomische konstruieren, wenn bei einem Markteintritt versunkene Kosten auftreten. Firmen in expandierenden „sunrise"-Branchen könnten theoretisch versuchen, ihren Gewinn durch Lobbyaktivitäten noch zu erhöhen, indem ausländische Konkurrenz beschränkt wird. Solange intern allerdings hinreichend potentielle Konkurrenz gewahrt bleibt, würden die Gewinne über die normale Rendite hinaus neue Marktteilnehmer anlocken, die von den Lobbyaktivitäten der etablierten profitieren. Entscheidend ist dabei nicht die Möglichkeit, daß sie in den Markt einsteigen, sondern daß sie sich der kollektiven Finanzierung der Lobbyaufwendungen entziehen. Aufgrund der Gewinnerwartungen, die in Sunrise-Branchen schon ohne staatliche Unterstützungen vorherrschen, ist bei zusätzlichen staatlichen Aktivitäten mit Neueinsteigern zu rechnen (vgl. Grossman/Helpman, 1996, S. 801).[123] Mit anderen Worten: Unternehmungen sind in wachsenden Branchen wegen des Trittbrettfahrerproblems nicht in der Lage, die Erträge des Lobbying vollständig zu internalisieren.

Anders bei schrumpfenden Branchen: Lobbyaktivitäten führen nicht direkt zu Markteintritten, wenn die Protektion erhöht wird. Aufgrund versunkener Kosten des Markteintritts erzielen die etablierten Unternehmungen keine Gewinne über die normale Rendite hinaus, sondern versuchen nur, ihre Quasirenten zu sichern (vgl. Ri. Baldwin, 1993, S. 18). Diese Quasirenten stellen für potentielle Konkurrenten keine Anreize dar, in den Markt einzusteigen. Schrumpfende Branchen können daher im Gegensatz zu expandierende Firmen die Erträge aus den Lobbyaktivitäten internalisieren. Hier stellt das Schwarzfahren auch ein geringeres Problem dar, weil die Nutznießer von vornherein identifiziert werden können. Es sind in erster Linie die Faktoren Real- und Humankapital des spezifischen Sektors. Verstärkt wird die Asymmetrie daher, daß es für gewinnmaximierende Unternehmungen zunächst unerheblich ist, ob die Gewinne aus produktiven oder DUP-Aktivitäten (directly unproductive profit-seeking)[124] resultieren. Gerade bei schrumpfenden Branchen werden die Einkommenserzielungsmöglichkeiten aus DUP-Aktivitäten relativ zum Markteinkommen ansteigen (vgl. Murphey, 1993, S. 409 ff.). Insbesondere das Realkapital wird sich verstärkt bei Lobbyaktivitäten beteiligen, wenn bei inflexiblen Löhnen der Gewinnrückgang hauptsächlich das Realkapital trifft (vgl. Anderson/Ro. Baldwin, 1986, S. 24).

b) Persistenz: Eine weitere Erklärungsmöglichkeit folgt aus unvollkommenen Informationen und historischen Entwicklungen (vgl. Fernandez/Rodrik, 1991; Rodrik, 1995, S. 1476 ff.). Das Versagen der politischen Entscheidungsträger, Handelsbarrieren abzubauen, stellt eine Variante des häufig kritisierten „Reform-

---

[123] Die Protektion für die amerikanischen Hersteller von Halbleitern begünstigte z.B. auch koreanische Hersteller (vgl. Ro. Baldwin/Ri. Baldwin, 1996, S. 779).

[124] Bei DUP-Aktivitäten stellen die Aufwendungen zum Rent-seeking keinen volkswirtschaftlichen Nutzen dar (vgl. Bhagwati, 1982). In der Gleichung (III.1) wäre demnach γ gleich eins.

staus" dar. In der Vergangenheit waren Zolleinnahmen ein wichtiger Bestandteil der Finanzierung der Staatsausgaben. Dies gilt für die entwickelten Volkswirtschaften heute nicht mehr. Dessen ungeachtet behindern mannigfaltige Handels- und Investitionsbeschränkungen die internationale Arbeitsteilung. Auch wenn es relativ unbestritten ist, daß Freihandel zu Wohlfahrtszuwächsen führt, ist es schwierig, sie im voraus zu quantifizieren und sie durchgehend bestimmten Gruppen zuzuordnen. Dies liegt nicht zuletzt daran, daß die Kosten und Erträge aus freien Handelsbeziehungen zu unterschiedlichen Zeitpunkten anfallen. Daher ist es realistisch anzunehmen, daß die meisten Wirtschaftssubjekte ein individuelles Risiko tragen, zu den (kurzfristigen) Verlierern zu gehören. Selbst wenn die Mehrheit ex post zu den Gewinnern zählen würde, ist es rational, ex ante eine Liberalisierung zu verhindern, wenn für die Mehrheit der Erwartungswert negativ ist.[125] Werden die Handelsschranken nicht abgebaut, ändert sich auch nichts an den Informationen und damit am Kalkül der Wirtschaftssubjekte. Der Bias zur Protektion entsteht daher, daß bei der Einführung wohlfahrtsmindernder handelspolitischer Maßnahmen, bei denen aber vorher der Erwartungswert positiv war, die Wirtschaftssubjekte neue Informationen erhalten. Die Maßnahme wird rückgängig gemacht. Daher sind es in der Regel die wohlfahrtsfördernden Programme, die am Status quo-Bias scheitern.

Der Protektionsbias kann demnach folgendermaßen zusammengefaßt werden:

> Der existierende Protektionsbias resultiert zum einen aus dem höheren Anreiz nichtwettbewerbsfähiger Branchen, Lobbyaktivitäten zu ergreifen. Zum anderen ist nicht immer für eine Mehrheit der Wähler von vornherein sicher, ob sie zu den Freihandelsgewinnern zählt.

Aus politökonomischer Sicht erscheint Freihandel nicht sehr wahrscheinlich. Unvollkommene politische Märkte, eigennützige Bürokraten, protektionistische Interessengruppen und der offensichtliche Protektionsbias in Demokratien sind Schuld daran, daß der Status quo in den Abbildungen 0.1 und II.1 deutlich unter dem Freihandelsniveau liegt. Der Referenzrahmen hat einen Weg aufgezeigt, bei dem aus allokationstheoretischer Sicht Integrationsgemeinschaften die Weltwohlfahrt erhöhen. Regionale Integrationsgemeinschaften sind dann aus politökonomischer Sicht ein sinnvolles Instrument, wenn sie beitragen, den Protektionsbias abzuschwächen. Selbstverständlich ist dies nicht. Zunächst zeigen die vorangegangenen Teile, daß schon aus normativer Sicht regionale Integrationsgemeinschaften häufig nichts anderes sind als die Substitution einer nichtdiskriminieren-

---

[125] Wenn Freihandel die Wohlfahrt maximiert, nimmt durch den Abbau der Handelshemmnisse die Summe aus Produzenten- und Konsumentenrente zu. Das ist aber nur möglich, wenn ein Strukturwandel vollzogen wird, dem sich auch Arbeitnehmer anpassen müssen. Ist die Mehrheit der Wähler in Sektoren beschäftigt, die bei Freihandel verlieren können, hängt es von ihnen ab, ob tatsächlich Freihandel eingeführt wird. Ist die Wahrscheinlichkeit für diese Beschäftigten ex ante gering nach dem Strukturwandel durch neue Beschäftigung in den expandierenden Branchen zu den Gewinner zu zählen, oder sind die Erträge zu gering, bleibt die Protektion bestehen.

den Protektion durch eine diskriminierende. Ohne bindende, durchsetzbare Regeln auf multilateraler Ebene muß die diskriminierende Protektion nicht zu besseren Ergebnissen führen als die nichtdiskriminierende. Die politische Ökonomie von Integrationsgemeinschaften geht hingegen der Frage nach, ob regionale handelspolitische Arrangements tatsächlich die Protektion nachhaltig abbauen.

2. Politische Ökonomie der Integrationsgemeinschaften

Die politische Ökonomie von Zollunionen kann als ein Teil der Theorie der internationalen politischen Ökonomie verstanden werden. Daher gelten deren wichtigsten Aussagen auch hier. Dessen ungeachtet treten einige neue Aspekte auf (vgl. Freytag, 1995, S. 16 f.): Erstens ändert die Einführung einer Integrationsgemeinschaft die Stellung der nationalen Politiker und führt bei Zollunionen häufig mit der Bildung einer supranationalen Behörde eine neue Instanz ein. Zweitens entsteht ein protektionistisches Instrument, welches ausschließlich diskriminierenden Abkommen eigen ist - die Handelsumlenkung. Beide Aspekte sollen hier im Zusammenhang mit dem Referenzrahmen näher beleuchtet werden. Die Analyse ist notwendig, da Protektion nicht statisch ist, sondern sich im Zeitablauf in ihrem Ausmaß und in ihrer Art verändert. Der Abbau und die Erhöhung der Protektion erfordern im Vorfeld eine Veränderung im (polit)ökonomischen Umfeld (vgl. Ro. Baldwin/Ri. Baldwin, 1996, S. 776). Eine solche Veränderung stellen regionale Integrationsgemeinschaften dar.

2.1 Die Änderung des politischen Marktes: Das Angebot

a) Freihandelszone: Der Einfluß auf das Angebot der Protektion ist abhängig vom institutionellen Arrangement. Die Analyse von Freihandelszonen im Teil I zeigt, daß sich durch Handelsablenkung langfristig das Protektionsniveau auf das niedrigste Niveau zubewegt, ja sogar ein strategisches Herunterkonkurrieren möglich ist. Die externen Handelspolitiken der betroffenen Länder stehen im Wettbewerb zueinander. Nationale Handelsbarrieren für eine bestimmte Importgütersubstitutionsindustrie begünstigen nicht nur (falls überhaupt) die eigene Industrie, sondern aufgrund externer Effekte auch die Anbieter aus den Partnerländern. Bei tarifären Handelshemmnissen werden durch Protektion über das niedrigste Niveau hinaus freiwillig Zolleinahmen transferiert (vgl. Cadot u.a., 1996, S. 7 f.). Aus politökonomischer Sicht wird jetzt die Existenz von Ursprungsregeln verständlich. Diese wirken, wie gesehen, immer protektionistisch. Daher sind Ursprungsregeln ein Instrument, den nationalen diskretionären Spielraum aufrechtzuerhalten. Da auch Ursprungsregeln nicht die Arbitrage der Handelsablenkung in Form der Produktionsablenkung verhindern können, führen Freihandelszonen zumindest zu einer teilweisen Disziplinierung der politischen Entscheidungsträger (vgl. Hoekman/Leidy, 1993, S. 240; Berthold/M. Donges, 1997a, S. 50 f.). Für die Durchsetzung des Referenzrahmens ist dies ein positives Ergebnis. Kompensatorische Zollsenkungen müssen mit weniger Widerstand rechnen, wenn einige Mitgliedsländer aufgrund ihrer Interessengruppenstruktur geringe Außenzölle aufweisen. In Verbindung mit der Möglichkeit der einzelnen Mitgliedsländer, weitere Freihandelszonen zu bilden und damit einen Hub-Status[126] einzunehmen, spricht die angebotsseitige Betrachtung von Freihandelszonen dafür, daß die Regionalismuspfade III oder IV möglich sind, da Offenheit von einem einzigen Mitgliedsland erzwungen werden kann.

b) Zollunion: Fraglich ist die langfristige Stabilität von Freihandelszonen (vgl. Berthold, 1996, S. 79). Wenn politische Entscheidungsträger ihren Handlungsspielraum wiedergewinnen wollen, müssen sie die Kooperation entweder auflösen oder vertiefen. Eine Vertiefung stellt etwa das fast vollständige Aufgehen der EFTA in der EU dar. Durch die Harmonisierung der allgemeinen Handelspolitik wird der Einfluß auf das Angebot offensichtlich. Kompensatorische Zollsenkungen und Erweiterungen sind nicht mehr in nationalen Alleingängen möglich, sondern bedürfen einer gemeinsamen Regelung. Dabei kommt der Abstimmungsregel eine besondere Bedeutung zu (vgl. Bilal, 1995, S. 3 f.). Die beiden Extremfälle sind die Einstimmigkeitsregel und die einfache Mehrheitsregel.

Die Einstimmigkeitsregel gewährt jeder Regierung ein Vetorecht. Kompensatorische Zollsenkungen im Rahmen des McMillan-Verfahrens werden daher mit zunehmender Größe einer Zollunion schwieriger. Weigert sich ein Mitgliedsland, die Zölle zu senken, ist die Schädigung von Drittstaaten die Folge. Dies spricht zum einen dafür, den Vorschlag Bhagwatis aufzunehmen, trotz theoretischer Schwächen bei Zollunionen den niedrigsten Zoll eines Mitgliedslandes festzuschreiben.[127] Zum anderen bietet die Mehrheitsregel die Möglichkeit, den Status-quo-Bias der Einstimmigkeitsregel abzumildern. Hier reicht die einfache Mehrheit aus, um die Handelshemmnisse gegenüber Drittstaaten zu senken.

Einige Aspekte müssen bei der Einstimmigkeitsregel noch bedacht werden. Die Kehrseite des Status-quo-Bias ist es, daß die externen Handelshemmnisse auch nicht erhöht werden. Gemäß der Optimalzolltheorie bergen größere Zollunionen genau diese Gefahr in sich. Zwar läßt sich kein systematischer Zusammenhang feststellen zwischen einer Vergrößerung von Zollunionen und der Erhöhung der externen Zölle, es darf aber nicht übersehen werden, daß die tarifären Handelshemmnisse durch nichttarifäre substituiert worden sind, die äußerst schwer zu quantifizieren sind. Daher ist nicht ausgeschlossen, daß sich ein „Gesetz der konstanten Rate der Protektion“ einstellt (vgl. Bhagwati, 1988, S. 53). Demnach wird der Abbau einer Handelsschranke durch den Aufbau einer neuen kompensiert. Geschieht dies in einem Zug, kann dies auch die Einstimmigkeitsregel nicht verhindern. Es ist aber anzunehmen, daß die Protektion in den „sensiblen Bereichen“ von sich aus zurückgehen wird. Der Grund liegt darin, daß Protektion das Schrumpfen und den Beschäftigungsabbau in den nicht mehr wettbewerbsfähigen Bereichen verlangsamen, aber letztlich nicht aufhalten kann (vgl. Ro. Baldwin, 1994, S. 94). Die Einstimmigkeitsregel kann im Gegensatz zur Mehrheitsregel verhindern, daß bei sich verändernden komparativen Vorteilen

---

[126]Dies erklärt die Bereitschaft Kanadas, das Abkommen mit den USA um Mexiko zu erweitern. Ansonsten hätte Kanada als „spoke“ die im Kapitel I.6 beschriebenen Nachteile in Kauf nehmen müssen (vgl. Ri. Baldwin, 1997, S. 13; 1995, S. 456).

[127] Vgl. Kapitel II.2.2.3.

die Protektion auf neue Bereiche übertragen wird. Eine Garantie, daß die nationale Protektion nicht auf die regionale Ebene übertragen wird, gibt auch die Einstimmigkeitsregel nicht. Durch „logrolling", den Stimmentausch, kann der Status quo-Bias in die eine oder andere Richtung überwunden werden (vgl. Bilal, 1995, S. 5 f.; Berthold/M. Donges, 1997a, S. 52 f.).

Der größte Nachteil der Einstimmigkeitsregel gegenüber der Mehrheitsregel liegt im Bereich der Offenheit. Im Gegensatz zur Freihandelszone kann kein Land für sich die Erweiterung erzwingen. Im Referenzrahmen wurde Wert darauf gelegt, daß der Mechanismus der Neuaufnahme nicht diskretionär werden darf. Ansonsten liegt es in der Hand bestimmter Mitgliedsländer, die Aufnahme neuer Staaten zu blockieren, bis die eigenen Vorteile gesichert sind. So nutzte etwa Spanien sein Vetorecht bei verschiedenen Verhandlungen um die Erweiterung der EU aus, um eigene Positionen durchzusetzen (vgl. Ri. Baldwin, 1997a, S. 86). Hier wird das multilaterale Foot-dragger-Problem zu einem regionalen. Bei der zusätzlichen Existenz von intraregionalen Transfersystemen wird die Erweiterung außerdem erschwert, wenn derzeit Begünstigte auf Einnahmen verzichten müssen. Daher ist aus politökonomischer Sicht im Gegensatz zum Kemp-Wan-Theorem ein Transfersystem kontraproduktiv. Das Verhalten einiger Mitgliedsländer in der EU im Zusammenhang mit einer möglichen Osterweiterung zeigt, daß es sich hier nicht nur um eine theoretische Gefahr handelt, sondern um eine gängige Vorgehensweise.

Welche Regel vorzuziehen ist, hängt letztlich davon ab, wie die Offenheit bei der Gründung festgeschrieben wird. Ist der Aufnahmemechanismus einmal festgelegt, so daß er nicht mehr diskretionär verändert werden kann, ist die Einstimmigkeitsregel der Mehrheitsregel überlegen. Dies wäre die optimale Lösung, trifft aber nicht die gängige Praxis. Können dagegen die einzelnen Mitgliedsländer bei jeder Aufnahme neu mitentscheiden, ist die Mehrheitsregel vorzuziehen.[128] Da bei den existierenden Abkommen diskretionäre Aufnahmemechanismen die Regel sind, spricht die Offenheit demnach dafür, der Mehrheitsregel den Vorrang zu geben.

Doch auch hier sollte der Optimismus in Grenzen bleiben. Wechselnde Mehrheiten sind selten zu beobachten. Häufig kommt nicht die kleinste notwendige Koalition zustande, sondern eine umfassende. Dies ist unter dem Stichwort „universalism" bekannt. Dies liegt daran, daß in der Regel nicht über einen einzigen Sachverhalt verhandelt wird, hier die Aufnahme eines neuen Landes, sondern über ein Gesamtpaket. Jede Regierung hat dann ein Interesse daran, das ihr wichtigste Anliegen in das Gesamtpaket zu integrieren (vgl. Winters, 1994, S. 600 ff.; Bilal, 1995, S. 7 ff.). Konzessionen, wenn sie zudem noch weitgehend von Drittstaaten getragen werden, sind notwendig.

Die Einführung einer supranationalen Instanz erschwert unabhängig von der gewählten Abstimmungsregel die kompensatorische Zollsenkung. Zwar kann

[128] Die Diskussion um die Abstimmungsregel bezieht sich hier nur auf die Frage der externen Handelshemmnisse und der Aufnahme von neuen Mitgliedern. Für andere Politikbereiche sind andere Schlußfolgerungen möglich. Für die Analyse von unterschiedlichen Abstimmungsregeln vgl. Buchanan/Tullock (1962).

eine Bürokratie theoretisch das Angebot von den protektionistischen Interessengruppen abschotten. In der politischen Ökonomie der Bürokratie ist es aber mittlerweile weitgehend anerkannt, daß diese neue Instanz eher zu einer Erhöhung des protektionistischen Angebots führt als zu einer Verringerung. Dies resultiert aus den Möglichkeiten der politischen Entscheidungsträger, die Verantwortung für wohlfahrtsmindernde Aktivitäten auf einen „Sündenbock" abwälzen zu können (vgl. Vaubel, 1986, S. 48). Die Transparenz wird weiter eingeschränkt, wenn die Kompetenzen zwischen der supranationalen Behörde und den nationalen Politikern nicht eindeutig geklärt sind. So war etwa während der Uruguayrunde nicht eindeutig, wer im Rahmen der europäischen Agrarpolitik überhaupt ein Verhandlungsmandat hatte (vgl. Nicolaides, 1995, S. 104). Daher muß auch der These widersprochen werden, daß die regionalen handelspolitischen Arrangements grundsätzlich Verhandlungskosten sparen. Die Uruguayrunde hat sich nicht in die Länge gezogen, weil so viele Verhandlungspartner am Tisch saßen, sondern weil sich die USA und die EU schwer einigen konnten (vgl. Barfield, 1996, S. 143 f.). Insgesamt nimmt insbesondere bei der Bildung einer Zollunion der diskretionäre Handlungsspielraum der politischen Entscheidungsträger zu. Demnach reduziert sich der Einfluß der allgemeinen Wohlfahrt, d.h. das „a" in der Gleichung (III.1), bei den handelspolitischen Entscheidungen. Zusammenfassend läßt sich bei der Analyse der Angebotsseite festhalten:

> Bei Freihandelszonen sind sowohl kompensatorische Zollsenkungen als auch Erweiterungen leichter möglich als bei Zollunionen. Bei Zollunionen wird durch die verminderte Transparenz die Vergabe von Protektion vereinfacht. Die Mehrheitsregel erleichtert im Gegensatz zur Einstimmigkeitsregel den Aufbau neuer Handelshemmnisse, ist aber dafür bei Abwesenheit klarer Aufnahmeregeln in bezug auf die Offenheit vorzuziehen.

Auch wenn insgesamt durch die Bildung einer Integrationsgemeinschaft die Kosten der Protektionsvergabe sinken, bleiben die Regionalismuspfade III und IV im Bereich des Möglichen. Daher muß zunächst untersucht werden, ob überhaupt neue Mitglieder beitreten wollen.

2.2 Interessengruppen aus Drittstaaten: Der Dominoeffekt

Die Bildung und die Vertiefung von Integrationsgemeinschaften beeinflussen über die Kanäle der Handelsumlenkung, des Production-shiftings und der Investitionsumlenkung auch Interessengruppen aus Drittstaaten. Aufgrund ihrer Organisationsfähigkeit stehen hier insbesondere Produzenten im Vordergrund. Der Referenzrahmen wurde abgeleitet, um genau diese negativen Externalitäten zu verhindern, doch wird dieser in der Praxis nicht eingehalten. Außerregionale Produzenten können auf verschiedene Arten reagieren. Zum einen besteht die Möglichkeit, durch Direktinvestitionen die Handelshemmnisse zu umgehen. Hierbei geht es um das beschriebene Tariff jumping. So waren etwa die gegen Japans

Automobilindustrie errichteten europäischen Handelsschranken eine wichtige Ursache für Japans Direktinvestitionen in Europa (vgl. Flam, 1994, S. 119). Dabei darf nicht vergessen werden, daß Direktinvestitionen mit hohen Kosten und Risiken verbunden sind. Insbesondere der existierende Flickenteppich, bestehend aus multilateralen, regionalen und bilateralen Investitionsregelungen, und die unterschiedlichen Ursprungsregeln beeinträchtigen die Transparenz und erhöhen damit das Risiko (vgl. Lopez-de-Silanes u.a., 1996; UNCTAD, 1996, S. 166). Betroffene Unternehmungen können zum anderen versuchen, dieses Risiko zum Teil zu externalisieren. Dies läßt sich mit dem auf Richard Baldwin zurückgehenden Dominoeffekt verbinden (vgl. Ri. Baldwin, 1993a; 1995).

Betrachtet werden Länder, die sich noch keinem Abkommen angeschlossen haben. Wird ein Abkommen vertieft oder erweitert, sind ohne hinreichende Kompensationen Produktions- und Investitionsumlenkung die Folge. Anbietern aus Drittstaaten, die in den Integrationsraum exportieren, drohen bei gegebener Betriebsgröße Verluste, weil ihre relative Wettbewerbsfähigkeit zurückgeht und sie die negativen Folgen der Handelsumlenkung tragen. Ist ein Teil des Real- und Humankapitals versunken, lohnt es sich, Lobbyaktivitäten zu ergreifen, um die eigene Regierung zu handelspolitischen Reaktionen zu bewegen. Folgende Abbildung III.1 veranschaulicht den Verlust der Unternehmungen aus der restlichen Welt.

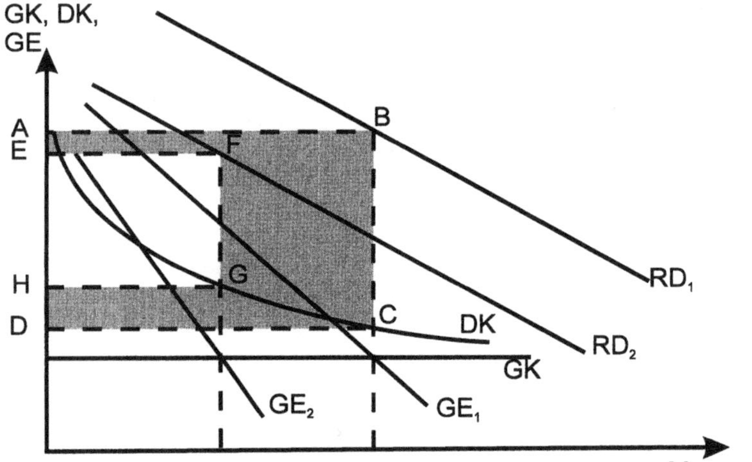

Abb. III.1: Verluste für ausländische Unternehmungen
Quelle: Baldwin, 1994, S. 70

Betrachtet wird eine repräsentative Unternehmung mit monopolistischem Preissetzungsspielraum aus der restlichen Welt, die mit sinkenden Durchschnittskosten (DK) produziert. Sie sieht sich im Integrationsraum einer Residualnachfrage

RD_1 gegenüber. Sie maximiert ihren Gewinn, wenn der Grenzerlös (GE_1) den Grenzkosten (GK)[129] entspricht. Der Gewinn in der Ausgangslage beläuft sich auf ABCD. Eine fortschreitende Integration, sei es durch die Vertiefung oder durch die Erweiterung eines Abkommens, senkt die Durchschnittskosten der Anbieter aus dem Integrationsraum. Ihre Güter werden verstärkt nachgefragt. Als Folge verschieben sich die Residualnachfrage RD_1 und die Grenzerlöskurve GE_1 für den Anbieter aus der restlichen Welt in südwestliche Richtung zu RD_2 und GE_2. Der Gewinn reduziert sich auf EFGH. Die Differenz, wiedergegeben durch die grau gekennzeichnete Fläche, kann die Unternehmung für Lobbyaktivitäten aufwenden, damit die Regierung dem Abkommen beitritt.

War die ausländische Regierung zunächst indifferent, ob sie einem Abkommen beitreten soll oder nicht, führen verstärkte Lobbyaktivitäten der potentiell geschädigten Interessengruppen zu einer Beitrittsentscheidung. Dadurch wird die Integrationsgemeinschaft noch größer, die Wettbewerbsfähigkeit der Unternehmungen aus den verbliebenen Drittstaaten nimmt weiter ab. Der Dominoeffekt hält an, bis möglicherweise die gesamte Welt integriert ist. Dieser Prozeß ähnelt stark dem Referenzrahmen bzw. dem Kemp-Wan-Theorem. Dort waren es die Wohlfahrtsüberlegungen der etablierten Mitgliedsländer, die dafür sorgten, weitere Länder aufzunehmen, bis Freihandel erreicht ist. Hier wird die bisherige Betrachtungsweise umgedreht. Die Interessengruppen aus den Drittstaaten sind es, die für kumulative Beitritte sorgen. Diese Sichtweise ist auch in der Politik weit verbreitet. So steht die amerikanische Regierung regionalen handelspolitischen Arrangements grundsätzlich positiv gegenüber, da bei einer zunehmenden Vertiefung und Erweiterung sie immer attraktiver für Drittstaaten werden (vgl. Barfield, 1996, S. 140; Lawrence, 1996, S. 3).

Ri. Baldwin (1993a, S. 16) geht davon aus, daß nichtökonomische Gründe den Ausschlag geben, einem Abkommen fernzubleiben. Diese Einschränkung ist nicht notwendig. Der Dominoeffekt kann auch einsetzen, wenn das Land durch einen Beitritt als Ganzes zunächst verliert. Kosten der Konsumenten und der Steuerzahler infolge der Handelsumlenkung gehen als externe Effekte nicht in das Lobbykalkül der Unternehmung ein. Daher müssen nicht zwangsläufig nichtökonomische Gründe vorliegen, die Länder von einem Beitritt abhalten. Möglicherweise reichen nur die Lobbyzahlungen C nicht aus, um die politischen Entscheidungsträger hinreichend für den gewichteten Wohlfahrtsverlust aufgrund eines Beitritts zu kompensieren. Dessen ungeachtet kann der Dominoeffekt zumindest zum Regionalismuspfad IV und damit zu Freihandel führen. Empirische Studien scheinen im Fall der EU den Dominoeffekt zu bestätigen (vgl. Sapir, 1997). Durch die zunehmende Vertiefung und Erweiterung ist die EFTA fast vollständig in der EU aufgegangen. Gleichzeitig mehren sich in Nord- und Südamerika die Stimmen, eine gesamtamerikanische Freihandelszone zu gründen.

Auch wenn der Dominoeffekt das Ergebnis eines politökonomischen Modells darstellt, das zu ähnlichen Ergebnissen kommt wie der Referenzrahmen, können Integrationsgemeinschaften nicht zwangsläufig als Bausteine angesehen werden.

[129] Zur besseren Darstellung werden konstante Grenzkosten angenommen.

Richtig ist, daß zur Erklärung des zunehmenden Regionalismus auch die Interessengruppen aus Drittstaaten in die Analyse mit aufgenommen werden müssen. Dabei können auch außerregionale Regierungen integriert werden. Die letzte Erweiterung der EU wurde von der Tatsache unterstützt, daß die neuen Mitglieder Nettozahler sind. Das kann bisherige Nettozahler entlasten und die Finanzausstattung der supranationalen Behörde erhöhen. Daher fügen sich die ausländischen Regierungen auch in die Reihe der Interessengruppen ein. Außerdem war die Aufnahme weiterer Mitglieder im Interesse der regionalen Politiker im Sinne einer „countervailing integration". Eine größere ökonomische und politische Macht verbessert gemäß der Spieltheorie die Verhandlungsposition insbesondere gegenüber den USA. Das größte Problem dieses Ansatzes liegt jedoch darin, daß Offenheit nicht endogenisiert, sondern als exogen vorausgesetzt wird. Die Interessengruppen aus dem Integrationsraum werden damit vollkommen vernachlässigt. Doch gerade die etablierten regionalen Interessengruppen sind es, die mitentscheiden, ob eine Erweiterung stattfindet oder nicht. Ohne eine Untersuchung der regionalen Interessengruppen kann nicht erklärt werden, ob der Referenzrahmen eine realistische Chance besitzt, eingeführt zu werden.

2.3 Interessengruppen in einer Integrationsgemeinschaft

Regionale Integration erleichtert zum einen per Saldo die Vergabe von Protektion. Zum anderen haben Länder aus Drittstaaten einen Anreiz, sich in bestimmten Integrationsgemeinschaften einzukaufen. Geklärt werden muß, welche Ziele die regionalen Interessengruppen verfolgen und inwieweit sie die Politiker hinreichend kompensieren können. Daher muß untersucht werden, welche Interessengruppen bei einer Regionalisierung entsprechend dem Referenzrahmen profitieren und welche verlieren. Dabei ist auf ein häufiges Mißverständnis in der politischen Diskussion hinzuweisen. Das Befürworten einer intraregionalen Liberalisierung, ohne die zwei verbleibenden Bedingungen Offenheit und Kompensation zu unterstützen, ist nicht gleichzusetzen mit der Befürwortung von Freihandel. Ob sich regionale Integrationsgemeinschaften als Bausteine einer liberalen Welthandelsordnung eignen, hängt von zwei Faktoren ab. Erstens muß der Einfluß der protektionistischen nationalen Interessengruppen und damit der Protektionsbias geschwächt werden, denn nur so sind kompensatorische Zollsenkungen möglich. Zweitens darf eine Integrationsgemeinschaft nicht Anreize freisetzen, die aus ehemaligen Freihandelsbefürwortern neue Freihandelsgegner machen und so den weiteren Integrationsprozeß blockieren.

2.3.1 Entmachtung oder Stärkung der regionalen Interessengruppen

Regionale Integrationsgemeinschaften können aus zwei Gründen zu einem sogenannten „preference-dilution effect", d.h. der Verdünnung von Präferenzen, führen (vgl. Melo/Panagariya/Rodrik, 1993, S. 177 ff.). Indem der politische Raum vergrößert wird, hat die einzelne Interessengruppe c.p. geringere Einwirkungsmöglichkeiten auf die politischen Entscheidungsträger, denn in der Regel haben sie nur einen Einfluß auf die Wiederwahl nationaler Politiker. Der Verdünnungseffekt scheint demnach bei Zollunionen stärker ausgeprägt zu sein als bei Freihandelszonen. Bei Freihandelszonen besteht für die nationalen Interessengruppen zumindest die Möglichkeit, bei der eigenen Regierung einen gewissen Schutz zu erhalten. Bei Zollunionen müßten sie dagegen eine notwendige Mehrheit von politischen Entscheidungsträgern kompensieren. Der finanzielle und organisatorische Aufwand ist hier deutlich höher.

Gleichzeitig wird das öffentliche Gut „Protektion" von mehreren Interessengruppen nachgefragt (vgl. Panagariya/Findlay, 1996, S. 276 ff.). Gemäß Olsons Logik des kollektiven Handelns (Olson, 1965) führt dies aufgrund der Trittbrettfahrerproblematik zu einer geringeren Bereitstellung von Handelshemmnissen. Bezogen auf die obige Gleichung (III.1) erfolgen unzureichende Zahlungen, um Protektion zu erhalten. Die Analyse der Handelsablenkung hat zusätzlich gezeigt, daß nationales Lobbying zu Externalitäten führen kann. In diesem Fall wird der oben beschriebene Protektionsbias abgeschwächt, da jetzt auch die „Krisenbranchen" nicht mehr die Erträge ihres Lobbyings internalisieren können. Wenn dies so wäre, bestünden aus politökonomischer Sicht keine über die im vorangegangenen Teil II abgeleiteten zusätzlichen Bedenken bei der Durchsetzung des Referenzrahmens. Sieht man in den Interessengruppen den Hauptgrund der weltweiten Protektion, führen Integrationsgemeinschaften zu einer Verbesserung. Diese Sicht der Dinge setzt allerdings (mindestens) zwei Annahmen voraus (vgl. Bilal, 1995a, S. 5): Die Interessengruppen sind erstens nicht in der Lage, das Schwarzfahrerproblem zu überwinden. Zweitens reduziert sich der Einfluß der protektionistischen Interessengruppen stärker als der Einfluß von liberalen Interessengruppen.

Ob das Trittbrettfahrerproblem überwunden werden kann, hängt davon ab, inwieweit die ehedem nationalen Interessengruppen kooperieren können (vgl. Berthold/M. Donges, 1997a, S. 58). Dabei kann es sogar von Vorteil sein, wenn eine Protektion suchende Branche im Gegensatz zu den üblichen Annahmen nicht geographisch konzentriert, sondern über den gesamten Integrationsraum verteilt ist. Interessengruppen sind dann in der Lage, eine größere Anzahl von politischen Entscheidungsträgern zu beeinflussen (vgl. Anderson/Ro. Baldwin, 1986, S. 23). Der europäische Agrarsektor zeigt, wie durch die Bildung einer Integrationsgemeinschaft eine Protektionsspirale in Gang gesetzt werden kann (vgl. Ro. Baldwin/Ri. Baldwin, 1996, S. 776). Die Agrarlobby hat es nicht nur geschafft, ihren nationalen Einfluß auf die regionale Ebene zu übertragen. Die hohen interregionalen Handelshemmnisse haben es erlaubt, die Ausbringungsmenge der Landwirtschaft zu erhöhen und damit ihre Macht auszubauen. Durch die zunehmende Macht kann die Protektionsnachfrage weiter erhöht werden. Die Folge dieser Protektionserhöhung sind handelsumlenkende Effekte zu Lasten der regionalen Konsumenten, Steuerzahler und insbesondere der Drittstaaten.[130]

Die Anreize zum massiveren Lobbying werden auch durch eine Art Demonstrationseffekt verstärkt (vgl. Bilal, 1995a, S. 13). Erfolgreiche nationale Interes-

---

130 Bei vielen landwirtschaftlichen Produkten ist die EG im Laufe der Zeit von einem Nettoimporteur zu einem Nettoexporteur geworden. Diese Entwicklung läßt sich aber kaum mit Veränderungen der komparativen Vorteile erklären (vgl. Winters, 1993, S. 205 f.).

sengruppen können ihr Know-how in bisher „unterentwickelte" Lobbyzentren übertragen und anderen Gruppen aus Partnerländern zu effizienten Organisationsstrukturen verhelfen. Verstärkt wird diese Tendenz durch die Ausnutzung von steigenden Skalenerträgen beim Lobbying. Dabei können die Skalenerträge intern oder extern sein. Interne Skalenerträge werden realisiert, wenn innerhalb der Integrationsgemeinschaft eine supranationale zentrale Handelsbehörde eingeführt wurde und damit nur noch einmal die institutionellen Grundlagen aufgebaut und finanziert werden müssen. Nach dem Aufbau einer schlagfertigen Lobbyabteilung können die einzelnen Rent-seeking-Aktivitäten zu sinkenden Durchschnittskosten vorgenommen werden. Verstärkt wird die Verlagerung vom nationalen zum regionalen Lobbying durch sinkende Transport- und Kommunikationskosten (vgl. Berthold, 1996, S. 43). Es wird deutlich, daß erst die Errichtung des Angebots, hier die supranationale Instanz, die Ausnutzung von steigenden Skalenerträgen ermöglicht.

Häufig wird übersehen, daß es auch beim Lobbying zu einer Art externer steigender Skalenerträge kommen kann. Unter der Annahme, daß ein Großteil des Rent-seekings DUP-Aktivitäten darstellt, werden mit zunehmendem Rent-seeking den produktiven Verwendungen Ressourcen entzogen.[131] Die Gewährung von Handelshemmnissen und die daraus resultierenden allokativen Verluste und Umverteilungskonflikte müssen letztlich von irgendeiner produktiven Gruppe getragen werden. Erfolgreiches Rent-seeking führt dann zu einer Minderung der durchschnittlichen Erträge aus produktiven Aktivitäten. Je stärker das allgemeine Lobbying zunimmt, desto höher ist die Wahrscheinlichkeit, daß für immer mehr Branchen die Erträge aus dem Rent-Seeking höher sind als aus volkswirtschaftlich produktiven Verwendungen (vgl. Murphey/Schleifer/Vishney, 1993, S. 409 ff.). Insgesamt muß bei Zollunionen der Verdünnungseffekt nicht stärker ausgeprägt sein als bei Freihandelszonen. Es ist sogar das Gegenteil möglich.

Unabhängig von der Art der Integration übersieht eine zu starke Beachtung des Verdünnungseffektes, daß nicht die absolute Stärke einer Interessengruppe relevant ist, sondern die relative (vgl. Berthold/M. Donges, 1997a, S. 61 f.). Dies wird auch durch die Gleichung (III.1) manifestiert, denn C stellt die Summe aller Zahlungen dar, d.h. auch aus den Kassen der freihandelsorientierten Gruppen. Der Verdünnungseffekt in Bezug auf die Sichtweise von Olson sagt nur, daß sich die Interessengruppen aufgrund von Schwarzfahrern schwerer organisieren können. Dabei darf nicht übersehen werden, daß die Olson-Theorie empirisch nur in ihrer schwachen Version nachgewiesen werden kann (vgl. Tiedemann, 1994, S. 27). Demnach wird ein kollektives Gut in einem geringeren Maß bereitgestellt als es bei einer wahren Offenlegung der Präferenzen optimal wäre. Es wird aber noch in einem gewissen Maß bereitgestellt. Selbst wenn sich die Protektionsanhänger absolut schwerer werden organisieren können, ist es realistisch anzunehmen, daß dies in einem noch größeren Maße für die Freihandelsgewinner gilt. Der Einfluß von Konsumenten und Steuerzahlern in einem supranationalen Gebilde mit intransparenten Verantwortungsbereichen wird noch weiter zurückge-

---

[131] In Gleichung (III.1) bedeutet dies ein hohes γ.

hen. Kompensatorische Zollsenkungen sind nur möglich, wenn exportorientierte Produzenten und Bezieher von Zwischenprodukten durch Gegenlobbying versuchen, die externen Zölle zu senken. Dies werden sie aber nur in Angriff nehmen, wenn sie durch Freihandel mehr gewinnen als durch eine diskriminierende Liberalisierung. Zusammenfassend kann demnach festgehalten werden:

> Die Entmachtung protektionistischer Interessengruppen durch die Bildung oder Erweiterung einer Integrationsgemeinschaft ist nur möglich, wenn erstens die Interessengruppen kaum in der Lage sind, sich im vergrößerten politischen Raum zu organisieren. Zweitens muß die relative Macht der protektionistischen Gruppen stärker zurückgehen als die der liberalen. Insbesondere das Vorliegen der zweiten Bedingung ist unwahrscheinlich.

Damit werden die protektionistischen Interessengruppen auch bei einer Vergrößerung oder Vertiefung eines Integrationsraumes weiterhin durch Lobbyaktivitäten partikulare Interessen zu Lasten der Allgemeinheit durchsetzen können.

2.3.2 Handelsumlenkung als Stabilisator

Der Merkantilismusbias zeigt, daß durch regionale Integration das „konzessionsgebende" Land verliert und das „konzessionserhaltende" Land gewinnt. Die Verlierer sind in erster Linie die Konsumenten und die Steuerzahler. Zusätzlich ist Handelsumlenkung nichts anderes als eine Subvention an ineffiziente Anbieter aus den Partnerländern durch inländische Steuerzahler. An dieser Stelle wird ganz deutlich, daß eine diskriminierende und eine nichtdiskriminierende Liberalisierung zwei vollkommen unterschiedliche Ansätze sind. Handelsumlenkung ist nur bei einer diskriminierenden Liberalisierung möglich. Daher erscheint die These naheliegend, daß aus politökonomischer Sicht die potentielle Handelsumlenkung die regionale Integration erst ermöglicht.

Die Bedeutung der Handelsumlenkung wird sichtbar, wenn beachtet wird, daß es sich bei der Handelspolitik um ein Spiel auf zwei Ebenen handelt: Eine nationale und eine internationale Ebene (vgl. Grossman/Helpman, 1995, S. 667 f.). Auf nationaler Ebene wird die Politik durch die beschriebenen Interdependenzen bestimmt. Dabei spielen Interessengruppen eine dominierende Rolle. International muß ein Gleichgewicht gefunden werden zwischen den verschiedenen Ländern. Beide Ebenen sind voneinander abhängig. Weshalb die Handelsumlenkung als Stabilisator bei der Gründung oder bei der Erweiterung eines regionalen handelspolitischen Arrangements dient, wird deutlich, wenn wieder die Freihandelszone näher betrachtet wird. Zur Erläuterung dient Abbildung III. 2.[132]

An der Abszisse stehen die Importe des Inlandes. An der Ordinate sind die Preisverhältnisse im Inland bzw. im Partnerland abgetragen. Dabei wird vorausgesetzt, daß die Handelshemmnisse im Inland in der Ausgangslage über denen

[132] Abbildung III.2 ist eine vereinfachte Darstellung der Abbildungen I.8.

des Partnerlandes liegen. Die Angebotskurve der restlichen Welt wird nicht eingezeichnet.

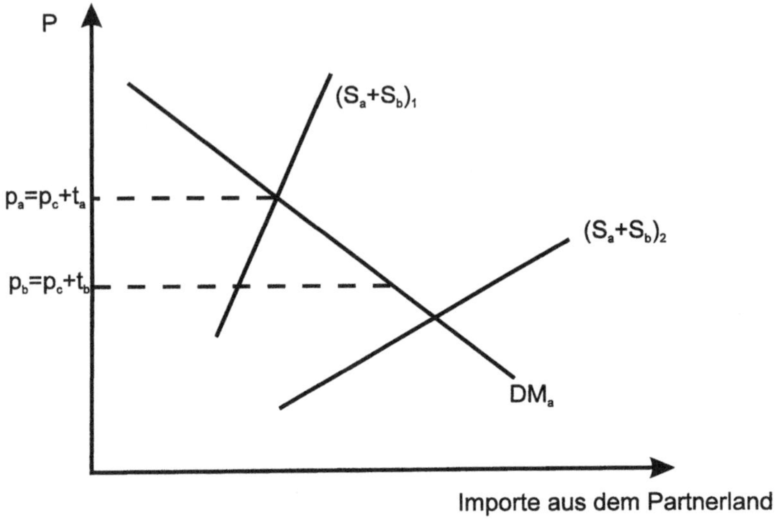

Abb. III.2: Handelsablenkung und Protektion
Quelle: Grossman/Helpman, 1995, S. 671

Es wird aber angenommen, daß die Weltmarktpreise unterhalb vom Konsumenten- und Produzentenpreis im Partnerland p_b liegen. DM_a beschreibt die inländische Importnachfrage. Die Angebotskurven $(S_a+S_b)_1$ und $(S_a+S_b)_2$ geben das Gesamtangebot der Freihandelszone wieder. Sie unterscheiden sich nur in der Frage, ob die Produktion ausreicht, um die inländische Nachfrage zu einem gegebenen Inlandspreis p_a zu befriedigen.[133]

Im ersten Fall exportiert, wie in Kapitel I.4.1 gesehen, das Partnerland seine gesamte Produktion ins Inland und befriedigt den eigenen Konsum durch Importe aus der restlichen Welt. Hier liegt wieder der Fall der internen Handelsablenkung vor. Die klaren Gewinner sind die Produzenten aus dem Partnerland. Sie erhalten einen höheren Produzentenpreis als im eigenen Land. Die inländischen Anbieter profitieren weiterhin von der inländischen Protektion, da der Produzentenpreis p_a im Inland gleich bleibt. Die Verlierer sind aufgrund der Handelsumlenkung die inländischen Steuerzahler. Insgesamt hat sich die Protektion der Freihandelszone erhöht, und es wird weniger aus der restlichen Welt importiert.[134]

---

133 Unterhalb von p_b würde das Partnerland nichts mehr in das Inland exportieren, da es im eigenen Markt einen höheren Produzentenpreis erhält.

134 Die Produzenten aus dem Partnerland verhalten sich als Trittbrettfahrer (vgl. Panagariya/Findlay, 1996, S. 282). Sie profitieren von den protektionistischen Lobbyaktivitäten

Im zweiten Fall übersteigt die Gesamtproduktion der Freihandelszone die inländische Importnachfrage zum Preis $p_a=p_b$. Handelsschaffende Effekte sind die Folge. Die inländischen Anbieter verlieren ihren Schutz und stehen verstärkt im Wettbewerb. Der Produzentenpreis innerhalb der Freihandelszone sinkt auf p_b. Für die Anbieter aus dem Partnerland bleibt der Produzentenpreis gleich. Sie werden aber im Gegensatz zum ersten Fall nicht ihre gesamte Produktion im Inland absetzen, um nicht den Produzentenpreis zu senken. Die Konsumenten im Inland sind in diesem Fall die eindeutigen Gewinner. Insgesamt wurde die Protektion der Integrationsgemeinschaft abgebaut.

Bisher läßt sich ableiten: Die Produzenten des exportierenden Landes verlieren niemals und gewinnen gelegentlich, während die Importgüterkonkurrenzindustrien niemals gewinnen und gelegentlich verlieren. Demnach unterstützen die Exportgüterindustrien prinzipiell die regionale Liberalisierung, die Importgütersubstitutionsindustrien dagegen werden tendenziell politischen Widerstand leisten. Für die Konsumenten hängt es davon ab, ob sie dem Land angehören, welches stärker in das Partnerland exportiert oder importiert. Im ersten Fall gewinnen sie, da die Konsumentenpreise nicht ansteigen und die Handelsablenkung zu Zolleinnahmen führt. Im zweiten Fall hängt es ab vom Verhältnis der Handelsschaffung und der Handelsumlenkung (vgl. Grossman/Helpman, 1995, S. 673). Der Einfluß der Konsumenten fließt durch die gewichtete Bedeutung der Wohlfahrt in die Zielfunktion der politischen Entscheidungsträger mit ein.

Ein Handelsabkommen ist nur möglich, wenn es im jeweiligen potentiellen Mitgliedsland politisch durchsetzbar ist. Daher müssen in beiden Ländern entweder die Wohlfahrtsgewinne ausreichend hoch sein, um protektionistische Interessengruppen zu „überstimmen“, oder die Gewinne für bestimmte Gruppen sind hinreichend, um durch Lobbyzahlungen die Wohlfahrtsverluste zu kompensieren. Ohne Interessengruppen werden die politischen Entscheidungsträger kein regionales, diskriminierendes Abkommen abschließen, wenn ein Land Handelsumlenkung in Kauf nehmen muß und die Wohlfahrt zurückgeht. Ausgehend von Nichtdiskriminierung sind die größten Befürworter regionaler Integrationsgemeinschaften die Exporteure, die durch den neuen Markt eine höhere Protektion erhalten. Die Importgütersubstitutionsindustrie kann bei einer diskriminierenden und bei einer nichtdiskriminierenden Liberalisierung verlieren. Woher die zusätzliche Konkurrenz stammt, ist für sie relativ unerheblich (vgl. Richardson, 1993, S. 320). Daraus folgt, daß politisch ein regionales Handelsabkommen nur möglich ist, wenn in allen Mitgliedsländern genügend Exporteure sind, die durch die Handelsumlenkung gewinnen oder außerordentliche handelsschaffende Effekte zu erwarten sind.

Ob international eine Freihandelszone politökonomisch durchsetzbar ist, hängt nicht zuletzt von der bilateralen bzw. regionalen Handelsstruktur ab. Bei einer extrem unausgeglichenen Handelsstruktur leidet das nettoimportierende Land unter dem Merkantilismusbias. Daher verlieren in einem Land die Steuerzahler

---

innerhalb des Inlandes. Im Gegensatz zum zweiten Fall entstehen aber hier durch das Schwarzfahren keine negativen Externalitäten, weil der Produzentenpreis im Inland konstant bleibt.

und die Importgütersubstitutionsindustrien. Gerade letztere versuchen, ihren ursprünglichen Schutz zu verteidigen. Ein Handelsabkommen ist politisch schwer durchsetzbar. Anders sieht dies bei einer relativ ausgeglichenen Handelsstruktur aus. Hier gibt es in allen Mitgliedsländern Branchen, die profitieren. Exporteure profitieren dann von einer regionalen Integrationsgemeinschaft, wenn sich insgesamt die Protektion erhöht und dadurch die erzielbaren Produzentenpreise ansteigen. Wenn sich die Protektion erhöht, steigt aber wiederum die Wahrscheinlichkeit einer handelsumlenkenden Integrationszone. Zusätzlich verliert die jeweilige Importgüterkonkurrenzindustrie am meisten, wenn die Protektion insgesamt sinkt, d.h. primär Handelsschaffung vorliegt. Sowohl die exportorientierte als auch die Importgütersubstitutionsindustrie sind demnach an einer Freihandelszone interessiert, bei der die externe Protektion ansteigt. Daher sind es gerade die wohlfahrtstheoretisch unerwünschten Abkommen, die politisch durchsetzbar sind (vgl. Grossman/Helpman, 1995, S. 680). Aus politökonomischer Sicht ist dann auch keine kompensatorische Zollsenkung zu erwarten. Das gleiche gilt für die Offenheit. Je größer der Integrationsraum wird, desto höher wird die Wahrscheinlichkeit, daß in den vorher protektionistischen Ländern der Produzentenpreis fällt.

Die Rolle der Handelsumlenkung beschränkt sich nicht nur auf Situationen, in denen implizit eine kleine Integrationsgemeinschaft angenommen wird. Auch bei großen Zollunionen und bei intraindustriellem Handel fördert die Handelsumlenkung die Stabilität, wenn die Aufhebung der segmentierten Märkte weitgehend zu Lasten Dritter geht. Einem regionalen Handelsabkommen werden Produzenten im allgemeinen eher zustimmen, wenn ihr Exportanteil relativ zum heimischen Markt groß ist. Der gesicherte Zugang zu den neuen Märkten erhöht den Gewinn. Dieser Gewinn ist wiederum um so größer, je größer der Markt des Partnerlandes ist. Dabei profitieren Unternehmungen innerhalb der Integrationsgemeinschaft durch einen direkten und indirekten Kanal.

In den neuen Märkten sinken durch den Wegfall der regionalen Handelsschranken die Grenzkosten. Dies ist der direkte Effekt. Zusätzlich verbessert sich indirekt die relative Wettbewerbsfähigkeit gegenüber den Anbietern aus den Partnerländern und aus den Drittstaaten. Dabei geht es nicht nur um tarifäre Handelshemmnisse. Auch wenn Unternehmungen bei staatlichen Ausschreibungen bevorzugt werden oder nicht mehr diskretionären Anti-Dumping-Bestimmungen unterliegen, erhöht sich die Wettbewerbsfähigkeit gegenüber Unternehmungen aus Drittstaaten.

Im Heimatmarkt müssen die Anbieter keinen direkten Effekt in Kauf nehmen, solange die Grenzkosten aufgrund der höheren Produktionsmenge nicht deutlich ansteigen. Sie müssen allerdings den indirekten Effekt beachten: Produzenten aus den Partnerländern können im Inland zu geringeren Grenzkosten anbieten. Dieser indirekte Effekt wirkt dabei gegenüber dem Inland und der restlichen Welt. Geht der erhöhte Marktanteil der Anbieter aus dem Partnerland weitgehend zu Lasten der Produzenten aus den Drittstaaten, werden die inländischen Anbieter eher einem regionalen Handelsabkommen zustimmen. Kommen aber die regionalen Anbieter erst zum Zuge, wenn eine diskriminierende Liberalisierung stattfindet, liegt Handelsumlenkung vor. Daraus folgt, daß ein Abkommen gerade dann die Zustimmung der Interessengruppen erhält, wenn Handelsumlenkung zu erwarten ist (vgl. Krishna, 1996, S. 480). Daher läßt sich festhalten:

> Die Handelsumlenkung hat in der politökonomischen Darstellung eine ganz andere Rolle als in der normativen. Im Referenzrahmen sollte die Handelsumlenkung vermieden werden. Aus einem politökonomischen Blickwinkel stabilisiert sie erst eine Integrationsgemeinschaft. Es sind die wohlfahrtstheoretisch schädlichen Abkommen, die politisch durchsetzbar sind. Handelsumlenkung stellt eine Möglichkeit dar, bestimmte organisierte Interessengruppen zu Lasten der Steuerzahler, Konsumenten sowie der Anbieter aus der restlichen Welt zu begünstigen.

Aus politökonomischer Sicht fällt auch die Unterscheidung zwischen dem „alten" und dem „neuen" Regionalismus schwer. Lawrence (1997, S. 19) betont, daß neuerdings private Unternehmungen an Integrationsgemeinschaften interessiert sind, während früher Zollunionen politisch entschieden wurden. Da die politischen Entscheidungsträger keine benevolenten Diktatoren sind, sondern bei angemessener Kompensation sich partikularen Interessen öffnen, gelten die bisher abgeleiteten Ergebnisse für beide „Arten" des Regionalismus. Ob der Marktzutritt durch Handelshemmnisse an der Grenze oder durch restriktive staatliche Beschaffungsprozeduren beschränkt wird, ändert an der Diskriminierung von Unternehmungen aus Drittstaaten wenig.

2.3.3 Präventives Lobbying

Der politökonomische Widerstand, der sich bei kompensatorischen Zollsenkungen regen wird, kann möglicherweise verringert werden, wenn die vollständige intraregionale Liberalisierung aufgegeben wird. Tatsache ist, daß innerhalb der bestehenden Integrationsräume nicht von einer vollständigen intraregionalen Liberalisierung gesprochen werden kann. Wei/Frankel (1995, S. 18) schätzen für 1990 das durchschnittliche Liberalisierungsausmaß innerhalb der damaligen EG zwischen fünfzig und sechzig vH. Da seit den Römischen Verträgen über dreißig Jahre vergangen sind, kann von einer Übergangsphase nicht mehr gesprochen werden. Allerdings muß die vollständige intraregionale Liberalisierung aus allokationstheoretischer Sicht nicht optimal sein. Intuitiv erscheint dies auch verständlich, denn bei einem vollständigen Abbau der Handelshemmnisse innerhalb einer Region erhöht sich die Wahrscheinlichkeit, daß es in einigen Branchen zu Handelsumlenkung kommt. Daraus leiten Frankel u.a. die These ab, Präferenzräume seien Freihandelszonen und Zollunionen überlegen (vgl. Wei/Frankel, 1995; Frankel/Stein/Wei, 1996, S. 82 ff.). Sie beziehen sich dabei wieder auf die vermeintlichen natürlichen Handelspartner. Die Verbindung von natürlichen Handelsblöcken und einer nicht vollständigen intraregionalen Liberalisierung führt dazu, daß die kompensatorische Zollsenkung nicht so deutlich ausfallen muß, wie beim McMillan-Verfahren, da die Handelsumlenkung geringer ausfällt.

Gleichzeitig erscheint selbst die derzeitige Forderung des Artikels XXIV GATT zu streng, den gesamten Gemeinschaftshandel freizugeben. Statt einer Verschärfung des Artikels ist zumindest in diesem Punkt eine weniger restriktive Auslegung nötig. Doch erweist sich dieser Vorschlag bei einer genaueren Betrachtung als äußerst problematisch.

Die Rolle der natürlichen Handelsblöcke wurde schon im vorangegangenen Teil kritisiert. Dabei stand insbesondere die statische Ausrichtung im Vordergrund. Aus politökonomischer Sicht ist zu erwarten, daß eine Abschwächung des bestehenden Artikels XXIV GATT nicht zu besseren, sondern zu schlechteren Ergebnissen führt. Wird aus statischen allokationstheoretischen Motiven Präferenzräumen der Vorzug gegeben, ist der Ausnutzung der Handelsumlenkung Tür und Tor geöffnet. Eine differenzierte intraregionale Liberalisierung ist zwar notwendig für die Stabilität einer Integrationsgemeinschaft, aber aus ganz anderen Gründen als sie Frankel u.a. vorschweben.

Nicht in allen Fällen wird es den protektionistischen Interessengruppen möglich sein, durch Handelsumlenkung zu profitieren. Sie können allerdings versuchen, die vollständige intraregionale Liberalisierung in ihren Branchen auszusetzen. Der vorangegangene Abschnitt zeigt, daß die politischen Entscheidungsträger versuchen werden, die Märkte für die heimischen Sunset-Industrien zu schützen und neue Märkte für die Exportgüterindustrie zu öffnen. Geht jede Regierung eines potentiellen Mitgliedslandes mit dieser „nationalen" Intention in eine regionale Verhandlung, sind Kompromisse notwendig. Dabei werden sich die Regierungen weniger an allokationstheoretische Modelle orientieren, die ein Wissen voraussetzen, welches kaum zu beherrschen ist, sondern werden die politischen Kosten und Erträge eines Abkommens gegeneinander abwägen. Regionale Integrationsabkommen sind dann eine Möglichkeit, politische Unterstützung zu erhalten, wenn auf der einen Seite neue Märkte für die Exportgüterindustrie gewonnen werden und auf der anderen Seite für die sogenannten sensiblen Bereiche Ausnahmebestimmungen festgelegt werden.

Welche lobbyistischen Gruppen werden sich durchsetzen können? In den Sektoren, in denen insgesamt das Protektionsniveau ansteigt (vgl. Abbildungen I.8), kann eine bereits geschützte Branche durch Lobbyaktivitäten nicht viel gewinnen. Die Importgütersubstitutionsindustrie eines Landes muß durch ein Handelsabkommen keine bzw. geringe Verluste hinnehmen, und die Exportgüterindustrie eines anderen Mitgliedslandes kann deutlich gewinnen. In dieser Situation ist Handelsumlenkung zu erwarten und damit aus allokationstheoretischer Sicht entweder eine kompensatorische Zollsenkung oder eine nicht vollständige intraregionale Liberalisierung notwendig. Daran ist aber keine der relevanten Interessengruppen interessiert. Kompensation erhöht den Wettbewerb für die inländische Industrie und mindert die Arbitragemöglichkeiten für die Exporteure aus dem Partnerland. Solange nicht dramatische Wohlfahrtseinbußen die Folge sind, werden hier keine Sonderbestimmungen erfolgen (vgl. Grossman/Helpman, 1995, S. 684 ff.). Allerdings folgt der intraregionalen Liberalisierung keine Senkung der externen Handelshemmnisse.

Sinkt dagegen insgesamt die regionale Protektion, geht der Produzentenpreis im Inland zurück. Die Importgütersubstitutionsindustrie eines Landes hat sehr viel zu verlieren. Können die Interessenvertreter dieser Industrien die Freihandelszone nicht verhindern, versuchen sie zumindest Sonderbestimmungen auszuhandeln. Die Exportgüterindustrie des Partnerlandes kann nur mit geringen zusätzlichen Gewinnen rechnen. Daher wird dem Lobbying für eine Sonderrolle wenig Gegenwehr geboten, es sei denn, die verlorene Konsumentenrente nimmt ein deutliches Ausmaß an. Zusammenfassend gilt, daß nicht die Branchen von der vollständigen intraregionalen Liberalisierung befreit werden, in denen Handelsumlenkung entstehen kann, sondern diejenigen, in denen die Handelsschaffung die Importgütersubstitutionsindustrie bedroht. Auch beim präventiven Lobbying entsteht demnach wieder eine Asymmetrie. Daher wird in Präferenzräumen Handelsumlenkung ebenso wenig vermieden wie bei den vermeintlichen natürlichen Handelsblöcken.

Die abgeleitete Asymmetrie führt zu einem weiteren Punkt. Das Ausmaß und die Stärke des strukturellen Wandels sind mit ausschlaggebend für die Lobbyaktivitäten von Interessengruppen. Es bietet sich an, die sensiblen Bereiche zu identifizieren, welche sich gegen den Abbau von Handelshemmnissen stellen (vgl. Hoeckman/Leidy, 1993, S. 236; Berthold, 1995, S. 69 f.). Auf multilateraler Ebene sind hier in erster Linie der Agrarsektor, die Textilindustrie, die Stahlbranche, Teile der Telekommunikation, der Energiebereich sowie die Anbieter der standardisierten Massenproduktionsgüter zu nennen. Die Industriestaaten haben in vielen dieser Bereiche die komparativen Vorteile an Entwicklungs- und Schwellenländer verloren. Diese Branchen verfügen auf nationaler Ebene aber noch über hinreichend Macht, um einen freien Wettbewerb zu verhindern. Wenig erstaunlich ist aus politökonomischer Sicht, daß eben diese Bereiche auch in den meisten regionalen Integrationsgemeinschaften Sonderregelungen genießen. Daher muß der These widersprochen werden, daß regionale Integrationsräume per se helfen, die internen Märkte zu öffnen. Wenn Interessengruppen bisher in Lage waren, sich den volkswirtschaftlich notwendigen Anpassungen zu widersetzen, stellen sie sich durch präventives Lobbying innerhalb eines Integrationsraumes nicht schlechter als bei multilateralen Verhandlungen.

Aus den Folgen des Strukturwandels ergibt sich auch, daß Offenheit und damit die Regionalismuspfade III und IV alles andere als selbstverständlich sind (vgl. Berthold, 1995, S. 69). Bei der Diskussion des ersten Krugman-Modells kristallisierte sich heraus, daß gerade dann Wohlfahrtsgewinne möglich sind, wenn Nord-Süd-Integrationen stattfinden. Allerdings übersieht eine solche Aussage die Verteilungskonflikte aufgrund des strukturellen Anpassungsbedarfs innerhalb der Integrationsgemeinschaft. So wurde innerhalb der NAFTA der interne Wettbewerb durch Ursprungsregeln stark eingeschränkt. In den Europaverträgen als Vorstufe zu einer möglichen Osterweiterung der EU wurden gerade die Bereiche von der Liberalisierung ausgeschlossen, in denen die osteuropäischen Länder komparative Vorteile aufweisen (vgl. Ri. Baldwin, 1994, S. 126).

Auch hier ergibt sich demnach das Ergebnis, daß allokationstheoretisch sinnvolle Integrationsgemeinschaften nicht gleichbedeutend sind mit politisch durchsetzbaren. Nord-Nord-Integrationen führen zwar zu einem geringen strukturellen Anpassungsdruck, obwohl auch hier die Faktoren flexibel reagieren müssen, allerdings hat sowohl die normative als auch die politökonomische Analyse gezeigt, daß weder die kompensatorische Zollsenkung noch die Offenheit wahrscheinliche Ergebnisse sind. Zusammenfassend gilt:

> Bei einer regionalen Integrationsgemeinschaft ist keine vollständige Beseitigung der intraregionalen Handelshemmnisse zu erwarten. Dies folgt nicht aus allokationstheoretischen Gründen, sondern weil sich protektionistische Interessengruppen durch präventives Lobbying Ausnahmeregelungen sichern können. Ausnahmebereiche sind immer dann zu erwarten, wenn regionale Liberalisierung zu einem ähnlichen Strukturwandel führt wie die multilaterale Liberalisierung. Dies sind hauptsächlich Nord-Süd-Integrationen wie die mögliche Osterweiterung der EU.

Aus politökonomischer Sicht ist eine Abschwächung statt eine Verschärfung des Artikels XXIV GATT negativ zu beurteilen. Die verschiedenen Formen des „managed trade“ führen regelmäßig nicht zu Second best-Verbesserungen, sondern eher zu wohlfahrtsmindernden Aktivitäten.

2.4 Politiker als „agenda-setter“

Die vollständige intraregionale Liberalisierung, die kompensatorische Zollsenkung und die Offenheit sind aus dem bisher Gesagten wenig wahrscheinlich. Allerdings können sich freihandelsorientierte Politiker von der Macht der Interessengruppen lösen. Hintergrund ist die Möglichkeit, durch eine geschickte Reihenfolge der Abstimmungen weltweiten Freihandel zu erreichen. Politiker agieren hier als sogenannte „agenda setter“.[135] In der Politik stehen häufig nicht verschiedene Alternativen zur Abstimmung, etwa Regionalismus versus Multilateralismus versus Status quo, sondern nur eine, z.B. Regionalismus versus Status quo. Durch eine ausgewählte Reihenfolge der politischen Vorlagen verschaffen sich freihandelsorientierte politische Entscheidungsträger diskretionären Spielraum sowohl gegenüber den Wählern als auch gegenüber den Interessengruppen. Die Reihenfolge der „Abstimmungen“ wird dann relevant, wenn sich Regionalisierung und Multilateralismus beeinflussen.

a) Stufenweise Liberalisierung: Gemäß Fernandez/Rodrik (1991) ist das Risiko, bei handelspolitischen Veränderungen zu den Verlierern zu zählen, eine wichtige Ursache für die Blockade von handelspolitischen Reformen und damit für den Protektionsbias. Dabei ist es sinnvoll, Kosten bei der Reallokation von Faktoren anzunehmen. Der Wechsel von einer Branche in eine andere ist für Arbeitnehmer mit Kosten verbunden, die in ihr Kalkül mit eingehen. Das gleiche

[135] Für die Rolle des „agenda setter“ in direkten und indirekten Demokratien vgl. Weck-Hannemann (1992, S. 94 ff.).

gilt für Realkapital. Unter der Annahme, daß kurzfristig eine ricardianische Welt zugrunde liegt und damit Kapital und Arbeit kurzfristig dieselben Interessen verfolgen, werden im folgenden nur die Arbeitnehmer betrachtet. Kosten entstehen schon aus der Abwertung des bestehenden Humankapitals. Auch wenn ex post die Mehrheit gewinnen würde, ist es rational, gegen eine globale Liberalisierung zu stimmen, wenn für die Mehrheit ex ante der Erwartungswert negativ ist.

Regionale handelspolitische Arrangements können dazwischengeschaltet werden, um die Gegner einer Senkung der Handelshemmnisse zu spalten (vgl. Wei/Frankel, 1996). Die Gewinner und Verlierer einer Integrationsgemeinschaft müssen nicht übereinstimmen mit denen des Freihandels. Grundsätzlich gewinnen die Arbeitnehmer der Branchen, in denen die Ausbringungsmenge erhöht wird. Das sind die etablierten und die neu hinzugekommenen Arbeitnehmer im expandierenden Sektor. Für diese Arbeitnehmer steigt der Reallohn, wenn in anderen Branchen die Preise fallen. Unabhängig von der Art der Liberalisierung sind das die Arbeitnehmer des Sektors, der weltweit über komparative Vorteile verfügt. Bei diskriminierender Liberalisierung muß aber nicht der weltweit effizienteste Anbieter zum Zuge kommen. Die Branchen, die weiterhin durch externe Zölle vor der Konkurrenz aus der restlichen Welt geschützt sind, profitieren auch von sinkenden Preisen in der verdrängten Branche. Die Verlierer sind die Bereiche, welche durch Handelsschaffung und Handelsumlenkung zusätzliche Konkurrenz erhalten. Stellen aber die Gewinner die Mehrheit dar, werden die politischen Entscheidungsträger das regionale Handelsabkommen abschließen.

Die Verlierer der diskriminierenden Liberalisierung, d.h. die Arbeitnehmer, die in der kontrahierenden Branche verblieben sind, können in einem zweiten Schritt die Gewinner einer fortschreitenden globalen Liberalisierung werden. Sie profitieren von der Aufhebung der Diskriminierung, wenn effiziente Anbieter aus der restlichen Welt auch in den bisher geschützten Sektoren zum Zuge kämen und damit das allgemeine Preisniveau fällt. Einen zusätzlichen Verlust müssen sie nicht mehr in Kauf nehmen. Sie haben infolge der Handelsschaffung den strukturellen Wandel und die Einkommensverluste schon hinter sich gebracht.[136] Stellen sie mit den Arbeitnehmern der weltweit wettbewerbsfähigen Branche die Mehrheit, wird in einem zweiten Schritt die Diskriminierung rückgängig gemacht. Regionale Integrationsgemeinschaften waren dann in der Tat nur eine Zwischenstation, und zumindest der Regionalismuspfad IV ist möglich. Hier wird auch deutlich, daß die Beschäftigungswirkungen von handelspolitischen Entscheidungen nicht zu unterschätzen sind (vgl. Winters, 1996, S. 20).

Allerdings zeigt diese Argumentation nur einen Weg auf, der noch nicht einmal unbedingt der wahrscheinlichste ist. Erstens müssen die Mehrheitsverhältnisse wirklich dergestalt sein, wie hier angenommen. Zweitens dürfen die Verlierer des Freihandels, und zwar die Verlierer des ersten und zweiten Schritts, nicht merken, daß regionale Integrationszonen nur als eine Zwischenstation gedacht waren. Ansonsten würden die Verlierer der weltweiten Liberalisierung schon den Abbau der regionalen Handelshemmnisse verhindern. Schließlich darf drittens

[136] Hier stammt der effizienteste Anbieter aus dem Integrationsraum.

nicht übersehen werden, daß die diskriminierende Liberalisierung durch die Möglichkeit der Handelsumlenkung eine neue Gruppe schafft, die sich gegen weitergehende Liberalisierungsschritte wehren wird.

b) Reziprozität: In eine ähnliche Richtung zielen die Versuche, die Reziprozität als Instrument zu nutzen, um weltweit die Märkte zu öffnen (vgl. Bergsten, 1996; Albero Lopéz/Soler Matutes, 1997). Hierbei geht es um die bedingte Meistbegünstigung. Reziprozität, verstanden als Liberalisierung auf Gegenseitigkeit, stellt ein Merkmal des GATT/WTO-Systems dar (vgl. Bagwell/Staiger, 1997b, S. 17). Gegenseitigkeit stammt noch aus dem merkantilistischen Grundsatz „Exporte sind gut, Importe sind schlecht, die gleichmäßige Erhöhung beider ist wiederum gut". Dies steht der traditionellen Außenhandelstheorie diametral entgegen. Importe erhöhen die Wohlfahrt, und Exporte sind nichts anderes als der Preis für Importe (vgl. Krugman 1991, S. 15 f.). Reziprozität ist für die politischen Entscheidungsträger aus zwei Gründen vorteilhaft. Liegt erstens ein handelspolitisches Gefangenendilemma zwischen großen Ländern vor, kann Reziprozität helfen, dieses aufzulösen, indem die Terms of Trade-Externalitäten der Optimalzollpolitik internalisiert werden (vgl. Bagwell/Staiger, 1997b, S. 20). Zweitens kann diese merkantilistische Einstellung helfen, die politischen Kosten der Liberalisierung zu mindern. Exporteure können für den Freihandel gewonnen werden, wenn ansonsten die Märkte geschlossen bleiben. Dadurch kann die bedingte Meistbegünstigung den politischen Nutzen der beteiligten Regierungen erhöhen (vgl. Hillman/Moser, 1996, S. 296; J. Donges/Freytag/Zimmermann, 1997, S. 581). Dies setzt allerdings voraus, daß immer größer werdende Märkte sich mit den Interessen der Exportgüterindustrie und damit mit jenen der neuen politischen Entscheidungsträger decken.

c) Neue Freihandelsgegner: Die positiven Wirkungen von regionalen handelspolitischen Arrangements bei der Ausnutzung der Macht eines „agenda setters“ und der Reziprozität wenden sich in ihr Gegenteil, wenn der Interessengegensatz von organisierbaren Produzenten und nichtorganisierbaren Konsumenten betrachtet wird. Für Konsumenten gibt es eine optimale Größe eines Integrationsraumes: die gesamte Welt. Bei Freihandel wird die Konsumentenrente maximiert. Anders sieht dies bei Produzenten aus (vgl. Cumberworth, 1996; Cumberworth/Milbourne, 1996). Dies gilt um so mehr, wenn Transportkosten berücksichtigt werden und wieder ein Home-market-Effekt vorliegt. Aus der Diskussion um die neue Außenhandelstheorie wurde deutlich, daß Produzenten aus den etablierten Ländern zwei gegenläufige Effekte bei der Erweiterung eines Integrationsraumes abwägen müssen. Zum einen verliert ein inländischer Produzent durch die Erweiterung einer bestehenden Integrationsgemeinschaft Anteile im Heimatmarkt an Unternehmungen aus dem neuen Mitgliedsland. Das folgt aus dem oben beschriebenen indirekten Effekt. Zusätzlich verlieren alle etablierten Anbieter der Zollunion, aber auch die aus der restlichen Welt. Zum anderen gewinnen die etablierten Anbieter Anteile im Markt des neuen Mitgliedslandes. Dieser Gewinn geht zum einen zu Lasten der Anbieter aus diesem neuen Mitgliedsland und zum anderen zu Lasten von Drittstaaten. Bei einer geringen Größe einer Zollunion, die intensiv in der internationalen Arbeitsteilung integriert ist, gehen die Verluste im Heimatmarkt zum größten Teil zu Lasten ausländischer Anbieter. Dies gilt für alle Mitgliedsländer. Daher werden zunächst die Gewinne für die Unternehmungen aus der Integrationsgemeinschaft größer sein als die Verluste aufgrund der neuen Anbieter. Die Hauptlast tragen wegen der Handelsumlenkung die Anbieter aus den Drittstaaten.

Wenn etablierte Unternehmungen aufgrund von Markteintrittsschranken positive Gewinne erzielen können, lohnt es sich ab einer bestimmten Größe nicht mehr, neue Anbieter zuzulassen, da der zusätzliche Gewinn aus den neuen Märkten nicht ausreicht, um die Verluste im Unionsmarkt zu kompensieren. Die genaue Größe hängt von den spezifischen Parametern ab. Allerdings werden Unionsanbieter keine Erweiterungen mehr zulassen, wenn die Anzahl der Unternehmungen, gegenüber denen sie komparative Vorteile aufweisen, nach einer Erweiterung geringer ist, als die Anzahl der Unternehmungen, die unter denselben Bedingungen agieren können wie sie. Die Intuition ist folgende: Unternehmungen können nur Gewinne aus ihrer verbesserten relativen Wettbewerbsfähigkeit erzielen, wenn sie zu der begünstigten Minderheit gehören. Wenn im Extremfall kein Produzent mit Zöllen belastet wird, gibt es auch keinen relativen Wettbewerbsvorteil mehr. Aus dieser Sichtweise ist ein Regionalismuspfad III oder IV nicht möglich. Die regionale Integration und die daraus resultierende Handelsumlenkung führen dazu, daß Unternehmungen nicht mehr an einer fortschreitenden globalen Integration interessiert sind. Dies gilt auch, wenn dieselben Unternehmungen vor der regionale Integration von einer weltweiten Liberalisierung profitiert hätten (vgl. Krishna, 1996, S. 481).

Mehrere Aspekte sind hierbei interessant. Erstens ähnelt die Argumentation den im vorangegangenen Teil abgeleiteten Ergebnissen bei asymmetrischen Erweiterungen. Dort waren es Terms of Trade-Gewinne, die einen Prozeß gemäß dem Referenzrahmen verhinderten.

Dieser Effekt wird zweitens verstärkt, wenn die Aufnahmeregel der Einstimmigkeit unterliegt. Sind in der Ausgangslage zwei Länder Nichtmitglieder, ist es für beide besser, gemeinsam dem Abkommen beizutreten als gar nicht. Wird ein Land dagegen vorher aufgenommen, kann es in der Zukunft Neuaufnahmen erschweren, insbesondere wenn die potentiellen Neumitglieder ihrer ökonomischen Struktur ähnlich sind (vgl. Lawrence, 1996, S. 38 f.).

Drittens hat hier die Einführung eines regionalen handelspolitischen Arrangements erst dazu geführt, daß eine fortschreitende weltweite Liberalisierung nicht möglich ist (vgl. Cumberworth/Milbourne, 1996, S. 18 f.; Krishna, 1996, S. 481). Sind die etablierten Produzenten vor potentieller Konkurrenz geschützt, werden sie einen Teil ihrer Gewinne nutzen, um durch Lobbyaktivitäten eine umfassende Liberalisierung zu verhindern. Die Regionalismuspfade III oder IV und damit ein Dominoeffekt sind nicht möglich.

Auch läßt sich viertens ein Stillstand im ersten Krugman-Modell erklären. Werden Länder nicht mehr in ein bestehendes Abkommen aufgenommen, wird „countervailing integration“ die Folge sein. Selbst wenn möglicherweise eine tripolare und damit im Krugman-Modell die schlechteste aller Welten entsteht, muß dies nicht im Widerspruch zu den Interessen der Produzenten stehen. Die Leidtragenden sind primär die diffuse Masse der Konsumenten und Steuerzahler. Die Hauptursache, weshalb sich Produzenten besserstellen können, liegt wieder in der Handelsumlenkung. Demnach ist aus der bisherigen politökonomischen Untersuchung zu erwarten, daß weder kompensatorische Zollsenkungen noch Offenheit realistisch sind. Demnach sind die Regionalismuspfade V oder gar VI wahrscheinlicher als III oder IV.

d) Was bleibt?: Regionale Interessengruppen sind in der Lage, durch präventives Lobbying den strukturellen Wandel zu verlangsamen. Aufhalten können sie ihn letztlich nicht. Auch in den sensiblen Bereichen findet ein Beschäftigungsabbau und ein Rückgang der politischen Macht statt (vgl. Ro. Baldwin, 1994, S. 94). Ob regionale handelspolitische Arrangements ausreichen, um den Protektionsbias abzuschwächen, ist zweifelhaft. Allerdings muß noch eine zweite Änderung berücksichtigt werden - die Globalisierung. Da die meisten Handelshemmnisse im Inland keine Renten abwerfen und der Wettbewerb um Realkapital immer weiter zunimmt, muß untersucht werden, ob durch die zunehmende Bedeutung von multinationalen Unternehmungen und damit von Direktinvestitionen die politökonomische Blockade überwunden werden kann. Dies ist nicht ausgeschlossen, denn eine ehedem für Politiker optimale Protektion kann aufgehoben werden, wenn sich das Umfeld ändert. Die zunehmende Globalisierung ist eine solche Änderung.

3. Löst die Globalisierung die politökonomische Blockade? Die Rolle der multinationalen Unternehmungen

3.1 Globalisierung: Eine Bestandsaufnahme

Neben der Regionalisierung nimmt auch - auf den ersten Blick paradox - die Globalisierung immer weiter zu. Globalisierung beschreibt die erhöhte Bedeutung von grenzüberschreitenden Aktivitäten und die zunehmende Interdependenz der Märkte (vgl. Nunnenkamp, 1996, S. 3). Die Globalisierung manifestiert sich durch einen immer intensiveren Güteraustausch, aber auch durch die zunehmende Mobilität der Faktoren Real-, Finanz- und Humankapital sowie einfacher Arbeit. Die Folge der Globalisierung sind die Reduzierung ökonomischer Distanzen, die Erhöhung der Interdependenz der verschiedenen Wirtschaftsräume sowie nicht zuletzt die Erosion der Macht von politischen Entscheidungsträgern.

Die Beweggründe der Globalisierung sind Gewinnstreben, die Anpassung an Marktunvollkommenheiten und veränderte Wettbewerbsbedingungen der verschiedenen Akteure (vgl. Berthold/Ludwig/Modery, 1994; Oman, 1996, S. 141). Globalisierung sollte als ein Prozeß verstanden werden, der noch nicht abgeschlossen ist. Derzeit sind noch nicht alle Märkte zu einer Einheit zusammengewachsen. Die unterschiedlichen Integrationsstufen der verschiedenen Märkte gibt Abbildung III.3 wieder (vgl. Buckley, 1997, S. 19 f.).

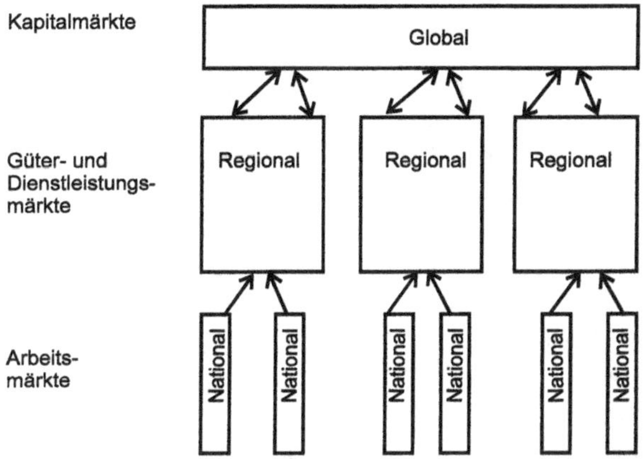

Abb. III.3: Integrationstiefen der verschiedenen Märkte
Quelle: Buckley, 1997, S. 20

Von einem globalen einheitlichen Markt kann - wenn überhaupt - derzeit nur beim Finanzkapital gesprochen werden. Finanztransaktionen sind mittlerweile 24 Stunden am Tag möglich. Güter- und Dienstleistungsmärkte sind derzeit intraregional weit weniger von natürlichen und künstlichen Handelshemmnissen beschränkt als interregional. Die Arbeitsmärkte sind in der Regel noch national ausgerichtet.

Multinationale Unternehmungen versuchen diese unterschiedlichen Integrationsausprägungen auszunutzen. Indem neue Unternehmungen auf bestehende Oligopole treffen, die „Spielregeln" des Wettbewerbs berühren und die politische Einflußnahme beeinträchtigen, erhöht die Globalisierung die Unsicherheit und die Instabilität des Wirtschaftssystems. Aufgrund der erhöhten Volatilität muß die Globalisierung in politischen Diskussionen häufig als Sündenbock für inländische Verfehlungen herhalten (vgl. Lawrence/Bressand/Ito, 1996, S. 17). Die sogenannten neuen Spielregeln resultieren auch aus der Krise der fordistischen Produktion und tayloristischen Organisation etablierter Anbieter. Der weltweite Trend geht hin zu flexiblen Produktions- und Organisationsverfahren (vgl. Berthold/Fehn, 1996, S. 72). Die extreme Spezialisierung der einzelnen Arbeitnehmer wird in der post-tayloristischen Zeit abgelöst durch die Integration verschiedener Management- und Arbeitsfähigkeiten. Daraus entsteht auf allen Märkten ein Anpassungsdruck. Dies gilt auch für den am wenigsten integrierten Markt - den Arbeitsmarkt. In wenigen Ländern sind die Arbeitsmärkte in der Lage, sich an die neuen Bedingungen effizient anzupassen. Dabei zeigt sich, daß gerade die OECD-Staaten mit struktureller Arbeitslosigkeit zu kämpfen haben, in denen fordistische und tayloristische Unternehmungen immer noch eine starke Stellung innehaben (vgl. Oman, 1996a, S. 25; Fehn, 1997, S. 213). Die Probleme auf dem Arbeitsmarkt werden dadurch verschärft, daß politische Entscheidungsträger versuchen, nationale Arbeitsmarktpolitik zu betreiben, ohne die fortschreitende Integration auf den anderen Märkten hinreichend zu beachten (vgl. Buckley, 1997, S. 20). Dies erhöht den Anpassungsdruck zusätzlich.

Die Globalisierung wird hier an der zunehmenden Bedeutung der multinationalen Unternehmungen gemessen. Dabei zeigt Tabelle III.1 die steigende Anzahl von multinationalen Unternehmungen aus den Industrieländern.

Land	1968/69	1993
USA	2468	3013
Vereinigtes Königreich	1692	1443[a]
Deutschland	954	7003
Frankreich	538	2216
Schweiz	447	3000[b]
Niederlande	268	1608
Schweden	255	3520[c]
Belgien/Luxemburg	253	96[d]
Dänemark	128	800[a]
Italien	120	445
Norwegen	94	1000
Österreich	39	838
Spanien	15	744[a]
Portugal	5	1165
Japan	n.n.	3967[c]
Summe	7256	30858
Welt	n.n.	38747

a) 1992
b) 1985
c) 1995
d) 1978

Tab. III.1: Anzahl der Muttergesellschaften in ausgewählten Industrieländern
Quelle: UNCTAD, 1996, S. 96 und S. 8

Anders als beim immer weiter zunehmenden Handel liegt hier qualitativ ein neues Phänomen vor. Das Interesse von Direktinvestitionen liegt im Gegensatz zu Portfolioinvestitionen in der unternehmerischen Kontrolle der Tochterunternehmung. Daher ergeben sich auch unterschiedliche push- und pull-Faktoren. Als push-Faktor zählt bei den Direktinvestitionen z.B. die Verbesserung der internationalen Wettbewerbsfähigkeit. Bei den pull-Faktoren stellen Marktgröße und Zugang zu Faktoren und Ressourcen wichtige Bestimmungsgrößen dar. Diese Faktoren spielen bei Portfolioinvestitionen keine Rolle (vgl. UNCTAD, 1996, S. 17 f.).

Rang	Land	Gesamter Zustrom 1985-1995 in Mrd. $
1	USA	477,5
2	Vereinigtes Königreich	199,6
3	Frankreich	138,0
4	China	130,2
5	Spanien	90,9
6	Belgien/Luxemburg	72,4
7	Niederlande	68,1
8	Australien	62,6
9	Kanada	60,9
10	Mexiko	44,1
11	Singapur	40.8
12	Schweden	37,7
13	Italien	36,3
14	Malaysia	30,7
15	Deutschland	25,9
16	Schweiz	25,2
17	Argentinien	23,5
18	Brasilien	20,3
19	Hongkong	17,9
20	Dänemark	15,7

Tab. III.2: Führende Bestimmungsländer von Direktinvestitionen. Kumuliert 1985-1995
Quelle: WTO, 1996, S. 47

Tabelle III.2 und III.3 zeigen deutlich das Anwachsen der Direktinvestitionen und der kumulierten Bestände ab Mitte der achtziger Jahre.

	Wert 1995 in Mrd. $	jährl. Wachstums-rate in vH 1986-1990	jährl. Wachstumsrate in vH 1991-1994
Direktinvestitionsströme (inflows)	315	24,7	12,7
Bestände	2730	19,8	8,8
Umsätze der Toch-terunternehmungen	6022	17,4	5,4
BIP	24948	10,8	4,3
Exporte von Gütern und Dienstleistungen	4707	14,3	3,8

Tab. III. 3: Indikatoren der weltweiten internationalen Direktinvestitionen und Produktion
Quelle: UNCTAD, 1996, S. 5

Dabei übersteigen die Wachstumsraten der Direktinvestitionsströme deutlich das Wachstum der Handelsströme. Der Rückgang der Wachstumsraten Anfang der neunziger Jahre läßt sich zum großen Teil mit der Rezession in den meisten westlichen Industriestaaten erklären. 1995 dagegen sind die Direktinvestitionsströme wieder schneller angestiegen auf mittlerweile 315 Mrd. Dollar. Bei einer näheren Betrachtung der Direktinvestitionen lassen sich bestimmte Mikrofaktoren aus Unternehmensdaten und Makrofaktoren aus aggregierten Größen identifizieren (vgl. Markusen, 1995, S. 170 f.).

Bei den Mikrofaktoren zeigen sich zunächst große Unterschiede zwischen verschiedenen Wirtschaftszweigen. Dabei ragen erstens insbesondere Dienstleistungen heraus. Klodt/Maurer (1996, S. 24) schätzen den Anteil der Direktinvestitionen im Dienstleistungssektor an den gesamten Investitionen auf fünfzig bis sechzig vH. Zweitens finden in den Wirtschaftszweigen verstärkt Direktinvestitionen statt, in denen Forschung und Entwicklung (F&E) eine beträchtliche Rolle spielen. Drittens ist der Anteil der „intangible assets", wie etwa der Markenname oder Management- und bestimmte Organisationsfähigkeiten (vgl. Graham, 1996, S. 36), relativ hoch. Diese ersten drei Punkte beziehen sich auf die betriebsspezifischen Vorteile einer Unternehmung und auf Vorteile der Internalisierung.[137] Für diese Arbeit ist schließlich viertens wichtig, daß die empirische Evidenz über den Zusammenhang zwischen dem absoluten Ausmaß von Direktinvestitionen und Handelskosten nicht eindeutig ist. Allerdings hängt der Anteil der Verkäufe der Tochterunternehmungen am Gesamtumsatz positiv von den Handelskosten ab. Handelskosten können einen Substitutionseffekt zwischen Direktinvestitionen und Exporten auslösen, auch wenn möglicherweise beide absolut zurückgehen (vgl. Markusen, 1995, S. 172).

Auf der Makroebene zeigt Tabelle III.3 erstens das seit Ende der achtziger Jahre schnelle Anwachsen der Direktinvestitionsströme. Zweitens sind die Industrieländer sowohl die wichtigsten Herkunfts- als auch Empfängerländer mit Anteilen von 85 bzw. 65 vH, wenn auch die Schwellenländer deutlich aufholen (vgl. UNCTAD, 1996, S. 4). In Zukunft ist nicht unbedingt zu erwarten, daß die etablierten Volkswirtschaften über Exklusivrechte als Empfänger- und Herkunftsländer von Direktinvestitionen verfügen (vgl. Winham/Grant, 1997, S. 252). Drittens sind die meisten Direktinvestitionen horizontaler Art,[138] wobei auch häufig intraindustrielle Investitionen zu beobachten sind. Es zeigt sich viertens, daß mittlerweile mit ungefähr dreißig vH der Anteil des Intra-Unternehmenshandels am Welthandel eine bedeutende Größe erreicht hat. Unterschiedliche Faktorausstattungen sind kaum in der Lage, Direktinvestitionen zu erklären. Die Empirie deutet im Gegenteil darauf hin, daß Direktinvestitionen weitgehend zwischen Ländern mit ähnlichen Ausstattungen und ähnlichem Pro-Kopf-Einkommen stattfinden (vgl. Markusen, 1995, S. 177). Schließlich fällt auf, daß eher eine Regio-

---

[137] Internalisierung stellt ein Standbein des eklektischen Ansatzes von Dunning (1980) dar. Nach diesem sogenannten OLI-Ansatz investiert eine Unternehmung, wenn drei Bedingungen erfüllt sind. Erstens verfügt sie über einen komparativen Vorteil (**O**wnership advantage). Zweitens liegen im Empfängerland lokale Kostenvorteile vor (**L**ocational advantage). Drittens müssen Marktunvollkommenheiten internalisiert werden (**I**nternalization advantage). Das Problem dieses weit verbreiteten Ansatzes liegt in seiner deskriptiven Natur. Für eine kritische Diskussion vgl. Stehn (1992); Ethier (1994); Graham (1997).

[138] Bei Deutschland liegt der Anteil bei zwei Drittel (vgl. Klodt/Maurer, 1996, S. 11).

nalisierung der Investitionstätigkeit stattgefunden hat als eine Globalisierung. Dadurch können die Unternehmungen besser auf Änderungen in den regionalen Märkten reagieren (vgl. Lawrence, 1996, S. 13). Dies ist ein Indiz dafür, daß Direktinvestitionen und Handel Komplemente sind, da beide ähnliche regionale Strukturen aufweisen (vgl. Oman, 1994, S. 62 f.; Graham, 1996, S. 29; Nunnenkamp, 1996, S. 15). Globalisierung, beschrieben durch Direktinvestitionen, führt demnach zu einer de-facto Regionalisierung. Die Regionalisierung der Produktion wurde durch die Globalisierung und Deregulierung der Finanzmärkte unterstützt. Um sich vor der zunehmenden Volatilität der Wechselkurse zu schützen, wurden in den großen Währungsräumen Dollar, Yen, Deutsche Mark Beschaffungs- und Absatzmärkte geschaffen (vgl. Oman, 1996, S. 14 f.). Demnach gilt:

> Multinationale Unternehmungen operieren hauptsächlich in Industrieländern. Direktinvestitionen sind weitgehend horizontal und sind auch abhängig von Handelshemmnissen. Die Produktionsstruktur ähnelt in ihrer regionalen Ausrichtung der Handelsstruktur.

Abbildung III.3 muß also auch in dem Sinne verstanden werden, daß die regionalen Güter- und Dienstleistungsmärkte immer stärker durch regionale Exportplattformen bedient werden. Nach dieser Bestandsaufnahme stellt sich die Frage, ob der hier beschriebene Trend dazu beiträgt, die politökonomische Blokkade aufzubrechen. Dies bietet sich auch aus folgendem Grunde an: Die Stimmen häufen sich, die infolge der sogenannten „deep integration“ den Erfolg einer Integrationsgemeinschaft weniger im Verhältnis von Handelsumlenkung und Handelsschaffung messen, sondern daran, wie sich ein Integrationsraum den Erfordernissen der Globalisierung stellt. Mit dem vermeintlichen Rückgang der grenzenbezogenen Handelshemmnisse, der sogenannten „shallow integration“, werden Aspekte relevant, die ehedem der nationalen Politik unterlagen. Obwohl die WTO mit den GATS-, TRIMs- und TRIPs-Abkommen versucht hat, den Zusammenhang zwischen Direktinvestitionen und Handel multilateral zu regeln, sind diese Bestimmungen maximal als ein Anfang zu betrachten und stehen den derzeitigen regionalen Regelungen deutlich nach. Daraus folgert Lawrence (1996, S. 29 ff.), daß die Nachfrage nach „deep integration“ auf regionaler Ebene besser befriedigt werden kann. Dabei darf nicht übersehen werden, daß ein Trade-off zwischen Vertiefung und Offenheit möglich ist (vgl. Frankel, 1997, S. 238 f.).

Zusätzlich bleibt ungeklärt, warum es überhaupt noch zu Handelsumlenkung kommt, wenn Handelsumlenkung keine Rolle mehr spielen sollte und die negativen Effekte weitgehend durch Direktinvestitionen kompensiert werden können. Es gäbe demnach keine normativen oder politökonomischen Gründe, die überhaupt Handels- oder Investitionshemmnisse erklären. Dies widerspricht allerdings der Realität. Das Liberalisierungspotential bei Handelshemmnissen, und zwar nicht nur bei den neueren Aspekten der Handelspolitik, sondern auch in den traditionellen Bereichen, ist immer noch beachtlich (vgl. Francois/McDonald, 1996). Dabei zeigt sich auch, daß insbesondere die EU ihre Marktmacht bei der

Anwendung von freiwilligen Selbstbeschränkungsabkommen und Anti-Dumping-Regelungen ausnutzt (vgl. Lawrence, 1996, S. 102). Vor diesem Hintergrund ist es angebracht, nicht zu untersuchen, ob regionale Integrationsgemeinschaften besser die Nachfrage nach der „deep integration“ befriedigen können, sondern ob multinationale Unternehmungen dazu beitragen, die inter- und intraregionalen Handelshemmnisse zu reduzieren.

3.2 Quid pro quo-Investitionen und kompensatorische Zollsenkungen

a) Die Grundidee: In den allokationstheoretischen Untersuchungen wurde gezeigt, daß Unternehmungen aus Drittstaaten in Form des Tariff jumping Handelshemmnisse umgehen können. Die Handelsschranken bleiben dabei unabhängig von den Investitionen weiterhin bestehen. Eine andere Möglichkeit dagegen ist, Direktinvestitionen vorzunehmen, um die Wahrscheinlichkeit eines künftigen Zollaufbaus zu reduzieren. Dies wird Quid pro quo-Investition genannt (vgl. Bhagwati, 1987; Wong, 1995). Folgende Darstellung verdeutlicht den Unterschied zwischen Tariff jumping und Quid pro quo-Investitionen (vgl. Bloningen/Feenstra, 1996, S. 6):

(i) $\text{Protektion}_{t=0} \rightarrow \text{Direktinvestition}_{t=1}$

(ii) $\text{Protektionsgefahr}_{t=0} \rightarrow \text{Direktinvestition}_{t=1} \rightarrow \text{Protektionsgefahr}_{t=2}$

Das traditionelle Umgehen von Handelsschranken wird durch (i) wiedergegeben. In der Anfangsperiode t=0 sehen sich ausländische Anbieter den Folgen aus protektionistischen Aktivitäten, wie etwa Handelsumlenkung, ausgesetzt. Um die Verluste aus dem Rückgang der Exporte zu reduzieren, können in der folgenden Periode t=1 Direktinvestitionen getätigt und dadurch die bestimmte Region statt durch Exporte durch regionale Produktion bedient werden. Am Ausmaß der Protektion ändert sich nichts. Ähnlich ist das antizipatorische Tariff jumping zu sehen. Hier wissen die ausländischen Anbieter, daß in Zukunft mit Protektion zu rechnen ist. Falls der Aufbau neuer Betriebsstätten zeitintensiv ist, bietet es sich an, schon vor der Errichtung der Handelshemmnisse die Direktinvestitionen zu tätigen. Auch hier haben die Direktinvestitionen keinen Einfluß auf die Protektion in t=2.

Bei Quid pro quo-Investitionen dagegen sehen sich die ausländischen Anbieter mit einer bestimmten Wahrscheinlichkeit in Zukunft einer zunehmenden Protektion ausgesetzt. Auch hier sollen Direktinvestitionen in t=1 die Verluste aus geringeren Exporten minimieren. Anders als beim Tariff jumping wird durch die Direktinvestitionen die Wahrscheinlichkeit reduziert, daß in der Periode t=2 zusätzliche protektionistische Maßnahmen durchgeführt werden.

Was bewegt Unternehmungen, Direktinvestitionen vorzunehmen, statt zu exportieren? Es geht hierbei letztlich um ein Investitionskalkül. Eine Unternehmung wird ihr Realkapital im In- und Ausland so aufteilen, daß der Gewinn maximiert wird. Droht durch die Bildung regionaler Integrationsgemeinschaften in der Zukunft eine Erhöhung der relativen oder gar absoluten Protektion, wird das Gewinnmaximierungskalkül beeinflußt. In Zukunft muß die Unternehmung für die eigenen Güter mit einem höheren relativen Konsumentenpreis und, wenn sich die Terms of Trade verschlechtern, mit einem niedrigeren Produzentenpreis rechnen. Beides mindert die Gewinnaussichten.[139] Ist Lobbying wie beim Dominoeffekt nicht möglich, stellen Direktinvestitionen eine Möglichkeit dar, die Verluste zu begrenzen. In einer kurzfristigen, einperiodigen Betrachtung wären die zusätzlichen Investitionen ein Verlust im Sinne von Opportunitätskosten, da beim aktuellen Protektionsniveau relativ zu wenig exportiert wird. Unternehmungen maximieren aber nicht den Gewinn einer Periode, sondern den Gewinn über mehrere. Wird die künftige Protektion nicht verhindert, geht der Aufbau von Handelshemmnissen zu Lasten des Gewinns aus Exporten. Daher besteht wieder ein Anreiz, Lobbyaktivitäten aufzunehmen. Der mögliche Verlust kann maximal aufgewendet werden, um durch Direktinvestitionen heute, die Märkte in Zukunft offen zu halten. Dabei sind nicht alle Direktinvestitionen Quid pro quo-Investitionen, sondern nur die zusätzlichen. Ist die multinationale Unternehmung dabei erfolgreich, bleiben die Märkte offen. Im Gegensatz zur Dominotheorie setzen die Lobbyaktivitäten nicht bei der eigenen Regierung an, sondern bei den politischen Entscheidungsträgern des regionalen Integrationsraumes.

b) Ursachen für die geringere Protektion: Welche Gründe gibt es, damit Direktinvestitionen die Gefahr des Protektionismus reduzieren können? Direktinvestitionen mindern die Protektion, wenn sie entweder die protektionistischen Interessengruppen spalten oder die Regierung so weit kompensieren können, daß sie auf restriktive handelspolitische Maßnahmen verzichtet. Dabei sind verschiedene Einflußkanäle denkbar (vgl. Bhagwati u.a., 1987, S. 128; Dinopoulos/Wong, 1991, S. 162 f.; Berthold/M. Donges, 1997, S. 67 f.). Zunächst muß wieder die vorherrschende merkantilistische Wirtschaftspolitik berücksichtigt werden. Importe konkurrieren mit inländischen Anbietern und gefährden daher nationale (bzw. regionale) Arbeitsplätze. Direktinvestitionen sichern oder schaffen dagegen Arbeitsplätze, wenn auch möglicherweise auf Kosten etablierter Unternehmungen. In Zeiten anhaltender Arbeitslosigkeit sind sie daher für politische Entscheidungsträger sehr willkommen und eine Möglichkeit, die Wiederwahl zu sichern.

Weiter wird in einer ricardianischen Welt ein Keil zwischen die protektionistischen Interessengruppen getrieben. Die Arbeitnehmervertreter einer Branche müssen nicht mehr dieselben Positionen verfolgen wie das Kapital. Hier liegt ein großer Unterschied zwischen der reinen Handelspolitik und der Investitionspolitik (vgl. Grossman/Helpman, 1994, S. 10). Diese Argumentation wird relevant, wenn auf den betrachteten Arbeitsmärkten Rigiditäten vorliegen (vgl. Dinopoulos/Wong, 1991, S. 164 ff.; Wong, 1995, S. 610 ff.). Bei einer verstärkten internationalen Arbeitsteilung kann ein nach unten inflexibler Lohn zu Arbeitslosigkeit führen. Will die Gewerkschaft diesen Mindestlohn weiterhin aufrecht erhalten, ohne eine zu große Arbeitslosigkeit entstehen zu lassen, wird sie versuchen, bei der Regierung handelsbeschränkende Maßnahmen durchzusetzen. Ein Zoll

---

139 Vgl. hierzu die Ausführungen zur Dominotheorie und Abbildung III.1.

führt über höhere inländische Produzentenpreise zumindest kurzfristig zu einer erhöhten abgeleiteten Arbeitsnachfrage, sei es durch inländische oder ausländische Unternehmungen. Die Lobbyaktivitäten erfordern allerdings einen gewissen zeitlichen Aufwand. In dieser Zeit können multinationale Unternehmungen versuchen, durch Direktinvestitionen die beschäftigungspolitische Situation zu entspannen und die Gewerkschaften von weiteren Lobbyaktivitäten abzuhalten.

Doch nicht alle Formen von Direktinvestitionen bieten sich in diesem Umfeld als ein effektives Instrument an. Kurzfristig ist der Beschäftigungseffekt bei einer Greenfieldinvestition, d.h. beim Aufbau neuer Betriebsstätten, höher als bei einer Takeoverinvestition, d.h. einer reinen Übernahme eines bestehenden Unternehmens (vgl. Bloningen/Feenstra, 1996, S. 10 f.). Bestehende Unternehmungen werden nicht sofort verdrängt. Daher ist auch ihr Widerstand gegenüber neuen Unternehmungen geringer. Gleichzeitig ist der kurzfristige Beschäftigungszuwachs sichtbar. Bei einer deutlichen Zunahme von Takeoverinvestitionen dagegen entsteht der Vorwurf des „Ausverkaufs der heimischen Wirtschaft" (vgl. Georgiou/Weinhold, 1992, S. 761). Zudem befürchten Arbeitnehmer, Opfer von Rationalisierungsinvestitionen zu werden. Demnach ist bei Takeoverinvestitionen mit weniger Zustimmung von Gewerkschaften und mit mehr Widerstand von Unternehmungen zu rechnen als bei Greenfieldinvestitionen.

Ausländische Unternehmungen können sich statt mit Arbeitnehmervertretern auch mit inländischen Kapitaleignern „verbünden", indem etwa gemeinsame Tochterunternehmungen gegründet werden. Überhaupt kann eine Branche von ausländischen Direktinvestitionen profitieren, wenn durch Spillovers ein Technologietransfer erfolgt. Dabei sind die Gewinne aus dem Technologietransfer nicht nur auf Entwicklungsländer beschränkt, sondern treten auch bei Industriestaaten auf (vgl. Dinopoulos/Wong, 1991, S. 163; Graham, 1996, S. 125).

Die Möglichkeiten, durch Quid pro quo-Investitionen zum Erfolg zu kommen, sind insbesondere dann gegeben, wenn die Protektion, wie etwa die GATT-Schutzklauseln, sehr diskretionär gehandhabt werden (vgl. Bloningen/Feenstra, 1996, S. 8 f.). Bei einheitlichen tarifären Handelshemmnissen oder festgeschriebenen Quoten sind Quid pro quo-Investitionen dagegen weniger wahrscheinlich, da ausländische Unternehmungen nicht mehr in den Entscheidungsprozeß eingreifen können.

c) Quid pro quo-Investitionen und regionale handelspolitische Arrangements: Diese Argumentation läßt sich auf die regionalen Integrationsgemeinschaften übertragen. Ohne kompensatorische Zollsenkungen entsprechend dem Referenzrahmen steigt für ausländische Unternehmungen in Zukunft die relative Protektion. Dies war unter anderem das Hauptmotiv beim Dominoeffekt. Während bei der Dominotheorie Unternehmungen aus Drittstaaten indirekt versuchen, sich der Protektion zu entziehen, greifen sie jetzt konkret in den politischen Entscheidungsprozeß ein. Durch Quid pro quo-Investitionen können multinationale Unternehmungen versuchen, die künftige relative interregionale Protektion zu mindern und sich den neuen diskretionären Protektionsinstrumenten zu entziehen. Daher können sie sowohl in Freihandelszonen als auch in Zollunionen die Gruppe der Protektionsgegner stärken. Inwieweit politische Entscheidungsträger kompensiert werden können, hängt in der Zollunion wieder von der Abstimmungsregel ab. Die für die Offenheit bevorzugte Mehrheitsregel führt zur Problematik, daß die multinationalen Unternehmungen mehrere Regierungen kompensieren müssen. Denn nur die Länder, in die die Direktinvestitionen fließen, haben den direkten Nutzen der Quid pro quo-Investitionen. Hingegen müßten bei einer Einstimmigkeitsregel alle Regierungen kompensiert werden. Insgesamt können Quid pro quo-Investitionen als eine Art Versicherung oder Side-payment verstanden werden. Der Unterschied zu den vorangegangenen Kapiteln liegt darin, daß sich nicht eine Regierung in eine Integrationsgemeinschaft einkauft, sondern eine Unternehmung eine Direktinvestition tätigt, um für sich kompensatorische Zollsenkung bzw. Offenheit zu erreichen.

Quid pro quo-Gedanken waren sicherlich in den achtziger Jahren bei japanischen Unternehmungen eine Motivation zu investieren. Allerdings müssen die Grenzen des Arguments gesehen werden. Ein Problem bei Quid pro quo-Investitionen liegt im potentiellen Trittbrettfahrerverhalten (vgl. Blonningen/Feenstra, 1996, S. 2; Berthold/M. Donges, 1997a, S. 31). Handelshemmnisse werden nicht gegenüber einer bestimmten Unternehmung errichtet, sondern meist branchenspezifisch. Von den Direktinvestitionen und damit von der geringeren Protektionsgefahr einer Unternehmung können dann alle Unternehmungen dieser Branche profitieren, ohne sich an den Kosten zu beteiligen. Sind die Handelsschranken nicht länderspezifisch, sondern unterliegen sie der Meistbegünstigungsklausel, ist nicht zu erwarten, daß die Unternehmungen der restlichen Welt dieses Schwarzfahrerproblem lösen können. Es verwundert daher nicht, daß Quid pro quo-Investitionen häufig im Zusammenhang mit japanischen Automobildirektinvestitionen diskutiert werden (vgl. Wong, 1995, S. 608 f.). Hier liegt zum einen eine oligopolistische Marktstruktur vor, zum anderen waren speziell japanische Automarken Ziele von handelspolitischen Maßnahmen.

Ein weiteres Argument wird häufig übersehen. Es wurde in dieser Arbeit gezeigt, daß das Versicherungsmotiv impliziert, daß mit einer bestimmten Wahrscheinlichkeit mit Handelskriegen zu rechnen ist. Ansonsten wären die potentiellen Versicherungsnehmer nicht bereit, die Versicherungsprämie zu zahlen. Der gleiche Einwand gilt bei den Quid pro quo-Investitionen. Multinationale Unternehmungen werden nur über das (ohne Protektion) optimale Niveau hinaus Direktinvestitionen tätigen, wenn mit einer realistischen Wahrscheinlichkeit ohne Direktinvestitionen keine kompensatorischen Zollsenkungen zu erwarten sind. Daher haben regionale Integrationsgemeinschaften keinen Anreiz, bei der Gründung bzw. Vertiefung eines Abkommens regelmäßig die Handelshemmnisse zu senken.

3.3 Neue versus etablierte multinationale Unternehmungen

Quid pro quo-Investitionen stellen nur eine Seite des Kalküls der multinationalen Unternehmungen dar. Es muß auch diskutiert werden, ob sie generell ein Interesse an kompensatorischen Zollsenkungen haben. Dabei sollte zwischen vertikalen und horizontalen Unternehmensintegrationen unterschieden werden (vgl. Ursprung/Hillman, 1993, S. 349 f.). Bei vertikal integrierten multinationalen Unternehmungen ist es eindeutig, daß sie durch interregionalen Freihandel gewinnen. Handelshemmnisse erhöhen nur die Produktionskosten. Sind die horizontalen multinationalen Unternehmungen dagegen in den großen Wirtschaftsräumen vertreten, sind sie gegen Konflikte zwischen Handelsblöcken relativ abgesichert. Sie können sogar ein höheres Interesse an Protektion haben als rein nationale Unternehmungen. Rein nationale Unternehmungen beliefern ihre Märkte ausschließlich über Exporte. Sind die Märkte nur über Reziprozität zu öffnen, wird sich die Unternehmung im Inland für Freihandel einsetzen. Die multinationalen Unternehmungen sind dagegen in allen Märkten vertreten. Interregionale Handelshemmnisse schützen sie demnach vor weiterer Konkurrenz. In Anbetracht der Tatsache, daß derzeit insbesondere die horizontalen Direktinvestitionen dominieren, ist von den multinationalen Unternehmungen zu erwarten keine große Unterstützung für die Protektionsgegner.

Das geringe Interesse an der interregionalen Liberalisierung wird auch durch den abgeleiteten Protektionsbias erklärt. Eine treibende Kraft des derzeitigen Strukturwandels sind die multinationalen Unternehmungen selbst. Dabei kann es in die Irre führen, wenn alle als gleich angesehen werden. Der zunehmende Wettbewerb bewirkt zwei gegensätzliche Reaktionen (vgl. Stopford, 1992, S. 14 f.). Weltweit wettbewerbsfähige multinationale Unternehmungen forcieren den Strukturwandel und etablieren sich in den großen regionalen Märkten. Schwächere Unternehmungen ziehen sich aus stark bedrängten Märkten zurück und konzentrieren sich auf ihre Kernbereiche. Innerhalb ihrer „angestammten" Region haben diese Unternehmungen die größten Quasirenten zu verteidigen. Daher werden sie sich bei ihren Lobbyaktivitäten auf diese Märkte beschränken, indem sie versuchen, die Konkurrenz aus Drittstaaten fernzuhalten. Wirtschaftlich starke Unternehmungen dagegen sehen keinen Anreiz, Lobbyaktivitäten für interregionale offene Märkte aufzunehmen. Daher ist von dieser Seite kein Gegengewicht zu erwarten. Demnach kommt es auch hier wieder zu der Asymmetrie zwischen wirtschaftlich starken und schwachen Branchen.

Weiter sind Handel und Direktinvestitionen nicht als voneinander unabhängige Probleme aufzufassen. Entweder stellen Direktinvestitionen Substitute zu Exporten dar, wie es etwa die traditionelle Theorie annimmt, oder sie stellen Komplemente dar, wie es in der neueren Zeit gesehen wird (vgl. Klodt/Maurer, 1996, S. 11). Dies bleibt für die Interessengruppen nicht ohne Folgen. Insbesondere wenn die Möglichkeit besteht, daß Direktinvestitionen Substitute darstellen, reichen Lobbyaktivitäten zur Beschränkung der Handelshemmnisse nicht aus (vgl. Hindley, 1990, S. 13). Im Extremfall umgehen Unternehmungen aus Drittstaaten Handelshemmnisse, indem sie innerhalb der Integrationsgemeinschaft Betriebsstätten aufbauen, die kaum zur Wertschöpfung des Endproduktes beitragen.[140]

Ein erster Schritt zur Begrenzung der potentiellen Konkurrenz ist, relativ restriktive Ursprungsregeln einzuführen. Je restriktiver diese Ursprungsregeln aus-

---

[140] Hierbei handelt es sich um sogenannte „screwdriver plants" (vgl. z.B. Hindley, 1990, S. 4).

fallen, desto höher ist der Aufwand für die Unternehmungen aus der restlichen Welt, die Handelshemmnisse zu umgehen. Dabei begünstigen strenge Regeln zum einen die protektionistischen Interessengruppen, zum anderen sind die politischen Entscheidungsträger daran interessiert, in der Hoffnung, daß mehr Direktinvestitionen umgelenkt werden können und sich die Beschäftigungssituation verbessert. In diesem Fall wäre ein regionales Handelsabkommen eine ***investitionsrelevante Handelsmaßnahme*** (vgl. UNCTAD, 1996, S. 181). Trotzdem ist die Zielsetzung beider Gruppen verschieden. Während die Importgütersubstitutionsindustrie die Konkurrenz so gering wie möglich halten will, möchten die politischen Entscheidungsträger im Prinzip den Zustrom von Direktinvestitionen fördern, damit die regionale Wirtschaft an den verbesserten technologischen und beschäftigungspolitischen Bedingungen partizipiert. Durch Handelshemmnisse Direktinvestitionen anzulocken, stellt aber für die politischen Entscheidungsträger ein zweischneidiges Schwert dar, da für relativ schwache Branchen durch den Zustrom von Direktinvestitionen der Wettbewerb verschärft wird (vgl. Stopford, 1992, S. 29).

Der Aufbau von Handelshemmnissen ist aber nicht die einzige Möglichkeit, Direktinvestitionen anzulocken. Regionale handelspolitische Arrangements haben wesentlich früher und effektiver als das GATT/WTO-System auf den engen Zusammenhang zwischen Handel und Investitionen reagiert. Auch wenn sich das multilaterale System mittlerweile dieser Probleme angenommen hat, hinkt es den regionalen Regelungen hinterher (vgl. Brewer/Young, 1997). Dadurch haben Integrationsgemeinschaften dazu beigetragen, innerhalb eines Integrationsraumes das mit Direktinvestitionen verbundene Risiko deutlich zu reduzieren und damit die Allokation zu verbessern. Allerdings haben sowohl inländische Unternehmungen als auch die etablierten multinationalen Unternehmungen ein Interesse daran, daß die einheitliche Behandlung von Handel und Direktinvestitionen in erster Linie ihnen und nicht neuen Konkurrenten zugute kommt (vgl. Boyd, 1997, S. 132).

Unterschieden werden muß demnach zwischen etablierten multinationalen Unternehmungen und relativ jungen. Die Verschärfung etwa von Local-content-Regelungen betrifft hauptsächlich neue Marktteilnehmer und weniger die etablierten. Dies wurde innerhalb der EU deutlich, als sich die japanischen Elektronikunternehmungen im Einklang mit ihren europäischen Konkurrenten fanden, die Ursprungsregeln zu verschärfen (vgl. Oman, 1994, S. 64). Während die japanischen Anbieter bereits über europäische Netzwerke verfügten, wiesen die neuen koreanischen Konkurrenten noch relativ hohe Importquoten aus. Restriktive Ursprungsregeln liegen daher nicht nur im Interesse der europäischen, sondern auch im Interesse der japanischen Anbieter, die schon länger im Markt tätig sind.

> Aus politökonomischer Sicht ist der Anreiz von multinationalen Unternehmungen, sich für Offenheit und kompensatorische Zollsenkungen einzusetzen, gering. Sind sie schon in den einzelnen regionalen Märkten vertreten, können sie sogar von Handelshemmnissen profitieren.

Die Globalisierung scheint einen relativ geringen Einfluß auf die externe Politik von regionalen Integrationsgemeinschaften auszuüben. Hierbei wird deutlich, daß es ein Trugschluß ist zu meinen, durch die Globalisierung werden die „alten" ökonomischen und politökonomischen Gesetze außer Kraft gesetzt (vgl. Krugman, 1996). Dies gilt unabhängig davon, ob traditionelle oder neuere Aspekte der Handelspolitik diskutiert werden. Damit bleibt trotz zunehmender Direktinvestitionen weiterhin die latente Gefahr, daß protektionistische Interessengruppen Integrationsräume für die eigenen Ziele ausnutzen.

3.4 Der indirekte Effekt: Intraregionale Liberalisierung

Die größten Interessen der multinationalen Unternehmungen liegen erstens in der ***intraregionalen*** Beseitigung der Handelshemmnisse und zweitens in der ***interregionalen*** Liberalisierung der Investitionen (vgl. Oman, 1996). Sowohl die NAFTA als auch das Binnenmarktprogramm und die APEC erfreuten sich der Unterstützung der meisten multinationalen Unternehmungen (vgl. Lawrence, 1996, S. 10). Auf diese Weise sind sie zum einen nah an ihren Beschaffungs- und Absatzmärkten und können sich zum anderen vor Wechselkursschwankungen absichern. Daher werden sich die multinationalen Unternehmungen relativ stärker an Lobbyaktivitäten beteiligen, die sich für eine vollständige intraregionale Handelsliberalisierung in allen Integrationsgemeinschaften und einer interregionalen Senkung der Investitionshemmnisse einsetzen, als rein nationale, exportorientierte Unternehmungen. Gerade interregionale Investitionshemmnisse stellen für multinationale Unternehmungen die größte Gefahr dar (vgl. Wells, 1996, S. 179). Dabei darf nicht übersehen werden, daß die vollständige intraregionale Liberalisierung bei geringen Investitionshemmnissen den Wettbewerb innerhalb der Integrationsgemeinschaft erhöht. Doch gerade daran sind die etablierten protektionistischen Interessengruppen nicht interessiert. Wenn diese Gruppen bisher in der Lage waren, den Wettbewerb durch Exporte zu beschränken, werden sie nicht von vornherein bereit sein, zusätzlichen Wettbewerb durch Direktinvestitionen zu dulden.

Die politischen Entscheidungsträger müssen demnach abwägen zwischen der politischen Unterstützung der etablierten Interessengruppen und der Unterstützung der multinationalen Unternehmungen samt den positiven Wettbewerbs- und Beschäftigungseffekten. Im Gegensatz zum Handel dient Reziprozität nicht dazu, freihandelsorientierte Gruppen zu mobilisieren. Durch Reziprozität konnten im GATT/WTO-System die Handelshemmnisse gesenkt werden, indem zum einen gegenseitige Konzessionen gewährt wurden und zum anderen die Durchsetzung über Vergeltungsmaßnahmen abgesichert werden konnte (vgl. UNCTAD, 1996, S. 173). Bei Direktinvestitionen ist dies nicht möglich, da im eigenen Land produziert und verkauft wird und sich „nur" die unternehmerische Kontrolle im Ausland befindet. Für die politischen Entscheidungsträger stellt sich die Frage, ob sie Nationalität oder Wertschöpfung stärker gewichten sollen (vgl. Stopford, 1992, S. 25).

Einige Argumente sprechen allerdings dafür, daß die Macht der regionalen Interessengruppen im Zuge der Globalisierung zurückgeht. Erstens nehmen mit der zunehmenden Integration der weltweiten Märkte die Wohlfahrtskosten von protektionistischen Aktivitäten zu. Demnach müssen gemäß der Gleichung (III.1) bei einer gegebenen Wertschätzung „a" der allgemeinen Wohlfahrt entweder die Zahlungen der Interessengruppen zunehmen oder die Protektion zurückgehen.

Zweitens zeigt die Vergangenheit, daß sich immer wieder Protektionszyklen bilden (vgl. Frey/Buhofer, 1986; Gould/Woodbridge, 1993). Indem die Kosten der Protektion in Form von Wohlfahrtsverlusten immer weiter steigen, erhöht sich die Wahrscheinlichkeit, daß ab einem bestimmten Schwellenwert die Verluste für die Konsumenten, Steuerzahler, aber auch für die exportorientierte Industrie so weit ansteigen, daß es sich für diese Gruppen lohnt, sich für Freihandel einzusetzen. Auch hier spielen Direktinvestitionen eine wichtige Rolle. Liegt es immer noch in der Hand einzelner Mitglieder, den Rahmen für Direktinvestitionen zu setzen, ist eine Angleichung der Investitionshemmnisse nach unten wahrscheinlich (vgl. Wells, 1996, S. 179). Die Möglichkeit anderer Regierungen, weiterhin „ihre" Unternehmungen zu schützen, nimmt ab. Insbesondere bei den zunehmenden Arbeitsmarktproblemen in vielen OECD-Ländern nimmt der Druck zu, protektionistische und damit langfristig beschäftigungsfeindliche Aktivitäten abzubauen.

Drittens zeigen die Quid pro quo-Investitionen, daß Direktinvestitionen die protektionistischen Interessengruppen spalten können. Arbeitnehmervertreter werden sich nicht für die Beschränkung von Direktinvestitionen einsetzen, wenn sie im Gegenzug mit sicheren Arbeitsplätzen rechnen können.

Insgesamt ist daher damit zu rechnen, daß mit multinationalen Unternehmungen eher eine intraregionale Liberalisierung möglich ist als ohne. Die Ausnahmebereiche werden sich auf die sensiblen Branchen beschränken, die die höchsten Sunk costs aufweisen und damit die höchsten Quasirenten zu verteidigen haben. Ob die multinationalen Unternehmungen letztlich indirekt dazu beitragen die interregionalen Handelshemmnisse zu senken, hängt von mehreren gegenläufigen Effekten ab, die insbesondere von den Marktanteilen der Unternehmungen abhängen.

Auf der einen Seite ist nicht von vornherein auszuschließen, daß multinationale Unternehmungen über eine hinreichend große Macht verfügen, um Markteintrittsbarrieren aufzubauen und ihre monopolistische Macht ausnutzen (vgl. Boyd, 1997, S. 135). Diese Gefahr besteht immer, wenn Wettbewerbseffekte erst durch eine zunehmende Konzentration möglich sind. In diesem Fall wären die multinationalen Unternehmungen zu behandeln wie die regionalen Anbieter, und es ist weder mit kompensatorischen Zollsenkungen noch mit Offenheit zu rechnen. In eine ähnlich restriktive Richtung geht das Argument, daß aufgrund des zunehmend mobileren Realkapitals verstärkt die immobilen Faktoren durch Steuern belastet werden müssen (vgl. Lawrence, 1996, S. 18). Da auch die immobilen Faktoren nicht unbegrenzt belastet werden können, steht insbesondere in Kontinentaleuropa der Wohlfahrtsstaat unter Druck. Die Verlierer einer solchen Entwicklung werden versuchen, den intraregionalen Wettbewerb einzuschränken, indem zumindest regionale Sozial- und Umweltstandards eingeführt werden. Wenn multinationale Unternehmungen unter diesen Bedingungen eintreten, muß weder die interne Wettbewerbsintensität noch die Wettbewerbsfähigkeit gegenüber der restlichen Welt ansteigen.

Auf der anderen Seite können multinationale Unternehmungen helfen, regionale Oligopole aufzubrechen. Die Diskussion um die neue Außenhandelstheorie zeigt, daß regionale Integration zu mehr Wettbewerb, aber auch zu einer größeren Konzentration führen kann. Hat die regionale Integration zunächst dazu geführt, daß sich regionale Oligopole mit einer geringen Wettbewerbsintensität gebildet haben, stellen multinationale Unternehmungen eine Möglichkeit dar, den Wettbewerb innerhalb des Integrationsraumes wieder zu erhöhen. Welcher Effekt eintritt, ist letztlich eine empirische Frage. Zumindest die WTO geht davon aus, daß der positive Wettbewerbseffekt dominiert (vgl. WTO, 1996, S. 56).

Nur wenn der intraregionale Wettbewerb intensiviert wird, können auch die beschriebenen Wettbewerbseffekte freigesetzt werden. Die Unternehmungen innerhalb der Region werden dann effizienter. Dies erhöht die Wettbewerbsfähigkeit gegenüber Konkurrenten aus anderen Regionen. Daher sinkt auch die protektionistische Nachfrage (vgl. Lloyd, 1992, S. 29; Oman, 1996, S. 31). Insgesamt wird der Referenzrahmen leichter politisch durchzusetzen sein.

Zusätzlich werden mit der zunehmenden ökonomischen Interdependenz die Kosten der Nichtkooperation ansteigen. Daher werden liberale Handelsabkommen eher selbstdurchsetzend sein. Schließlich ist bei hinreichend großen Handelsblöcken der intraregionale Wettbewerb so groß, daß der Strukturwandel vorankommt und damit die Bedeutung der Sunset-Industrien abnimmt (vgl. Hughes Hallet/Primo Braga, 1994, S. 416 f.). Dies mindert den protektionistischen Effekt, der aus der zunehmenden Marktgröße resultiert.

4. Zwischenresümee III

Der Referenzrahmen ist geprägt von Wohlfahrtsüberlegungen. Diese spielen bei der Formulierung der realen Wirtschaftspolitik aber nicht notwendigerweise die Hauptrolle. Die Verteilungseffekte sind relevant, wenn es darum geht, ob in der Wirtschaftspolitik etwas bewegt werden kann oder nicht. Demnach ist es theoretisch denkbar, daß eine regionale Integration entsprechend dem Referenzrahmen durchgesetzt wird, auch wenn bei benevolenten Regierungen eine zu geringe Zeitpräferenz oder das handelspolitische Gefangenendilemma dagegen sprechen. Dies wäre dann möglich, wenn sich die Gewinner der kumulativen Liberalisierung besser organisieren können als die Verlierer.

Es zeigt sich aber, daß in der Realität eine Art Protektionsbias existiert. Dieser resultiert zum einen daraus, daß wirtschaftlich schwache Branchen einen ausgeprägteren Anreiz zum Lobbying aufweisen als wirtschaftlich stärkere. Zum anderen rührt die Asymmetrie daher, daß es ein individuelles Risiko gibt, wer zu den Handelsgewinnern und wer zu den Handelsverlierern zählt. Aus multilateraler Sicht muß begründet werden, weshalb regionale handelspolitische Arrangements den Protektionsbias abschwächen. Entweder sie erhöhen die Kosten der Protektionsvergabe, oder sie brechen die Macht der protektionistischen Interessengruppen.

Freihandelszonen können trotz protektionistischer Ursprungsregeln den diskretionären Spielraum der politischen Entscheidungsträger einschränken. Dies gilt nicht für tiefergehende Formen der Integration wie etwa eine Zollunion. Hier fallen aufgrund der zunehmenden Intransparenz die Kosten der Protektionsvergabe.

Nimmt die absolute oder relative Protektion zu, ist dies für Unternehmungen aus Drittstaaten ein Anreiz, Lobbyaktivitäten bei der eigenen Regierung zu entfalten, um diese zu bewegen, dem Abkommen beizutreten. Dadurch können sie das Risiko, das mit Direktinvestitionen verbunden wäre, externalisieren. Die Wahrscheinlichkeit, daß dadurch ein Dominoeffekt ausgelöst wird, der letztlich in Freihandel mündet, ist allerdings gering. Dies wäre nur möglich, wenn die Macht der regionalen Interessengruppen gebrochen wird. Es ist aber weder zwingend, daß sich deren absolute Macht reduziert, noch ist es wahrscheinlich, daß ihr relativer Einfluß zurückgeht.

Es steht zu befürchten, daß regionale Interessengruppen das handelspolitische Arrangement zu ihrem Vorteil ausnutzen. Diskriminierende Liberalisierung ermöglicht den Einsatz eines Instrumentes, welches bei multilateraler, nichtdiskriminierender Liberalisierung nicht zur Verfügung steht - die Handelsumlenkung. Handelsumlenkung stabilisiert aus verschiedenen Gründen eine regionale Integrationsgemeinschaft. Wenn die Protektion ansteigt, geht erstens der Merkantilismusbias zu Lasten der Konsumenten und der Anbieter aus der restlichen Welt. Die Importgütersubstitutionsindustrie hat wenig zu verlieren, und die Exportgüterindustrie kann ihre Gewinne erhöhen. Daher sind kompensatorische Zollsenkungen schwer durchzusetzen. Zusätzlich kann die Handelsumlenkung ehemalige

Freihandelsbefürworter zu Freihandelsgegnern verwandeln, wenn durch die Begrenzung der regionalen Märkte höhere Gewinne zu erzielen sind als durch Freihandel. Dies erschwert die Offenheit. Demnach sind regionale handelspolitische Arrangements gerade dann politisch durchsetzbar, wenn diese wohlfahrtstheoretisch bedenklich sind. Durch die partielle intraregionale Liberalisierung Handelsumlenkung vermeiden zu wollen, ist politökonomisch nicht vielversprechend. Vielmehr werden sich die Interessenvertreter der sensiblen Bereiche Ausnahmebestimmungen bzw. lange Übergangsphasen einräumen lassen. Die protektionistische Blockade durch regionale Integrationsgemeinschaften aufzubrechen, ist demnach aus politökonomischer Sicht äußerst problematisch. Eine Möglichkeit besteht allerdings darin, durch Reziprozität sich die Zustimmung exportorientierter Gruppen zu kaufen. Dann müssen allerdings die Gewinne höher ausfallen als bei der regionalen Liberalisierung.

Bei der Antwort auf die Frage, inwieweit die Globalisierung dazu beiträgt, regionale Integrationsgemeinschaften zu öffnen, sind gegenläufige Effekte zu berücksichtigen. Hierbei stehen insbesondere multinationale Unternehmungen im Vordergrund. Durch Quid pro quo-Investitionen sind Unternehmungen aus Drittstaaten in der Lage, die regionalen Interessengruppen zu spalten. Schaffen sie es, Arbeitsplätze zu sichern bzw. zu schaffen, sind kompensatorische Zollsenkungen möglich. Allerdings scheinen derzeit multinationale Unternehmungen nicht stark an interregionalen Liberalisierungsabkommen interessiert zu sein. Erstens findet eher eine Regionalisierung und keine Globalisierung der Produktion statt. Demnach sind multinationale Unternehmungen relativ unabhängig von interregionalen Handelshemmnissen. Zweitens haben etablierte multinationale Unternehmungen schon regionale Netzwerke aufgebaut. Handels- und Investitionshemmnisse für neue Konkurrenten sind dann auch in ihrem Interesse. Drittens werden sich wettbewerbsschwache multinationale Unternehmungen auf ihren regionalen Markt konzentrieren, da sie dort die höchsten Quasirenten zu verteidigen haben.

Dessen ungeachtet sind multinationale Unternehmungen an der vollkommenen intraregionalen Liberalisierung interessiert, da sie mit regionalen Exportplattformen die jeweiligen Märkte bedienen wollen. Daher entsteht ein Gegengewicht zu den Kräften, die die intraregionale Liberalisierung blockieren. Können sich die multinationalen Unternehmungen durchsetzen, wird aufgrund der mittlerweile heterogenen Integrationsräume ein Strukturwandel ausgelöst, der dem globalen sehr ähnelt. Nimmt dadurch innerhalb der Integrationsgemeinschaft die Wettbewerbsintensität zu, und wird sie nicht durch Harmonisierung und ähnliche Maßnahmen im Keim erstickt, verbessert sich die Wettbewerbsfähigkeit der regionalen Unternehmungen gegenüber denen aus der restlichen Welt. Damit nimmt auch der protektionistische Druck innerhalb der Integrationsgemeinschaft ab. Verstärkt wird dieser Prozeß dadurch, daß mit der zunehmenden Interdependenz der Märkte die Kosten der Protektion ansteigen. Über diesen indirekten Kanal können in der Zukunft die weltweiten Handelshemmnisse abnehmen. Allerdings ist diese Wirkung dann weniger der Regionalisierung als der Globalisierung anzurechnen.

Schlußbemerkungen und Ausblick

Regionale Integrationsgemeinschaften werden auch in der Zukunft die handelspolitische Landschaft mitprägen. Die Osterweiterung der EU steht in irgendeiner Form in naher Zukunft an. Eine gesamtamerikanische Freihandelszone wird immer wieder ins Gespräch gebracht. Zusätzlich sind interkontinentale Integrationsgemeinschaften wie die APEC oder die TAFTA im Bereich des Möglichen. Aus diesem Grund ist es notwendig, umfassende Kenntnisse über die vielfältigen Wirkungen von Integrationsräumen zu erhalten. Es ist faszinierend, daß fast fünfzig Jahre nach dem grundlegenden Werk von Jakob Viner die Meinungen über den Sinn und Unsinn von regionalen handelspolitischen Arrangements immer noch gespalten sind. Um den Stand der Diskussion und die Auswirkungen auf das Welthandelssystem nachzuvollziehen, wurde die vorliegende Arbeit in drei Abschnitte gegliedert.

Zunächst wurden die allokativen Effekte untersucht. Regionale handelspolitische Arrangements erhöhen die Wohlfahrt, wenn sie zu Handelsschaffung führen und den internen Wettbewerb erhöhen. Sie mindern die Wohlfahrt, falls die Handels- und Investitionsumlenkung die Spezialisierung gemäß der komparativen Vorteile verhindert oder die Konzentration zu monopolistischen Aktivitäten führt. Unabhängig davon, ob die Zollunion als Ganzes gewinnt oder verliert, entstehen zwei Umverteilungsprobleme. Erstens führt die diskriminierende Liberalisierung zu einem internen Merkantilismusbias. Zweitens können große Zollunionen Drittstaaten negative Terms of Trade-Effekte zuführen. Dabei sind die negativen Wohlfahrtseffekte für die restliche Welt bei Freihandelszonen, trotz der Existenz von Ursprungsregeln, nicht so stark ausgeprägt wie bei tiefergehenden Formen der Integration.

Im zweiten Teil der Arbeit wurde zunächst als ein wirtschaftspolitischer Vorschlag ein Referenzrahmen aufgestellt, bei dem regionale Integrationsgemeinschaften nur zu wohlfahrtserhöhenden Effekten führen, während die wohlfahrtsmindernden Einflüsse vermieden werden. Notwendig ist es, den derzeitigen Artikel XXIV GATT zu verschärfen, indem erstens kompensatorische Zollsenkungen erfolgen müssen und zweitens das Prinzip der Offenheit festgeschrieben wird. Auf diese Weise sind Integrationsräume Bausteine einer liberalen Welthandelsordnung.

Wenn ein solcher Referenzrahmen nicht auf multilateraler Ebene festgeschrieben wird, können selbst bei benevolenten Regierungen regionale Integrationsgemeinschaften zu Stolpersteinen werden. Bei immer größer werdenden Integrationsräumen nimmt die absolute Marktmacht zu. Unter bestimmten Annahmen stellt eine tripolare Welt die schlechteste aller Möglichkeiten dar. Bei asymmetrischen Erweiterungen ist ein endgültiger kumulativer Prozeß in Richtung Freihandel nicht möglich, sobald ein Handelsblock eine zu dominante Stellung einnimmt.

Die Spieltheorie gibt eine erste Antwort, weshalb die Regeln des Referenzrahmens in der Realität nicht durchgängig zu beobachten sind. Ohne eine durchsetzungsfähige multilaterale Instanz müssen alle getroffenen Regelungen selbstdurchsetzend sein. Freihandel bzw. ein kumulativer Prozeß dahin ist dann unwahrscheinlich. Allerdings ist ein relativ liberales Umfeld eher möglich, wenn sich ähnlich große Handelsblöcke gegenüberstehen. Auch sind Freihandelszonen weniger problematisch, da der Machteffekt wegfällt. Insgesamt liegt es nahe, die WTO zu stärken, damit sie ein liberales Handelsregime wirkungsvoll durchsetzen kann.

Weshalb der Referenzrahmen so schwer durchzusetzen ist, wird deutlich, wenn politökonomische Aspekte hinzugezogen werden. Die Handelspolitik ist abhängig von Verteilungskonflikten. Dabei setzen sich im politischen Prozeß in der Regel eher die protektionistischen Interessengruppen durch. Daher ist die Gefahr groß, daß regionale Handelsblöcke als eine protektionistische Waffe benutzt werden. Es zeigt sich auch, daß gerade jene Handelsblöcke politisch durchsetzbar sind, die nicht den Erfordernissen des Referenzrahmens entsprechen, sondern zu Handelsumlenkung führen.

Beim Einfluß multinationaler Unternehmungen sind gegenläufige Effekte zu beachten. Zunächst fällt auf, daß nicht nur die Regionalisierung deutlich zugenommen hat, sondern auch die Direktinvestitionen. Prinzipiell sind multinationale Unternehmungen in der Lage, die protektionistischen Interessengruppen zu spalten. Es zeigt sich aber, daß sie nur ein geringes Interesse an der Senkung von interregionalen Handelshemmnissen haben. Dies liegt zum einen daran, daß sie regionale Produktionsstrategien verfolgen und nicht globale. Zum anderen können gerade etablierte multinationale Unternehmungen von Handelshemmnissen profitieren, wenn dadurch neue Konkurrenten aus den aufstrebenden Schwellenländern behindert werden. Der positive Einfluß von multinationalen Unternehmungen läßt sich nur indirekt ableiten. Multinationale Unternehmungen sind in erster Linie an einer vollständigen intraregionalen Liberalisierung interessiert. Wenn sie in der Lage sind, diese durchzusetzen, und damit die intraregionale Wettbewerbsintensität zu erhöhen, wird der Strukturwandel innerhalb des Integrationsraumes forciert und die Wettbewerbsfähigkeit der regionalen Unternehmungen gegenüber denen aus der restlichen Welt erhöht. Daher kann letztlich der protektionistische Druck zurückgehen.

Sind regionale Integrationsgemeinschaften, insbesondere der „neue" Regionalismus, Bausteine oder Stolpersteine einer liberalen Welthandelsordnung? Diese Arbeit kommt auf diese Frage bezogen zu einem skeptischen Ergebnis. Mit dem erfolgreichen Abschluß der Uruguayrunde ist zunächst die Gefahr der Segmentierung der Weltwirtschaft zurückgegangen. Auch wenn mittlerweile neuere Aspekte der Handelspolitik der WTO-Disziplin unterworfen wurden, bleiben weltweit immer noch viele Handels- und Investitionshemmnisse bestehen. Das Diskriminierungspotential ist daher weiterhin beachtlich. Integrationsräume bieten Möglichkeiten im Sinne der „bicycle-Theorie" immer weiter über den Abbau von Handelshemmnissen zu verhandeln, damit der Liberalisierungsprozeß nicht zum Stillstand kommt. Auch können sie als eine Art Experimentierlabor für verschiedene Liberalisierungswege verstanden werden.

Nicht zu unterschätzen dagegen ist die latente Gefahr, den multilateralen Prozeß zu untergraben. Regionale Handelsabkommen können selbst die Ursache für den Abbruch der multilateralen Integration sein. Diskriminierende Liberalisierung eröffnet den politischen Entscheidungsträgern neue diskretionäre Spielräume, die sie sonst nicht hätten. Insbesondere die Handelsumlenkung stellt ein Instrument dar, welches politischen, diskriminierenden Integrationsräumen eigen ist. Es ist immer gefährlich, jemandem eine Vergünstigung zu gewähren und zu hoffen, daß er sie freiwillig wieder zurückgibt. Auch die potentiellen positiven Wettbewerbseffekte stellen ein zweischneidiges Schwert dar. Die Gewinne aus der Ausnutzung von Skalenerträgen erfordern eine zunehmende Konzentration. In der Tat ist dieser Prozeß derzeit in Europa in vielen Branchen zu beobachten. Übernahmen stehen auf der Tagesordnung. Zunehmende Konzentration birgt aber immer die Gefahr der monopolistischen Macht in sich. Das gleiche gilt für die Konzentration von Handelsblöcken. Gibt es wirklich nur noch zwei oder drei dominante Handelsblöcke, können sie versuchen, ihre Macht insbesondere gegenüber aufstrebenden Schwellenländer auszunutzen. Daher ist die Offenheit mit das wichtigste Element. Offenheit ermöglicht Wettbewerb, und Wettbewerb schränkt den diskretionären Spielraum der politischen Entscheidungsträger ein. Dies gilt auch für den „neuen" Regionalismus. Gerade die Vertiefung von Abkommen, insbesondere wenn dies mit intraregionalen Transfers verbunden ist, kann die Offenheit stark beschränken. Auch wenn regionale handelspolitische Arrangements nicht das aktuelle Problem der Protektion sind, stellen sie eine Hypothek für die Zukunft dar.

Ziel muß es daher sein, die multilaterale Ordnung zu stärken. Ein erster Schritt ist es, daß die bestehenden Regeln durchgesetzt werden. Dies gilt in erster Linie für die vollständige intraregionale Liberalisierung und für kürzere Übergangsfristen. In einem zweiten Schritt müßte die WTO daraufhin untersucht werden, inwieweit sie selbst den Protektionismus fördert. Hier sind vor allem die Bestimmungen zu Anti-Dumping und den Schutzklauseln zu nennen. Mit diesen Instrumenten ist es großen Integrationsräumen möglich, ihre Protektion gegenüber der restlichen Welt zu erhöhen, auch wenn die tarifären Handelshemmnisse konstant bleiben oder sogar gesenkt werden. In einem dritten Schritt muß die Offenheit wirksam verankert werden. Nur so haben zum einen geschädigte Drittstaaten eine Möglichkeit, sich der Diskriminierung zu entziehen. Zum anderen wird sichtbar, daß die Integrationsgemeinschaft den weltweiten Liberalisierungsprozeß unterstützen will. Dabei ist es nicht nötig, daß jedes Land einem Abkommen beitritt. Es reicht, wenn die bedingte Meistbegünstigungsklausel festgeschrieben wird. Voraussetzung ist allerdings, daß die Offenheit nicht durch restriktive Ursprungsregeln untergraben wird.

Der Auslöser für weitere Liberalisierungsrunden könnte die Globalisierung sein. Wird das Realkapital immer mobiler, nimmt auch der Wettbewerb um dieses Kapital weltweit zu. Regionale Integrationsgemeinschaften können zwar versuchen, durch Handelshemmnisse Direktinvestitionen anzulocken. Hier beeinflussen nicht Investitionsbestimmungen die Handelsströme (TRIMs), sondern handelspolitische Aktivitäten berühren die Investitionsentscheidungen. Der erfolgversprechendere Weg ist es aber, durch günstige ordnungspolitische Rahmenbedingungen das Kapital anzuziehen. Der konkrete Einfluß der Globalisierung auf regionale Integrationsgemeinschaften und auf das Welthandelssystem ist schwer abzuschätzen. Genauso wenig wie die Globalisierung als Sündenbock dargestellt werden darf, kann sie ihre Rolle als Wunderheiler erfüllen. Die Globalisierung ist zunächst nichts anderes als die zunehmende internationale Arbeitsteilung. Dabei fegt sie nicht wie ein Wirbelwind über die Weltwirtschaft und läßt auch nicht sofort alle ineffizienten Umverteilungssysteme zusammenbrechen. Die Globalisierung deckt die Verfehlungen nur auf. Es steht zu befürchten, daß gerade in regionalen handelspolitischen Arrangements die protektionsbedingten Einkommens- und Beschäftigungsverluste erst sehr stark ansteigen müssen, bis die protektionistischen Interessengruppen diszipliniert werden können.

Mathematischer Anhang

Anhang 1: Das Krugman-Modell

Es gibt N gleiche Länder, die auf B identische Handelsblöcke aufgeteilt sind, welche folglich N/B Mitgliedsländer enthalten. Die einzelnen Länder und Zollunionen sind ökonomisch vollkommen symmetrisch, daher muß nur ein repräsentativer Handelsblock betrachtet werden. Für jede Integrationsgemeinschaft besteht die restliche Welt aus N-N/B Mitgliedsländern. Jedes Land stellt jeweils ein differenziertes Gut her. Die Ausbringungsmenge wird auf 1 normiert. Insgesamt gibt es dadurch n differenzierte Güter, die alle symmetrisch und zu einer konstanten Substitutionselastizität σ in die folgende CES-Nutzenfunktion eines repräsentativen Individuums eingehen:

$$U = \left[\sum_{i=1}^{n} c_i^{\theta} \right]^{1/\theta} , 0<\theta<1. \tag{A.1}$$

Dabei ist c_i der Konsum des betrachteten Landes von den Gütern aus dem Land i. Die Substitutionselastizität zwischen zwei Gütern läßt sich darstellen als:

$$\sigma=1/(1-\theta). \tag{A.2}$$

Aufgrund der Symmetrieannahmen lassen sich zwei Gütergruppen bilden. N/B Güter c_d, die aus dem eigenen Integrationsraum stammen, und $N(1-B^{-1})$ Güter c_c aus der restlichen Welt. Daher kann (A.1) umgeformt werden zu:

$$U = \left[N(1-B^{-1})c_c^{\theta} + NB^{-1}{c_d}^{\theta} \right]^{1/\theta}. \tag{A.3}$$

a) Bestimmung der Konsumverhältnisse: In einer Welt ohne Zölle haben in einem symmetrischen Gleichgewicht alle Güter auf dem Weltmarkt denselben Preis. Ohne Zölle ist daher das Preisverhältnis von Gütern des Handelsblocks zu denen aus der restlichen Welt p=1. Die Budgetrestriktion läßt sich dann zusammenfassen als:

$$N(1-B^{-1})c_c + NB^{-1}c_d = y. \tag{A.4}$$

Dabei gilt y=N/B. Um das Konsumverhältnis zwischen einem Gut aus der Integrationsgemeinschaft und einem aus der restlichen Welt zu bestimmen, wird (A.3) unter der Nebenbedingung der Budgetrestriktion maximiert.

$$L = \left[N(1-B^{-1})c_c^{\theta} + NB^{-1}c_d^{\theta} \right]^{1/\theta} - \lambda\left[N(1-B^{-1})c_c + NB^{-1}c_d - y \right]. \tag{A.5}$$

$$\Rightarrow \quad \frac{\partial L}{\partial c^c} = 1/\theta\left[N(1-B-1)c_c^{\theta} + NB^{-1}c_d^{\theta} \right]^{1/\theta-1} \theta N(1-B^{-1}){c_c}^{\theta-1} - \lambda\left[N(1-B^{-1}) \right] = 0$$

$$\Rightarrow \quad \frac{\partial L}{\partial c_d} = 1/\theta\left[N(1-B-1)c_c^{\theta} + NB^{-1}c_d^{\theta}\right]^{1/\theta-1}\theta NB^{-1}c_d^{\theta-1} - \lambda NB^{-1} = 0$$

$$\Rightarrow \quad \frac{N(1-B^{-1})c_c^{\theta-1}}{NB^{-1}c_d^{\theta-1}} = \frac{N(1-B^{-1})}{NB^{-1}}$$

$$\Rightarrow \quad \frac{c_c^{\theta-1}}{c_d^{\theta-1}} = 1\,. \tag{A.6}$$

Ohne Zölle verbraucht jeder Konsument dieselbe Menge eines Gutes unabhängig von seinem Ursprung. Werden Zölle auf Güter aus der restlichen Welt eingeführt, ändert sich die Budgetrestriktion:

$$N(1-B^{-1})c_c(1-t) + NB^{-1}c_d = y$$

$$\Rightarrow \quad \frac{N(1-B^{-1})c_c^{\theta-1}}{NB^{-1}c_d^{\theta-1}} = \frac{N(1-B^{-1})(1+t)}{NB^{-1}}$$

$$\Rightarrow \quad \frac{c_c}{c_d} = (1+t)^{-\sigma}\,. \tag{A.7}$$

Güter aus der Integrationsgemeinschaft werden stärker konsumiert als die aus der restlichen Welt. Die gesamte Importmenge aus der restlichen Welt m und die gesamte konsumierte Menge der innerhalb der Zollunion produzierten Güter d sind:

$$m = N(1-B^{-1})c_d(1+t)^{-\sigma}$$

$$d = \frac{N}{B}c_d$$

$$\Rightarrow \quad \frac{m}{d} = (1+t)^{-\sigma}(B-1)\,. \tag{A.8}$$

b) Bestimmung der TT-Geraden: Jeder Handelsblock verfolgt eine Politik des Optimalzolls gemäß der Textgleichung (III.1):

$$t^{opt} = \frac{1}{\eta\;-1}\,. \tag{A.9}$$

Dabei ist η^c die Preiselastizität der Nachfrage für die Exporte des jeweiligen betrachteten Blocks. Stellt jedes Land genau ein differenziertes Gut her, ist die Ausbringungsmenge der restlichen Welt:

$$y_c = N - \frac{N}{B} = N(1-B^{-1})\,. \tag{A.10}$$

Die Ausbringungsmenge der restlichen Welt y_c muß dem Konsum der eigenen Produkte d_c und der importierten Güter pm_c entsprechen. Dabei ist p der relative Weltmarktpreis. Folgende Schritte dienen dazu, die Elastizität zu bestimmen, dabei werden die Wertzölle konstant gehalten. Zunächst wird die Budgetrestriktion der restlichen Welt (A.11) nach der Zeit abgeleitet, dann wird (A.11) durch (A.12) dividiert, um Wachstumsraten zu ermitteln, und geeignet erweitert:

$$d_c + pm_c = y_c . \qquad \text{(A.11)}$$

$$\Rightarrow \quad \dot{d}_c + \dot{p}m_c + p\dot{m}_c = \dot{y}_c \qquad \text{(A.12)}$$

$$\Rightarrow \quad \frac{\dot{d}_c}{d_c + pm_c} + \frac{\dot{p}m_c}{d_c + pm_c} + \frac{p\dot{m}_c}{d^c + pm_c} = \frac{\dot{y}_c}{y_c} = \hat{y}_c$$

$$\Rightarrow \quad \frac{\dot{d}_c}{d_c}\frac{d_c}{d_c + pm_c} + \frac{\dot{p}m_c}{pm_c}\frac{pm_c}{d_c + pm_c} + \frac{p\dot{m}_c}{pm_c}\frac{pm_c}{d_c + pm_c} = \hat{y}_c$$

$$\Rightarrow \quad \hat{d}_c\frac{d_c}{d_c + pm_c} + \frac{pm_c}{d_c + pm_c}(\hat{p} + \hat{m}_c) = \hat{y}_c . \qquad \text{(A.13)}$$

Definiert man den Importanteil s an den Ausgaben der restlichen Welt als:

$$s = \frac{pm_c}{d_c + pm_c} = \frac{pm_c}{y_c}$$

$$\Rightarrow \quad (1-s)\hat{d}_c + s(\hat{p} + \hat{m}_c) = \hat{y}_c = 0 . \qquad \text{(A.14)}$$

Die internen Preise müssen sich bei Wertzöllen proportional zu den externen Preisen ändern. Bei einer konstanten Substitutionselastizität folgt dann:

$$(\hat{d}_c - \hat{m}_c) = \sigma\hat{p} . \qquad \text{(A.15)}$$

Aus (A.14) und (A.15) folgt:

$$\hat{m}_c = -[s + (1-s)\sigma]\hat{p}$$

$$\Rightarrow \quad \eta^c = s + (1-s)\sigma . \qquad \text{(A.16)}$$

Daraus folgt für den Optimalzoll und für die TT-Gerade:

$$t^{opt} = \frac{1}{(1-s)(\sigma - 1)}, \text{ wobei} \qquad \text{(A.17)}$$

$$\frac{dt^{opt}}{ds} = [(1-s)(\sigma-1)]^{-2} > 0 . \qquad \text{(A.18)}$$

Mit zunehmendem Anteil an den Ausgaben der restlichen Welt nimmt der Optimalzoll einer Integrationsgemeinschaft zu.

c) **Bestimmung SS-Gerade:** Bei einer ausgeglichenen Handelsbilanz läßt sich der Importanteil s der Importe aus einer Integrationsgemeinschaft an der Ausgaben der restlichen Welt ableiten:

$$\Rightarrow \quad m = pm_c$$

$$\Rightarrow \quad s = \frac{m}{y_c} = \frac{m}{N(1-B^{-1})}.$$

$$\Rightarrow \quad s = \frac{N/B}{(1+t)^{\sigma}/(B-1)+1}\frac{1}{N(1-B^{-1})}$$

$$\Rightarrow \quad s = \frac{1}{(1+t)^{\sigma}/(B-1)+1}\frac{1}{B(1-B^{-1})}$$

$$\Rightarrow \quad s = \frac{(B-1)^{-1}}{(1+t)^{\sigma}/(B-1)+1}$$

$$\Rightarrow \quad s = \left[(1+t)^{\sigma}+B-1\right]^{-1}, \text{ wobei} \tag{A.18}$$

$$\frac{ds}{dt} = -\left[(1+t)^{\sigma}+B-1\right]^{-2}\sigma(1+t)^{\sigma-1} < 0. \tag{A.19}$$

Mit zunehmendem Zoll, nimmt der Anteil einer repräsentativen Zollunion an den Ausgaben der restlichen Welt ab.

d) **Bestimmung der indirekten Nutzenfunktion:** s gibt den Importanteil eines Handelsblocks an den Ausgaben der restlichen Welt wieder. Da alle Länder und Handelsblöcke symmetrisch sind, sind diese Anteile für alle gleich. Insgesamt beträgt daher der Importanteil an den Ausgaben in der Welt (B-1)s.

$$\Rightarrow \quad \frac{B-1}{(1+t)^{\sigma}+B-1}. \tag{A.20}$$

Ein repräsentatives Land importiert ausländische Güter, die noch mit Zöllen belastet werden, aus N(1-1/B) Ländern. Die Konsummenge eines repräsentativen außerhalb einer Integrationsgemeinschaft produzierten Gutes kann dann dargestellt werden als:

$$\Rightarrow \quad c_c = \frac{B-1}{(1+t)^{\sigma}+B-1}\frac{1}{N(1-1/B)} = \frac{(1-1/B)B}{(1+t)^{\sigma}+B-1}\frac{N/N}{N(1-1/B)}$$

$$\Rightarrow \quad c_c = \frac{B/N}{(1+t)^{\sigma}+B-1}. \tag{A.21}$$

In Verbindung mit (A.7) folgt für den Konsum eines repräsentativen Gutes aus der „heimischen“ Zollunion :

$$c_d = \frac{B(1+t)^{\sigma}/N}{(1+t)^{\sigma}+B-1}. \tag{A.22}$$

Aus der Nutzenfunktion (A.1) ist es möglich, eine indirekte Nutzenfunktion eines repräsentativen Individuums abzuleiten, und zwar in Abhängigkeit von der Gesamtzahl an Ländern, der Anzahl an Handelsblöcken und dem allgemeinen Zollniveau. Die absolute Anzahl an Ländern spielt keine Rolle. N kann auf eins normiert werden. Wird der jeweilige Konsum eines repräsentativen Gutes innerhalb und außerhalb einer Zollunion (A.21, A.22) in (A.3) eingesetzt, folgt:

$$U = \left[N(1-B^{-1})c_c^{\theta} + NB^{-1}(c^d)^{\theta}\right]^{1/\theta}.$$

$$\Rightarrow \quad U = \left[(1-B^{-1})\left(\frac{B}{(1+t)^{\sigma}+B-1}\right)^{\theta} + B^{-1}\left(\frac{B(1+t)^{\sigma}}{(1+t)^{\theta}+B-1}\right)^{\theta}\right]^{1/\theta}. \tag{A.23}$$

$$\Rightarrow \quad U = \left[\frac{B}{(1+t)^{\sigma}+B-1}\right]\left[\left(1-B^{-1}\right)+B^{-1}(1+t)^{\sigma\theta}\right]^{\frac{1}{\theta}}. \tag{A.24}$$

Bei Freihandel, d.h. B=1 und t=0, wird der Nutzen maximiert.

Anhang 2: Superspiel

Überführung der zweiten Darstellungsform in die erste.

$$G_{nk} - G_{kk} \leq \frac{\delta}{1-\delta}\left(G_{kk} - G_{nn}\right) \tag{A.25}$$

$$\Rightarrow \quad G_{nk} - \delta G_{nk} - G_{kk} + \delta G_{kk} \leq \delta G_{kk} - \delta G_{nn} \tag{A.26}$$

$$\Rightarrow \quad G_{nk} - G_{kk} \leq \delta\left(G_{nk} - G_{nn}\right) \tag{A.27}$$

$$\Rightarrow \quad \delta \geq \frac{G_{nk} - G_{kk}}{G_{nk} - G_{nn}}. \tag{A.28}$$

Literaturverzeichnis

Albero López, Carolina, Jacint Soler Matutes (1997), Open Regionalism versus Discriminatory Trading Agreements: Institutional and Empirical Analysis, Kiel Advanced Studies Working Papers No. 302, Kiel.

Anderson, Kym, Robert E. Baldwin (1986), The Political Market for Protection in Industrial Countries, in: Richard H. Snape (Hrsg.), Issues in World Trade Policy, Basinkstoke und Hampshire.

Bagwell, Kyle, Robert W. Staiger (1997), Regionalism and Multilateral Tariff Cooperation, NBER Working Paper No. 5921, Cambridge (MA).

Bagwell, Kyle, Robert W. Staiger (1997a), Multilateral Tariff Cooperation During the Formation of Customs Unions, in: Journal of International Economics, Vol. 42 (1/2), S. 91-123.

Bagwell, Kyle, Robert W. Staiger (1997b), Reciprocity, Non-Discrimination and Preferential Agreements in the Multilateral Trading System, NBER Working Paper No. 5932, Cambridge (MA).

Bagwell, Kyle, Robert W. Staiger (1997c), Multilateral Tariff Cooperation During the Formation of Free Trade Areas, in: International Economic Review, Vol. 38 (2), S. 291-319.

Baldwin, Richard E. (1993), Asymmetric Lobbying Effects: Why Goverments Pick Losers, Genf, FTP, HEISUN.UNIGE.CH, /pub/Balwin/asmlobb.wp5.

Baldwin, Richard E. (1993a), A Domino Theory of Regionalism, NBER Working Paper No. 4465, Cambridge (MA).

Baldwin, Richard E. (1994), Towards an Integrated Europe, London.

Baldwin, Richard E. (1995), What Caused the Resurgence of Regionalism, in: Schweizer Zeitschrift für Volkswirtschaft und Statistik, Jg. 131 (3), S. 453-463.

Baldwin, Richard E. (1997), The Causes of Regionalism, CEPR Discussion Paper No. 1599, London.

Baldwin, Richard E. (1997), Concepts and Speed of an Eastern Enlargement, in: Horst Siebert (Hrsg.), Quo Vadis Europe?, Tübingen, S. 73-88.

Baldwin, Richard E., Anthony Venables (1995), Regional Economic Integration, in: Gene M. Grossman, Kenneth Rogoff (Hrsg.), Handbook of International Economics, Vol. 3, Amsterdam, S. 1597-1644.

Baldwin, Richard E., Rikard Forslid, Jan Haaland (1995), Investment Creation and Investment Diversion: Simulation Analysis of the Single Market Programme, NBER Working Paper No. 5364, Cambridge (MA).

Baldwin, Richard E., Rikard Forslid, Jan Haaland (1996), Investment Creation and Diversion in Europe, in: World Economy, Vol. 19 (6), S. 635-659.

Baldwin, Robert E. (1994), Changes in the Global Trading System: A Response to Shifts in National Economic Power, in: Dominick Salvatore (Hrsg.), Protectionism and World Welfare, Cambridge, S. 80-98.

Baldwin, Robert E., Richard E. Baldwin (1996), Alternate Approaches to the Political Economy of Endogenous Trade Liberalization, in: European Economic Review, Vol. 40 (3-5), S. 775-782.

Barfield, Claude E. (1996), Regionalism and U.S. Trade Policy, in: Jagdish Bhagwati, Arvind Panagariya (Hrsg.), The Economics of Preferential Trade Agreements, Washington, D.C., S. 136-159.

Baumol, William J., John C. Panzar, Robert D. Willig (1982), Contestable Markets and the Theory of Industry Structure, New York.

Bergsten, C. Fred (1991), Commentary: The Move Towards Free Trade Zones, in: Federal Reserve Bank of Kansas City Economic Review November/December, S. 27-35.

Bergsten, C. Fred (1996), Globalizing Free Trade, in: Foreign Affairs, Vol. 75 (3), S. 105-120.

Bergsten, C. Fred (1997), Open Regionalism, Institute for International Economic, Working Paper No. 97-3, Washington, D.C.

Berthold, Norbert (1994), Industriepolitik und strategische Handelspolitik - Effiziente Instrumente der Wirtschaftspolitik?, in: List Gesellschaft (Hrsg.), Veränderte Arbeitsbedingungen in Europa - brauchen wir eine Industriepolitik, Baden-Baden, S. 113-142.

Berthold, Norbert (1995), Regionalismus, Multilateralismus und GATT, in: Michael Frenkel, Dieter Bender (Hrsg.), GATT und die neue Welthandelsordnung. Globale und regionale Auswirkungen, Wiesbaden, S. 61-89.

Berthold, Norbert (1996), Regionale wirtschaftliche Integration - Ordnungspolitischer Sündenfall oder Schritt in die richtige Richtung?, in: Werner Zohlnhöfer (Hrsg.), Zukunftsprobleme der Weltwirtschaftsordnung, Berlin, S. 29-67.

Berthold, Norbert, Jörg Hilpert (1997), Der Neue Protektionismus. Aus alten Fehlern nichts gelernt, in: Internationale Politik, Jg. 52 (4), S. 20-28.

Berthold, Norbert, Martín Donges (1996), Möglichkeiten und Grenzen staatlicher Beihilfen, in: Wirtschaftswissenschaftliches Studium (WiSt), Jg. 25 (10), S. 490-497.

Berthold, Norbert, Martín Donges (1997), Von Kemp-Wan zur „deep integration". Normative Ansätze zur Integrationstheorie, in: Wirtschaftswissenschaftliches Studium (WiSt), Jg. 26 (10), S. 501-508.

Berthold, Norbert, Martín Donges (1997a), Regionalismus und Multinationale Unternehmungen: Wird der Protektion Einhalt geboten?, in: Norbert Berthold, Bernhard Speyer (Hrsg.), Vergessene Dimensionen der Außenwirtschaft: Raum, technischer Fortschritt und Entwicklung. Festschrift für Detlev Lorenz, Berlin, S. 41-77.

Berthold, Norbert, Martina Ludwig, Wolfgang Modery (1994), Korrektur von Unvollkommenheiten auf Güter- und Faktormärkten: Hilfe durch Multinationale Unternehmungen?, in: Rolf H. Hasse, Wolf Schäfer (Hrsg.), Die Weltwirtschaft vor neuen Herausforderungen. Strategischer Handel, Protektion und Wettbewerb, Göttingen.

Berthold, Norbert, Rainer Fehn (1996), Evolution von Lohnverhandlungssystemen - Macht oder ökonomisches Gesetz, in: Werner Zohlnhöfer (Hrsg.), Die Tarifautonomie auf dem Prüfstand, Berlin, S. 57-94.

Bhagwati, Jagdish (1982), Directly Unproductive Profit-Seeking (DUP) Activities, in: Journal of Political Economy, Vol. 90 (5), S. 988-1002.

Bhagwati, Jagdish (1987), VERs, Quid pro Quo DFI and VIEs: Political-Economy-Theoretic Analyses, in: International Economic Journal, Vol. 1(1), S. 1-14.

Bhagwati, Jagdish (1988), Protectionism, Cambridge (MA) und London.

Bhagwati, Jagdish (1991), The World Trading System at Risk, New York.

Bhagwati, Jagdish (1993), Regionalism and Multilateralism: An Overview: in: Jaime de Melo, Arvind Panagariya (Hrsg.), New Dimensions in Regional Integration, Cambridge, S. 22-51.

Bhagwati, Jagdish (1997), The Watering of Trade, in: Journal of International Economics, Vol. 42, S. 239-241.

Bhagwati, Jagdish, Arvind Panagariya (1996), Preferential Trading Areas and Multilateralism - Strangers, Friends or Foes?, in: Jagdish Bhagwati, Arvind Panagariya (Hrsg.), The Economics of Preferential Trade Agreements, Washington, D.C., S. 1-78.

Bhagwati, Jagdish, Arvind Panagariya (1996a), The Theory of Preferential Trade Agreements: Historical Evolution and Current Trends, in: American Economic Review Papers and Proceedings, Vol. 86 (2), S. 82-87.

Bhagwati, Jagdish, Richard A. Brecher, Elias Dinopoulos, T. N. Srinivasan, Quid pro quo Investment and Welfare. A Political-Economy-Theoretic Model, in: Journal of Development Economics, Vol 27, S. 127-138.

Bilal, Sanoussi (1995), The Political Economy of Regional Integration: The Supply of Trade Protection, University of Birmingham, Department of Economics Discussion Paper No. 95-27, Birmingham.

Bilal, Sanoussi (1995a), The Political Economy of Regional Integration: The Demand of Trade Protection, University of Birmingham, Department of Economics Discussion Paper No. 95-26, Birmingham.

Blackhurst, Richard, David Henderson (1993), Regional Integration Agreements, World Intergration and the GATT, in: Kym Anderson, Richard Blackhurst (Hrsg.), Regional Integration and the Global Trading System, New York u.a., S. 408-435.

Bliss, Christopher (1994), Economic Theory and Policy for Trading Blocs, Manchester und New York.

Blomström, Magnus, Ari Kokko (1997), Regional Integration and Foreign Direct Investment, NBER Working Paper No. 6019, Cambridge (MA).

Bloningen, Bruce A., Robert C. Feenstra (1996), Protectionist Threats and Foreign Direct Investment, NBER Working Paper No. 5475, Cambridge (MA).

Bond, Eric W., Constantinos Syropoulos (1996), The Size of Trading Blocs. Market Power and World Welfare Effects, in: Journal of International Economics, Vol. 40, S. 411-437.

Bond, Eric W., Constantinos Syropoulos (1996a), Trading Blocs and the Sustainibility of Interregional Cooperation, in: Matthew B. Canzoneri, Wilfred J. Ethier, Vittorio Grilli (Hrsg.), The New Transatlantic Economy, Cambridge, S. 118-141.

Bond, Eric W., Constantinos Syropoulos, L. Alan Winters (1996), Deepening of Regional Integration and Multilateral Trade Agreements, CEPR Discussion Paper No. 1317, London.

Bora, Bijit (1996), North American Free Trade Agreement, in: Bijit Bora, Chistopher Findley (Hrsg.), Regional Integration in Asia-Pacific, Melbourne, S. 168-183.

Borrmann, Axel u.a. (1995), Regionalismustendenzen im Welthandel, Baden-Baden 1995.

Bouzas, Roberto (1997), Mercosur and Preferential Trade Liberalization in South America: Record Issues and Prospects, in: Richard G. Lipsey, Patricio Meller (Hrsg.), Western Hemisphere Trade Integration. A Canadian-Latin American Dialogue, Hampshire und London, S. 58-89.

Boyd, Gavin (1997), Regional Economic Cooperation: EU, NAFTA and APEC, in: Gavin Boyd, Alan M. Rugman (Hrsg.), Euro-Pacific Investment and Trade, Cheltenham und Brookfield, S. 130-158.

Bretschger, Lucas (1997), Integration und langfristige Wirtschaftsentwicklung, München und Wien.

Brewer, Thomas L., Stephan Young (1997), Investment Incentives and the International Agenda, in: World Economy, Vol. 20 (2), S. 175-198.

Brown, Drusilla, Alan V. Deardorff, Robert M. Stern (1997), The Economic Effects of an East Asia Preferential Trading Bloc, in: Gavin Boyd, Alan M. Rugman (Hrsg.), Euro-Pacific Investment and Trade, Cheltenham und Brookfield, S. 191-229.

Brüllhart, Marius, Johan Torstensson (1996), Regional Integration, Scale Economies and Industry Location in the European Union, CEPR Discussion Paper No. 1435, London.

Buchanan, James M., Gordon Tullock (1962), The Calculus of Consent. Logical Foundations of Constitutional Democracy, Ann Arbor.

Buckley, Peter J. (1997), Strategic Foreign Direct Investment, in: Gavin Boyd, Alan M. Rugman (Hrsg.), Euro-Pacific Investment and Trade, Cheltenham und Brookfield, S. 19-36.

Cadot, Olivier, Jaime de Melo, Marcelo Olarreaga (1996), Regional Integration and Lobbying for Tariffs Against Non Members, INSEAD Working Paper Series No. 96/34, Fontainebleau.

Cadot, Olivier, Jaime de Melo, Marcelo Olarreaga (1997), Lobbying and the Structure of Protection, CEPR Discussion Paper No. 1574, London.

Campa, José Manuel, Timothy L. Sorenson (1996), Are Trade Blocs Conductive to Free Trade?, in: Scandinavian Journal of Economics, Vol. 98 (2), S. 263-273.

Casella, Alessandra (1995), Large Countries, Small Countries and the Enlargement of Trade Blocs, NBER Working Paper No. 5365, Cambridge (MA).

Chichilnisly, Graciela (1997), Trade Regimes and Gatt. Ressource Intensive vs. Knowledge Intensive Growth, in: Jerome L. Stein (Hrsg.), The Globalization of Markets. Capital Flows, Exchange Rates and Trade Regimes, Heidelberg, S. 63-97

Conybeare, John A.C., Mark Zinkula (1996), Who Voted Against the NAFTA? Trade Unions versus Free Trade, in: World Economy, Vol. 19 (1), S. 1-12.

Cooper, Charles A., Benton F. Massel (1965), A New Look at Customs Union Theory, in: Ecomonic Journal, Vol. 75, S. 742-747.

Corden, W. Max (1972), Economies of Scale and the Customs Union Theory, in: Journal of Political Economy, Vol. 80, S. 465-475.

Corden, W. Max (1976), Customs Unions Theory and the Non-uniformity of Tariffs, in: Journal of International Economics, Vol 6, S. 99-106.

Cumberworth, Matthew (1996), A Theory of Exclusive Trading Blocs, Department of Economics University of Sydney, Working Papers in Economics No. 239, Sydney.

Cumberworth, Matthew, Ross Milbourne (1996), Do Trading Blocs Liberalise World Trade, University of New South Wales, School of Economics Discussion Paper No. 96/11, Sydney.

de la Torre, Augusto, Margaret R. Kelly (1992), Regional Trade Agreements, International Monetary Fund, Occasional Paper No. 93, Washington, D.C.

Deardorff, Alan V., Robert M. Stern (1992), Multilateral Trade Negotiations and Preferential Trading Agreements, Institute of Public Policy Studies, University of Michigan Ann Arbor, Discussion Paper No. 307, Ann Arbor.

Dee, Philippa, Patrick Jomini, Robert McDougall (1996), Alternatives to Regionalism - Uruguay and APEC, in: Bijit Bora, Chistopher Findley (Hrsg.), Regional Integration in Asia-Pacific, Melbourne, S. 152-167.

Diamond, Peter A., James A. Mirrlees (1971), Optimal Taxation and Public Production I: Production Effiency, in: American Economic Review, Vol. 61, S. 8-27.

Diamond, Peter A., James A. Mirrlees (1971a), Optimal Taxation and Public Production II: Tax Rules, in: American Economic Review, Vol. 61, S. 261-278.

Dinopoulos, Elias, Kar-yiu Wong, Quid Pro Quo Investment and Policy Intervention, in: Ad Koekkoek, L. B. M. Mennes (Hrsg.), International Trade and Gobal Development. Essays in Honour of Jagdish Bhagwati, London und New York, S. 162-190.

Dixit, Arvind, Joseph E. Stiglitz (1977), Monopolistic Competition and Optimum Product Diversity, in: American Economic Review, Vol. 67 (3), S. 297-308.

Dixit, Arvind, Victor Norman (1994), Außenhandelstheorie, 3. Auflage, München und Wien.

Donges, Juergen B. (1975), Zur Theorie der effektiven Protektion - Stand der Diskussion, wirtschaftspolitische Relevanz und empirische Operationalität, in: Zeitschrift für die gesamte Staatswissenschaft, Bd. 131 (2), S. 231-254.

Donges, Juergen B. (1981), Handelshemmnisse, nicht-tarifäre, in: Willi Albers u.a. (Hrsg.), Handbuch der Wirtschaftswissenschaften, Bd. 3, Stuttgart u.a., S. 784-794.

Donges, Juergen B. (1995), Nach der Uruguay-Runde: Alte und neue Bedrohungen für den freien Handel, in: Zeitschrift für Wirtschaftspolitik, 44. Jg. (2) S. 209-230.

Donges, Juergen B., Andreas Freytag, Ralf Zimmermann (1997), TAFTA: Assuring Its Compatibility with Global Free Trade, in: World Economy, Vol. 20 (5), S. 567-583.

Donges, Juergen B., Gerhard Fels, Axel D. Neu u.a. (1973), Protektion und Branchenstruktur der westdeutschen Wirtschaft, Kieler Studien Nr. 123, Tübingen.

Donges, Martín (1997), Das Kemp-Wan-Theorem und seine handelspolitische Bedeutung, in: Wirtschaftswissenschaftliches Studium (WiSt), Jg. 26 (6), S. 295-298.

Dornbusch, Rudiger W. (1990), Policy Options for Freer Trade: The Case for Bilateralism, in: Robert Z. Lawrence, Charles L. Schultze (Hrsg.), An American Trade Strategy. Options for the 1990s, Washington, D.C., S. 106-134.

Dunning, John H. (1980), Towards an Eclectic Theory of International Production: Some Empirical Tests, in: Journal of International Business Studies, Vol. 11 (1), S. 9-31.

El-Agraa, Ali M. (1997), The European Union, in: Ali M. El-Agraa (Hrsg.), Economic Integration Worldwide, New York, S. 97-134.

El-Agraa, Ali M. (1997a), The Theory of Economic Integration, in: Ali M. El-Agraa (Hrsg.), Economic Integration Worldwide, New York, S. 34-73.

El-Agraa, Ali M. (1997b), General Introduction, in: Ali M. El-Agraa (Hrsg.), Economic Integration Worldwide, New York, S. 1-11.

Emerson, Michael u.a. (1989), The Economics of 1992: The EC Commissions´s Assessment of the Effects of Completing the Internal Market, Oxford.

Ethier, Wilfred J. (1994), Multinational Firms in the Theory of International Trade, in: Edmar L. Bacha (Hrsg.), Economics in a Changing World, Hampshire und London, S. 3-33.

Ethier, Wilfred J. (1996), Multilateral Roads to Regionalism, University of Adelaide Seminar Paper 96-15, Adelaide, SA.

Ethier, Wilfred J. (1996a), Regionalism in a Multilateral World, Diskussionsbeiträge der Universität Konstanz, Serie II, Nr. 314, Konstanz.

Ethier, Wilfred J., Henrik Horn (1984), A New Look at Economic Integration, in: Henryk Kierzkowski (Hrsg.), Monopolistic Competetion and International Trade, Oxford, S. 207-229.

Fehn, Rainer (1997), Der strukturell bedingte Anstieg der Arbeitslosigkeit in Europa. Ursachen und Lösungsansätze, Baden-Baden.

Fernandez, Raquel (1997), Returns to Regionalism: An Evaluation of Non-Traditional Gains from Trade, NBER Working Paper No. 5970, Cambridge (MA).

Fernandez, Raquel, Dani Rodrik (1991), Resistance to Reform: Status Quo Bias in the Presence of Individual-Specific Uncertainty, in: American Economic Review, Vol 81 (5), S. 1146-1155.

Fieleke, Norman S. (1992), One Trading World, or Many: The Issue of Regional Trading Blocs, in: Federal Reserve Bank of Boston New England Economic Review, S. 3-20.

Finger, J. Michael (1993), GATT's Influence on Regional Agreements, in: Jaime de Melo, Arvind Panagariya (Hrsg.), New Dimensions in Regional Integration, Cambridge, S.128-148.

Flam, Harry (1994), EC Members Fighting About Surplus. VERs FDI and Japanese Cars, in: Journal of International Economics, Vol. 36, S. 117-131.

Flückiger, Yves, Bharat R. Hazari (1996), The Theory of Transfers in a Multilateral World: The Customs Union Case with Structural Adjustment, in: Journal of Economic Integration, Vol. 11 (2), S. 131-145.

Francois, Joseph F. (1997), External Bindings and the Credibility of Reform, in: Ahmed Galal, Bernard Hoekman (Hrsg.), Regional Partners in Global Markets: Limits and Possibilities of the Euro-Med-Agreements, London, S. 35-48.

Francois, Joseph F., Bradley McDonald (1996), The Multilateral Trade Agenda: Uruguay Round Implementation and Beyond, CEPR Discussion Paper No. 1533, London.

Frankel, Jeffrey A. (1997), Regional Trading Blocs in the World Economy System, Washington, D.C.

Frankel, Jeffrey A., Ernesto Stein, Shang-Jin Wei (1993), Continental Trading Blocs: Are they Natural or Super-natural, NBER Working Paper No. 4588, Cambridge (MA).

Frankel, Jeffrey A., Ernesto Stein, Shang-Jin Wei (1996), Regional Trading Agreements: Natural or Supernatural, in: American Economic Review Papers and Proceedings, Vol. 86 (2), S. 52-56.

Frankel, Jeffrey A., Ernesto Stein, Shan-Jin Wei (1995), Trading Blocs and the Americas: The Natural, the Unnatural, and the Supernatural, in: Journal of Development Economics, Vol. 47, S. 61-95.

Fratzscher, Oliver (1996), The Political Economy of Trade Integration, Heidelberg.

Frey, Bruno, Heinz Buhofer (1986), Integration and Protectionism: A Comparative Institutional Analysis, in: Aussenwirtschaft, Jg. 41 (II/III), S. 329-350.

Freytag, Andreas, Die strategische Handels- und Industriepolitik der EG - eine politökonomische Analyse, Köln 1995.

Freytag, Andreas, Ralf Zimmermann (1996), Die Auswirkungen eines Transatlantischen Freihandelsabkommens auf die deutsche Industrie, Köln.

Fudenberg, Drew, Jean Tirole (1991), Game Theory, Cambridge (MA) und London.

Gehrels, Franz (1956), Customs Union from a Single Country Viewpoint, in: Review of Economic Studies, Vol. 24, 1956, S. 61-64.

Georgiou, George C., Sharon Weinhold (1992), Japanese Direct Investment in the USA, in: World Economy, Vol. 15 (6), S. 761-778.

Goldberg, Pinelopi K., Giovanni Maggi, Protection for Sale: An Empirical Investigation, NBER Working Paper No. 5942, Cambridge (MA).

Goto, Junichi, Koichi Hamada (1995), EU, NAFTA, and Asian Responses: A Perspective from the Calculus of Participation, NBER Working Paper No. 5325, Cambridge (MA).

Gould, David, Graeme Woodbridge (1993), The Political Economy of Tariff Cycles and Trade Liberalizations, University of Melbourne, Department of Economics, Research Paper Number 364, Parkville.

Graham, Edward M. (1996), Global Corporations and National Goverments, Washington, D.C.

Graham, Edward M. (1997), The (not Wholly Satisfactory) State of the Theory of Foreign Investment and the Multinational Enterprise, in: Jerome L. Stein (Hrsg.), The Globalization of Markets. Capital Flows, Exchange Rates and Trade Regimes, Heidelberg, S. 99-122.

Gros, Daniel (1987), A Note on the Optimal Tariff, Retaliation and the Welfare Loss from Tariff Wars in a Framework with Intra-Industry Trade, in: Journal of International Economics, Vol. 23, S. 357-367.

Grossman, Gene M., Elhanan Helpman (1992), Protection for Sale, NBER Working Paper No. 4149, Cambridge (MA).

Grossman, Gene M., Elhanan Helpman (1993), Trade Wars and Trade Talks, NBER Working Paper No. 4280, Cambridge (MA).

Grossman, Gene M., Elhanan Helpman (1995), The Politics of Free-Trade-Agreements, in: American Economic Review, Vol. 85 (4), S. 667-690.

Grossman, Gene M., Elhanan Helpman (1996), Rent Dissipation, Free Riding, and Trade Policy, in: European Economic Review, Vol. 40, S. 795-803.

Gunter, Frank R. (1989), Customs Union Theory: Retrospect and Prospect, in: David Greenaway, Thomas Hyclak, Robert J. Thornton (Hrsg.), Economic Aspects of Regional Trading Arrangements, New York u.a., S. 1-30.

Haaland, Jan I., Ian Wooton (1992), Market Integration, Competition and Welfare, in: L. Alan Winters (Hrsg.), Trade Flows and Trade Policy after "1992", Cambridge, S. 125-149.

Haaland, Jan I., Ian Wooton (1995), Reciprocal Anti-Dumpimg and the Location of Firms, CEPR Discussion Paper No. 1272, London.

Hanusch, Horst (1994), Nutzen-Kosten-Analyse, München.

Hauser, Heinz, Kai-Uwe Schanz (1995), Das neue GATT. Die Welthandelsordnung nach Abschluß der Uruguayrunde, München und Wien.

Helpman, Elhanan (1995), Politics and Trade Policy, Sackler Institute for Economic Studies, Working Paper No. 30-95, Tel Aviv.

Helpman, Elhanan, Paul R. Krugman (1985), Market Structure and Foreign Trade. Increasing Returns, Imperfect Competition and the International Economy, Cambridge (MA).

Helpman, Elhanan, Paul R. Krugman (1989), Trade Policy and Market Structure, Cambridge (MA) und London.

Helstalä, Pekka (1996), Risikominderung durch wirtschaftliche Integration. Freihandelsabkommen in Nordamerika, Inaugural-Dissertation, Freiburg i.Br.

Hillman L., Arye, Heinrich W. Ursprung (1993), Multinational Firms, Political Competition, and International Trade Policy, in: International Economic Review, Vol. 34 (2), S. 347-363.

Hillman, Arye L., Peter Moser (1996), Trade Liberalization and Trade Adjustment Assistance, in: Matthew B. Canzoneri, Wilfred J. Ethier (Hrsg.), The New Transatlantic Economy, Cambridge, S. 295-312.

Hindley, Brian (1990), Foreign Direct Investment: The Effects of Rules of Origin, RIIA Discussion Paper No. 30, London.

Hindley, Brian, Patrick Messerlin (1993), Guarantees of Market Access and Regionalism, in: Kym Anderson, Richard Blackhurst (Hrsg.), Regional Integration and the Global Trading System, New York u.a., S. 358-384.

Hine, Robert C. (1994), International Economic Integration, in: David Greenaway, L. Alan Winters (Hrsg.), Surveys in International Trade, Oxford, S. 234-272.

Hoekman, Bernard, Michael Leidy (1993), Holes and Loopholes in Integration Agreements: History and Prospects, in: Kym Anderson, Richard Blackhurst (Hrsg.), Regional Integration and the Global Trading System, New York u.a., S. 218-245.

Holland, Kenneth M. (1996), Regional Integration and Federal Relations, in: Bijit Bora, Chistopher Findley (Hrsg.), Regional Integration in Asia-Pacific, Melbourne, S. 64-76.

Holler, Manfred J., Gerhard Illing (1993), Einführung in die Spieltheorie, 2. Aufl., Berlin u.a.

Hughes Hallet, Andrew, C. A. Primo Braga (1994), The New Regionalism and the Threat of Protectionism, in: Journal of the Japanese and International Economies, Vol. 8, S. 388-421.

Johnson, Harry G. (1954), Optimum Tariffs and Retaliation, in: Review of Economic Studies, Vol. 21, S. 142-153.

Johnson, Harry G. (1974), Trade Diverting Customs Unions: A Comment, in: Economic Journal, Vol. 84, S. 618-621.

Junius, Karsten (1997), Economies of Scale: A Survey of the Empirical Literature, Kieler Arbeitspapiere Nr. 813, Kiel.

Kemp, Murray C., Henry Y. Wan (1976), An Elementary Proposition Concerning the Formation of Customs Unions, in: Journal of International Economics, Vol. 6, S. 95-97.

Kemp, Murray C. (1964), The Pure Theory of International Trade, Englewood-Cliffs.

Kim, Duk-Choong (1996), Open Regionalism in the Pacific: A World of Trading Blocs?, in: American Economic Review Papers and Proceedings, Vol. 86 (2), S. 79-83.

Kindleberger, Charles P. (1981), Dominance and Leadership in the International Economy. Exploitation, Public Goods, and Free Rides, in: International Studies Quarterly, Vol. 25 (2), S. 242-254.

Klodt, Henning (1994), Grundlagen der Forschungs- und Technologiepolitik, Kieler Arbeitspapiere Nr. 664, Kiel.

Klodt, Henning, Rainer Maurer (1996), Internationale Direktinvestitionen: Determinanten und Konsequenzen für den Standort Deutschland, Kieler Diskussionsbeiträge Nr. 284, Kiel.

Kobrin, Stephan J. (1996), Regional Integration in a Globaly Networked Economy, in: Transnational Corporations, Vol. 40 (2), S. 15-33.

Kowalczyk, Carsten, Ronald J. Wonnacott (1992), Hubs and Spokes, and Free Trade Areas in the Americas, NBER Working Paper No. 4198, Cambridge (MA).

Kowalczyk, Carsten, Tomas Sjöström (1994), Bringing GATT into the Core, in: Economica, Vol. 61, S. 310-317.

Krauss, Melvyn B. (1972), Recent Developments in Customs Union Theory: An Interpretive Survey, in: Journal of Economic Literature, Vol. 10, S. 413-436.

Krishna, Pravin (1996), A Political Economy Analysis of Preferential Trading and Multilateralism, in: Eastern Economic Journal, Vol 22 (4), S. 477-483.

Krueger, Anne O. (1992), Goverment, Trade and Economic Integration, in: American Economic Review Papers and Proceedings, Vol. 82 (2), S. 109-114.

Krueger, Anne O. (1993), Free Trade Agreements as a Protectionist Devices: Rules of Origin, NBER Working Paper No. 4352, Cambridge (MA).

Kruger, Anne O. (1995), NAFTA: Strengthering or Weaking the International Trading System, in: Jagdish Bhagwati, Anne O. Krueger (Hrsg.), The Dangerous Drift to Preferential Agreements, Washington, D.C., S. 19-42.

Krugman, Paul R. (1987), Is Free Trade Passé?, in: Journal of Economic Perspectives, Vol. 1, S. 131-144.

Krugman, Paul R. (1991), Geography and Trade, Cambridge (MA).

Krugman, Paul R. (1991a), Is Bilateralism Bad?, in: Elhanan Helpman, Assaf Razin (Hrsg.), International Trade and Trade Policy, Cambridge (MA), S. 9-23.

Krugman, Paul R. (1991b), The Move Towards Free Trade Zones, in: Federal Reserve Bank of Kansas City Economic Review, November/December, S. 5-25.

Krugman, Paul R. (1993), Regionalism versus Multilateralism: Analytical Notes, in: Jaime de Melo, Arvind Panagariya (Hrsg.), New Dimensions in Regional Integration, Cambridge, S. 58-79.

Krugman, Paul R. (1993a), The Hub Effect: Or Threeness in Interregional Trade, in: Wilfried J. Ethier, Elhanan Helpman, J. Peter Neary (Hrsg.), Theory, Policy and Dynamics in International Trade, Cambridge, S. 22-37.

Krugman, Paul R. (1996), The Adam Smith Adress: What Difference Does Globalization Make?, in: Business Economics, Vol. 31 (1), S. 7-10.

Krugman, Paul R., Maurice Obstfeld (1997), International Economics. Theory and Practice, 4. Auflage, New York.

Kydland, Finn E., Edward C. Prescott (1977), Rules Rather Than Discretion: The Inconsistency of Optimals Plans, in: Journal of Political Economy, Vol. 85, S. 473-491.

Lang, Franz P., Astrid M. Stange (1994), Integrationstheorie: Eine kritische Übersicht, in: Jahrbuch für Sozialwissenschaft. Zeitschrift für Wirtschaftswissenschaften, Bd. 45 (2), S. 141-170.

Langhammer, Rolf J. (1993), Wirtschaftstheoretische und ordnungspolitische Aspekte Nicht-tarifärer Handelshemmnisse am Beispiel der EG und ihres Binnenmarktprogramms, in: Wulfdiether Zippel (Hrsg.), Ökonomische Grundlagen der europäischen Integration, München, S. 41-59.

Langhammer, Rolf J. (1997), The Expansion of Intra-Asian-Trade. An Analysis of Structural Patterns and Determinants, Kieler Arbeitspapiere Nr. 792, Kiel.

Lawrence, Robert Z. (1996), Regionalism, Multilateralism, and Deeper Integration, Washington, D.C.

Lawrence, Robert Z. (1996a), Regionalism and the WTO: Should the Rules Be Changed?, in: Jeffrey J. Schott (Hrsg.), The World Trading System: Challenges Ahead, Washington, D.C., S. 41-56.

Lawrence, Robert Z. (1997), Preferential Trading Arrangements: The Traditional and the New, in: Ahmed Galal, Bernard Hoekman (Hrsg.), Regional Partners in Global Markets: Limits and Possibilities of the Euro-Med-Agreements, London, S. 13-34.

Lawrence, Robert Z., Albert Bressand, Takatoshi Ito (1996), A Vision for the World Economy, Washington, D.C.

LeClair, Mark S. (1997), Regional Integration and Global Free Trade. Adressing the Fundamental Conflicts, Aldershot u.a.

Leamer, Edward E., James Levinsohn (1995), International Trade Theory: The Evidence, in: Gene M. Grossman, Kenneth Rogoff (Hrsg.), Handbook of International Economics, Vol. 3, Amsterdam u.a., S. 1339-1394.

Linnemann, Hans (1966), An Econometric Study of International Trade Flows, Amsterdam.

Lipsey, Richard G. (1957), The Theory of Customs Unions: Trade Diversion and Welfare, in: Economica, Vol. 24, S. 40-46.

Lipsey, Richard G. (1979), Zollunionstheorie: Ein allgemeiner Überblick, in: Helga Luckenbach (Hrsg.), Theorie der Außenwirtschaftspolitik, Berlin u.a., S. 171-193.

Lipsey, Richard G. (1996), NAFTA and Other Regional FTAs, in: Journal of Asia Pacific Economy, Vol. 1(1), S. 23-38.

Lloyd, Peter J. (1982), 3*3 Theory of Customs Unions, in: Journal of International Economics, Vol. 12, S. 41-63.

Lloyd, Peter J. (1992), Regionalisation and World Trade, in: OECD Economic Studies No. 18 (Spring), S. 7-43.

Lloyd, Peter J. (1993), A Tariff Substitue for Rules of Origin in a Free Trade Area, in: World Economy, Vol. 16 (6), S. 699-712.

Lloyd, Peter J. (1994), Globalisation of Production, Regionalisation of Trade and Intra-Industry Trade, Parkville.

Lloyd, Peter J. (1996), The Changing Nature of Regional Trading Arrangements, in: Bijit Bora, Chistopher Findley (Hrsg.), Regional Integration in Asia-Pacific, Melbourne, S. 25-48.

Lopez-de-Silanes, Florencio, James R. Markusen, Thomas F. Rutherford (1996), Trade Policy Subleties with Multinational Firms, in: European Economic Review, Vol. 40, S. 1605-1627.

Lorenz, Detlev (1992), Economic Geography and the Political Economy of Regionalization: The Example of Western Europe, in: American Economic Review Papers and Proceedings, Vol. 82 (2), S. 84-87.

Ludwig, Martina (1996), Neue Außenhandels- und Wachstumstheorie, internationale Arbeitsteilung und Wohlstand in hochentwickelten Volkswirtschaften, Inaugural-Dissertation, Würzburg.

Markusen, James R. (1995), The Bounderies of Multinational Enterprises and the Theory of International Trade, in: Journal of Economic Perspectives, Vol. 9 (2), S. 169-189.

Markusen, James R. u.a. (1995), International Trade. Theory and Evidence, New York u.a.

McCalla, Alex F. (1992), GATT, Preferential/Regional Trading Blocs and Agriculture Trade, in: Review of International Economics, Vol. 1(1), S. 73-89.

McMillan, John (1993), Does Regional Integration Foster Open Trade? Economic Theory and GATT's Article XXIV, in: Kym Anderson, Richard Blackhurst (Hrsg.), Regional Integration and the Global Trading System, New York u.a., S. 292-310.

Meade, James E. (1955), The Theory of Customs Unions, Amsterdam.

Melo, Jaime de, Arvind Panagariya (1993), Introduction, in: Jaime de Melo, Arvind Panagariya (Hrsg.), New Dimensions in Regional Integration, Cambridge, S. 3-21.

Melo, Jaime de, Arvind Panagariya, Dani Rodrik (1993), The New Regionalism: A Country Perspective, in: Jaime de Melo, Arvind Panagariya (Hrsg.), New Dimensions in Regional Integration, Cambridge, S. 159-193.

Messerlin, Patrick A. (1981), The Political Economy of Protection: The Bureaucratic Case, in: Weltwirtschaftliches Archiv, Bd 117, S. 469-496.

Messerlin, Patrick A. (1983), Bureaucracies and the Political Economy of Protection: Reflection of a Continental European, World Bank Staff Papes No. 568, Washington, D.C.

Messerlin, Patrick A. (1996) Competition Policy and Antidumping Reform: An Exercise in Transition, in: Jeffrey J. Schott (Hrsg.), The World Trading System: Challenges Ahead, Washington, D.C., S. 219-246.

Moore, Lynden (1994), The Economic Analysis of Preferential Trading Areas, in: Lee Artis (Hrsg.), The Economics of the European Union, Oxford, S. 62-91.

Moser, Peter (1997), Reasons for Regional Integration Agreements, in: Intereconomics, Vol. 32, S. 225-229.

Murphey, Kevin M., Andrei Schleifer, Robert W. Vishney (1993), Why is Rent-Seeking so Costly to Growth?, in: American Economic Review Papers and Proceedings, Vol. 83 (2), S. 409-414.

Nicolaides, Phedon (1995), The Effect of Regional Integration on Trade Policy: Lessons from the European Community, in: Finn Laursen (Hrsg.), The Political Economy of European Integration, Maastricht, S. 93-109.

Nordström, Hakan (1995), Customs Unions, Regional Trading Blocs and Welfare, in: Richard E. Baldwin, Pertti Haapparanta, Jaako Kiander (Hrsg.), Expanding Membership of the European Union, Cambridge, S. 54-77.

Nunnemkamp, Peter (1993), The World Trading System at the Crossroads. Multilateral Trade Negotiations in the Era of Regionalism, Kieler Diskussionsbeiträge Nr. 204, Kiel.

Nunnenkamp, Peter (1996), Winners and Losers in the Global Economy. Recent Trends in the International Division of Labour and Policy Challanges, Kieler Diskussionsbeiträge Nr. 281, Kiel.

Ohyama, Michihiro (1972), Trade and Welfare in General Equilibrium, Keio Economic Studies, Vol. 9, S. 697-703.

Olson, Mancur (1965), The Logic of Collective Action. Public Goods and the Theory of Groups, Cambridge (MA).

Oman, Charles (1994), Globalisation and Regionalisation: The Challenge for Developing Countries, OECD Development Center Studies, Paris.

Oman, Charles (1996), Globalization and Regionalization in the 1980s and 1990s, in: Marjan Svetlicic, H. W. Singer (Hrsg.), The World Economy. Challenges of Globalization and Regionalization, Hampshire und London 1996, S.137-152.

Oman, Charles (1996a), The Policy Challenge of Globalisation and Regionalisation, OECD Development Center Policy Brief No. 11, Paris.

Organisation for Economic Co-Operation and Development (OECD) (1995), Regional Integration and the Multilateral Trading System. Synergy and Divergence, Paris.

Organisation for Economic Co-Operation and Development (OECD) (1996), Indicators of Tariff and Non-Tariff Barriers, Paris.

Ottaviano, Gianmarco I.P., Diego Puga (1997), Agglomeration in the Global Economy: A Survey of the „New Economic Geography", CEPR Discussion Paper No. 1699, London.

Palmeter, David (1993), Rules of Orign in Customs Unions and Free Trade Areas. in: Kym Anderson, Richard Blackhurst (Hrsg.), Regional Integration and the Global Trading System, New York u.a., S. 326-343.

Panagariya, Arvind (1996), The Free Trade Areas of Americas: Good for Latin America?, in: World Economy, Vol. 19 (5), S. 485-515.

Panagariya, Arvind (1997), Integrating Regional Trade Arrangements into the WTO, in: Journal of the Flagstaff Institue, Vol. 21, S. 195-204.

Panagariya, Arvind, Ronald Findlay, A Political-Economy Analysis of Free-Trade Areas and Customs Unions, in: Robert C. Feenstra, Gene M. Grossman, Douglas A. Irwin (Hrsg.), The Political Economy of Trade. Papers in Honour of Jagdish Bhagwati, Cambridge (MA) und London, S. 265-287.

Perroni, Carlo, John Whalley (1994), The New Regionalism: Trade Liberalization or Insurance?, NBER Working Paper No. 4626, Cambridge (MA).

Polak, Jacques J. (1996), Is APEC a Natural Regional Trading Bloc?, in: World Economy, Vol. 19 (5), S. 533-543.

Pomfret, Richard (1986), The Theory of Preferential Trading Arrangements, in: Weltwirtschaftliches Archiv, Band 122 (3), S. 439-466.

Pomfret, Richard (1996), Blocs: The Threat to the System, and Asian Reactions, in: Bijit Bora, Chistopher Findley (Hrsg.), Regional Integration in Asia-Pacific, Melbourne, S. 13-24.

Pomfret, Richard (1996a), Sub-Regional Economic Zones, in: Bijit Bora, Chistopher Findley (Hrsg.), Regional Integration in Asia-Pacific, Melbourne, S. 207-222.

Preusse, Heinz G. (1994), Regional Integration in the Nineties. Stimulation or Threat to the Multilateral Trading System?, in: Journal of World Trade, Vol. 28 (4), S. 147-164.

Puga, Diego (1997), The Rise and Fall of Regional Inequalities, CEPR Discussion Paper No. 1575, London.

Puga, Diego, Anthony Venables (1995), Preferential Trading Arrangements and Industrial Location, CEPR Discussion Paper No. 1309, London.

Puga, Diego, Anthony Venables (1996), The Spread of Industry: Spatial Agglomeration in Economic Development, in: Journal of the Japanese and International Economies, Vol. 10 (4), S. 440-464.

Rajan, Ramkishen S. (1996), On the Welfare Effects of a Customs Union versus Unilateral Trade Policies under Internal Scale of Economies and Product Homogeneity, in: Journal of Economic Integration, Vol. 11 (3), S. 300-331.

Richardson, Martin (1992), Some Implications of Internal Trade in a Free Trade Area, Georgetown University Working Paper No. 92-01, Washington, D.C.

Richardson, Martin (1993), Endogenous Protection and Trade Diversion, in: Journal of International Economics, Vol. 34, S. 309-324.

Richardson, Martin (1994), Why a Free Trade Area? The Tariff also Rises, in: Economics & Politics, Vol. 6 (1), S. 79-96.

Richardson, Martin (1995), On the Interpretation of the Kemp/Wan-Theorem, in: Oxford Economic Papers, Vol. 47, S. 696-703.

Richter, Rudolf, Eirik Furubotn (1996), Neue Institutionenökonomik. Eine Einführung und kritische Würdigung, Tübingen.

Rodrik, Dani (1995), Political Economy of Trade Policy, in: Gene M. Grossman, Kenneth Rogoff (Hrsg.), Handbook of International Economics, Vol. 3, Amsterdam, S. 1457-1494.

Roessler, Frieder (1993), The Relationship Between Regional Integration Agreements and the Multilateral Trading Order, in: Kym Anderson, Richard Blackhurst (Hrsg.), Regional Integration and the Global Trading System, New York u.a., S. 311-325.

Rose, Klaus, Karlhans Sauernheimer (1992), Theorie der Außenwirtschaft, 11. Aufl., München.

Sapir, André (1997), Domino Effects in West European Trade, 1960-92, CEPR Discussion Paper No. 1576, London.

Sapir, André (1997a), The Political Economy of EC Regionalism, CEPR Discussion Paper No. 1739, London.

Scollay, Robert (1996), Australia-New Zeeland Closer Economic Relations Agreement, in: Bijit Bora, Chistopher Findley (Hrsg.), Regional Integration in Asia-Pacific, Melbourne, S. 184-196.

Senti, Richard (1994), Die Integration als Gefahr für das GATT, in: Aussenwirtschaft, Jg. 49 (1), S. 131-150.

Siebert, Horst (1982), Zölle IV: Zollunionen und Präferenzzonen, in: Willi Albers u.a. (Hrsg.), Handbuch der Wirtschaftswissenschaften, Bd. 9, Stuttgart u.a., S. 666-678.

Sinclair, Peter, David Vines (1995), Bigger Trade Blocs Need not Entail More Protection, University of Birmingham, Department of Economics Discussion Paper No. 95-32, Birmingham.

Smith, Alasdair, Anthony Venables (1988), Completing the Internal Market in the European Community: Some Industry Simulations, in: European Economic Review, Vol. 32 (7), S. 1501-1525.

Snape, Richard H. (1993), History and Economics of GATT´s Article XXIV, in: Kym Anderson, Richard Blackhurst (Hrsg.), Regional Integration and the Global Trading System, New York u.a., S. 273-291.

Snape, Richard H. (1996), Which Regional Trade Agreement?, in: Bijit Bora, Christopher Findlay (Hrsg.), Regional Integration and the Asia-Pacific, Melbourne u.a., S. 49-63.

Snape, Richard H. (1996a), Trade Discrimination - Yesterday´s Problem?, in: Economic Record, Vol. 72 (2), S. 381-396.

Sorsa, Piritta (1997), The GATS Agreement on Financial Service - A Modest Start to Multilateral Liberalization, IMF Working Paper No. 97/55, Washington, D.C.

Speyer, Bernhard (1997), Regionale Integration. Eine eigenständige Liberalisierungsstrategie für die Weltwirtschaft, Wiesbaden.

Srinivasan, T. N., John Whalley, Ian Wooton (1993), Measuring the Effects of Regionalism on Trade and Welfare, in: Kym Anderson, Richard Blackhurst (Hrsg.), Regional Integration and the Global Trading System, New York u.a., S. 52-79.

Stehn, Jürgen (1992), Ausländische Direktinvestitionen in Industrieländern. Theoretische Erklärungsansätze und empirische Evidenz, Tübingen.

Stigler, Joseph J. (1971), The Theory of Economic Regulation, in: Bell Journal of Economics and Management Sciences, Vol. 2, S. 3-21.

Stopford, John M. (1992), Offensive and Defensive Responses by European Multinationals to a World of Trade Blocs, Paris.

Summers, Lawrence H. (1994), Regionalism and the World Trading System, in: Ross Gernault, Peter Drysdale (Hrsg.), Asia Pacific Regionalism. Readings in International Economic Relations, Pymble, S. 194-224.

Thorstensen, Vera (1996), Connections and Interlinkages Between Regional Integration Arrangements and the Multilateral Trading System: The Perspectives of Mercosul, in: OECD (Hrsg.), Regionalism and Its Place in the Multilateral Trading System, Paris, S. 103-111.

Tiedemann, Rüdiger (1994), Aufstieg und Niedergang von Interessenverbänden? Rent-seeking und die europäische Integration, Baden-Baden.

Tollison, Robert D. (1997), Rent Seeking, in: Dennis C. Mueller (Hrsg.), Perpectives on Public Choice. A Handbook, Cambridge, S. 506-525.

United Nations Conference on Trade and Development (UNCTAD) (1996), World Investment Report 1996. Investment, Trade and International Policy Arrangements, New York und Genf.

Vanek, Jaroslav (1965), General Equilirium of International Discrimination: The Case of Customs Unions, Cambridge (MA).

Vaubel, Roland (1986), A Public Choice Approach to International Organization, in: Public Choice, Vol. 51, S. 39-57.

Venables, Anthony (1987), Customs Union, Tariff Reform and Imperfect Competition, in: European Economic Review, Vol. 31, S. 103-110.

Venables, Anthony (1996), New Developments in the Study of Economic Integration, in: Kari Alho, Mika Erkkilä, Markku Kotilainen (Hrsg.), The Economics and Policies of Integration - a Finish Perpective, Dordrecht u.a., S. 21-36.

Viner, Jakob (1950), The Customs Union Issue, New York.

Weck-Hannemann, Hannelore (1992), Politische Ökonomie des Protektionismus. Eine institutionelle und empirische Analyse, Frankfurt und New York.

Wei, Shang Jin, Jeffrey A. Frankel (1995), Open Regionalism in a World of Continental Trade Blocs, NBER Working Paper No. 5272, Cambridge (MA).

Wei, Shang-Jin, Jeffrey A. Frankel (1996), Can Regional Blocs be a Stepping Stone to Global Free Trade? A Political Economy Analysis, in: International Review of Economics and Finance, Vol. 5 (4), S. 339-347.

Weintraub, Sidney (1997), The North American Free Trade Area, in: Ali M. El-Agraa (Hrsg.), Economic Integration Worldwide, New York, S. 203-229.

Wells, Louis T. (1996), Antagonism or Equanimity: U.S. Multinationals and Regional Trading Blocs, in: Marja Svetlicic, H. W. Singer (Hrsg.), The World Economy. Challenges of Globalization and Regionalization, Hampshire und London, S. 165-186.

Westhoff, Frank H., Beth V. Yarbrough, Robert M. Yarbrough (1994), Preferential Trade Agreements and GATT: Can Bilateralism and Multilateralism Coexist?, in: Kyklos, Vol. 47, S. 179-195.

Whalley, John (1996), Why Do Countries Seek Regional Trade Agreements? NBER Working Paper No. 5552, Cambridge (MA).

Winham, Gilbert R., Heather A. Grant (1997), Designing Institutions for Global Economic Cooperation and the WTO, in: Gavin Boyd, Alan M. Rugman (Hrsg.), Euro-Pacific Investment and Trade, Cheltenham und Brookfield, S. 248-272.

Winters, L. Alan (1994), The EC and Protection: The Political Economy, in: European Economic Review Vol. 38, S. 596-603.

Winters, L. Alan (1996), Regionalism versus Multilateralism, CEPR Discussion Paper No. 1525, London.

Winters, L. Alan (1997), Regionalism and the World: The Irrelevance of the Kemp-Wan-Theorem, in: Oxford Economic Papers, Vol. 49 (2), S. 228-234.

Wong, Kar-yiu (1995), International Trade in Goods and Factor Mobility, Cambridge (MA).

Wonnacott, Paul (1996), Beyond NAFTA - The Design of the Free Trade Agreements of the Americas, in: Jagdish Bhagwati, Arvind Panagariya (Hrsg.), The Economics of Preferential Agreements, Washington, D.C. 1996, S. 79-107.

Wonnacott, Paul, Mark Lutz (1989), Is There a Case for Free Trade Areas?, in: Jeffrey J. Schott (Hrsg.), Free Trade Areas and U.S Trade Policy, Washington, D.C., S. 59-95.

Wonnacott, Ronald J. (1996), Free Trade Agreements: For Better or Worse?, in: American Economic Review Papers and Proceedings, Vol. 86 (2), S. 62-66.

Wonnacott, Ronald J. (1996a), Trade and Investment in a Hub-and-Spoke-System versus a Free Trade Area, in: World Economy, Vol. 19 (3), S. 237-252.

Woolcock, Stephan (1996), Rules of Orign, in: OECD (Hrsg.), Regionalism and Its Place in the Multilateral Trading System, Paris, S. 195-212.

World Trade Organization (WTO) (1995), Regionalism and the World Trading System, Genf.

World Trade Organization (WTO) (1996), Annual Report 1996, Vol. 1, Genf.

Yarbrough, Beth V. (1994), Preferential Trade Agreements and the GATT: EC 1992 as Rogue or Role Model?, in: Berhanu Abegaz u.a. (Hrsg.), The Challange of European Integration. Internal and External Problems of Trade and Money, Boulder u.a., S. 79-117.

Yi, Sang-Seung (1996), Open Regionalism and World Welfare, in: Eastern Economic Journal, Vol. 22 (4), S. 467-475.

Peter Lang · Europäischer Verlag der Wissenschaften

Dirk Hannowsky / Andreas Renner

Zur präferenzkonformen Ordnung Europas

Ordnungsgestaltung im Spannungsfeld von Einheit und Vielfalt

Frankfurt/M., Berlin, Bern, New York, Paris, Wien, 1998. 170 S.
Europäische Hochschulschriften: Reihe 5, Volks- und Betriebswirtschaft. Bd. 2236
ISBN 3-631-32667-X · br. DM 69.–*

Liberale Ökonomen sehen Wettbewerb als Verfahren zur Aufdeckung und Umsetzung von Präferenzen an. Hannowsky und Renner übertragen diese Sichtweise auf die Frage der europäischen Integration. Ihre Argumentation stützt sich auf die Arbeiten Walter Euckens, Friedrich August von Hayeks und James Buchanans, die sie in einen neuen Zusammenhang stellen: Der Wettbewerb zwischen den Wirtschafts- und Gesellschaftsordnungen der EU-Mitgliedstaaten, so ihre These, legt die Bürgerpräferenzen hinsichtlich der Gestaltung der europäischen Ordnung offen. Ebenso wie der Marktwettbewerb bedarf auch ein solcher „Ordnungswettbewerb" der konstitutionellen Absicherung. Das Spannungsfeld zwischen „Einheit des Wirtschaftsraumes" und „Vielfalt an Wirtschafts- und Gesellschaftsordnungen" steckt die Eckpunkte einer europäischen Verfassung ab.
Die Arbeit wurde im Januar 1997 mit dem *Walter-Eucken-Preis 1996* der Friedrich-Schiller-Universität Jena ausgezeichnet.

Aus dem Inhalt: Reform · Reformfähigkeit der EU · Standortwettbewerb · Ordnungspolitik · Föderalismus

Frankfurt/M · Berlin · Bern · New York · Paris · Wien
Auslieferung: Verlag Peter Lang AG
Jupiterstr. 15, CH-3000 Bern 15
Telefax (004131) 9402131
*inklusive Mehrwertsteuer
Preisänderungen vorbehalten